思想的印迹

曹智勇 ——— 著

Imprint of Thinking

思想的
印迹

新华出版社

图书在版编目（CIP）数据

思想的印迹 / 曹智勇著.—北京：新华出版社，2019.10

ISBN 978-7-5166-4912-1

Ⅰ.①思… Ⅱ.①曹… Ⅲ.①意识－研究 Ⅳ.①B842.7

中国版本图书馆CIP数据核字（2019）第228282号

思想的印迹

作　　者：曹智勇

责任编辑：蒋小云　　**封面设计：**中尚图

出版发行：新华出版社

地　　址：北京石景山区京原路8号　　**邮　　编：**100040

网　　址：http：//www.xinhuapub.com

经　　销：新华书店

购书热线：010-63077122　　**中国新闻书店购书热线：**010-63072012

照　　排：中尚图

印　　刷：河北盛世彩捷印刷有限公司

成品尺寸：240mm×170mm

印　　张：21　　**字　　数：**250千字

版　　次：2019年10月第一版　　**印　　次：**2019年10月第一次印刷

书　　号：ISBN 978-7-5166-4912-1

定　　价：69.00元

前　言

1999年，我正在为通过律师资格考试而努力拼搏。学习文科的我在北京理工大学听了一场关于高等数学的讲座，那是一场印象非常深刻的讲座。在那场讲座中，老师讲了关于高等数学可以带给我们什么的问题，过程和内容我已经记不住了，但是最后的总结我记忆犹新，他说："数学是一门语言。"当时的我似懂非懂，但是进入社会，经过几年的磨炼，我慢慢地学会用数学这门语言解释社会问题的时候，逐渐就体会到这门语言的博大与精深。后来才依稀懂得，如果说语言文字是从二维的角度解释世界，数学是从三维的角度解释世界，那么哲学才是从四维的角度解释世界，我也逐渐思考关于思想的基础性问题。

2009年，为了给自己充充电，我再次回到中国地质大学学习，师从刘俊肖教授，学习的专业是环境与资源保护法学。彼时的我已经参加工作近十年，通过近十年的磨合，大部分关于思想的哲学问题在脑海中已经初具雏形，但是苦于工作的压力，一直没有时间开始写作，但是探索的历程没有停下脚步。

2019年，为了不给自己留下遗憾，我开始动笔将二十年来思考过的问题逐一进行了总结，著成本书。

本书的主要内容围绕着两根主线，即信息输入—处理—存储—输出这一根主意识主线以及输入—处理—存储—输出这一根暗意识主线。详细地阐述在主意识支配下信息如何输入、如何进行保存、如何进行处理、情绪如何产生、最后信息如何输出；在主意识不知道的情况下暗意识如何处理信息、如何进行保存、信息如何输出。本书中使用到最多的数字就是9，倒不是因为9有什么特殊的含义，是因为如果用10来表示百分之百的话，那么9这个数字已经涵盖绝大部分的意思，所以用9是为了说清楚主要问题。

作为一个域外人，开始撰写本书的时候遇到非常多的困难，又是第一次撰写此类书籍，不足之处望大家批评指正。但是我们现在生活的这个年代提倡百花齐放、百家争鸣，我所做的工作就是为了给大家提供看待关于思想来源问题的新角度，想来多一个角度看问题总不是什么坏事。

在本书的撰写过程中，为了说明某个问题，我引用了一些资料，需要特别说明的是，我只是引用这些资料作为辅助材料，对这些材料的解读后形成的思想均系原创。参考书籍因为范围较广，就不一一列明表述，在此一并表示衷心的感谢。

2019年9月9日

目录 CONTENTS

第一章　神经系统

系统无处不在，系统关联更是人的一生不可避免的事情，就像呼吸、喝水、吃饭等我们每天都在做的事情一样，时时刻刻都在伴随着我们每一个人。

在这里，我们关注的内容是神经系统，那么神经系统的结构到底是什么样的呢？神经细胞是通过什么样的方式传递信息的？生物电波在我们的大脑里都干了什么？意识的世界是否就是电的世界？神经系统如何运行？这些内容都是我们本章节需要重点关注的问题。

第一节　我们有一个什么样的神经系统

系统之美，美在多元；系统之美，美在关联；系统之美，美在平衡。

图1-1-1　　图1-1-2　　图1-1-3

大家依照图1-1-1——1-1-3做一个手臂漂浮实验：第一步找一面墙，站在离墙20厘米左右的地方，把右手手背贴在墙上大约30秒（如图1-1-1所示）；第二步，30秒后让手臂自然下垂，整个身体向左跨一步（如图1-1-2所示）；第三步，这时奇怪的事发生了——你的手臂会不受控地“漂浮”起来，就好像有外力在拉着它一样。科学家把这种现象叫作“康斯塔姆现象”。对于这个现象我们一定会觉得很神奇，但是如果你愿意花时间去了解它的原理，那么科学会告诉你答案。

人是如何接收、存储、输出信息的？思维活动是如何运行的？情绪是如何产生的？我们人类有一个什么样的神经系统？这几个关系着每个人的本源问题困扰了我们很多年，我们这本书的出发点是为了给大家提供一个看问题的角度，面对本书中提到的任何观点，请您不要去直接判断其对与错，请您试着去感受其是否似曾相识，因为我们的初心是提倡多角度地看问题。

我们思想的印迹之旅就从了解“系统”开始。

我们理解任何复杂事物，最好的出发点就是“大道至简”。系统的概念非常简单，就是相互关联的各体的集合。大到宇宙、银河系、太阳系，小到微生物、细胞都是系统。

系统无处不在，我们每个人每天工作、生活、学习都会与外界交流，其实质就是系统关联。例如生态系统、社会系统、生物的消化系统等等不计其数。可以肯定的是，在波形时空里，只要各体存在关联就会形成系统。

多元性、相关性、平衡性构成了系统的三个基本特性。

多元性表明系统是各体多样性的统一和各体差异性的统一。

世界上没有一模一样的两粒沙子，这是我们之间的共识。有了这个共识，关于多元性我们就可以发挥自己的想象力，只要你能想到多少，这个世界就会是多少，因为在我们这里，思维是物质的。我们要以更宽阔的眼界看待系统的多元性这个特性，这里的多元性所对应的各体既包括单一的各体，也包括子系统或者是孙系统。由于子系统与子系统之间的关联是通过母系统完成的，比较隐蔽，所以有时候我们往往容易忽略这种关系的存在。在神经系统中，多元性体现得越淋漓尽致，神经细胞的种类就有很多种，神经系统的子系统也有很多种，这些不同种类的神经细胞和各个子系统分别完成着不同类型的工作。现在看来，正是神经细胞和各个子系统的多元性才促使神经系统可以完成不同种类的工作。

所以，多元性是神经系统一个非常重要的特征，如果不存在多元性，那么意识活动的多元性也就不复存在。

相关性强调系统不存在孤立的各体，所有各体之间相互依存、相互交流、相互作用、相互制约。

为了更好地理解相关性，建议大家去网上找一下让节拍器同步摆动的实验的视频，节拍器是一种能在各种速度中发出稳定节拍的装置。它可以帮助学习乐器的人更好地掌握乐曲中的节拍。视频中，数百个节拍器无论选择哪个方向开始摆动，完全随机，杂乱无章，可是，几分钟后……整齐划一。这是一个非常重要的实验，大家一定要把这个实验牢牢记住，我们后面很多地方都要用到。

我们一定要思考这样一个问题，从直观上看，每一个节拍器都是独立的各体，它们是怎么做到“神同步”的？原来，在节拍器节奏逐渐一致的背后藏着一个有趣的科学原理：耦合效应。这数百个节拍器形成耦合的原因，主要是通过舞台中央被搭建起来的悬挂式平台。当它们动起来的时候，会和这个平台有一个作用。在物体动作不一致的情况下，它们会通过反馈调整各自之间振荡的位相，使其整齐划一。我们把系统中两个或以上的各体通过相互作用而彼此影响从而联合起来产生趋同的现象，称之为耦合效应。

在人类社会的群体中，人与人之间也是有耦合效应的，这种耦合效应不仅仅靠语言的交流，还有被动的需要，这种耦合越紧密，联动的作用就越大。人与人之间相互学习的本质也是一种耦合性互动，这种互动包括人际互动、社会互动，也包括自我互动，即内部的自己与自己对话。这种互动，对人类语言、文化、道德、艺术、科技的诞生起到很重要的作用，如果没有这种耦合效应，互动就会发生困难，语言、文化等也不可能形成，人类也不可能进步发展到今天。

在日常的生活和学习中，这种耦合效应更加明显。例如，在一个耦合良好的团体，就可能动员所有成员产生团结、向上、善学、积极奋进的品质；如果耦合不佳，就会相互扯皮、拆台，就会拖累全体成员。平时，我们也都有这方面的体会，耦合效应在家庭中扮演非常重要的角色，一个家庭，父母如果都乐于学习，那么这个孩子肯定也乐于学习；图书馆内大家都在认真学习，后进门的人也不会大吵大闹，而是认真地学习；而如果教室里大家都在吵吵闹闹，就算你再想认真学习，也很难做到独善其身地认真学习。

耦合效应在人类社会的发展进程中也起到了至关重要的作用。当这个社会中的杰出人士取得重大突破的时候，通过相互交流和相互学习，其他人可以迅速地掌握新的知识，就这样，人类取得了共同的进步，这也是耦合作用的重要体现。

系统中各体的相关程度，在我们这里引用九度空间理论更合理，而非六度空间理论。九度空间理论，即各体与各体之间关联所间隔的各体不超过八个。就像你和任何一个陌生人之间所间隔的人不会超过八个就可以认识，也就是说，最多通过八个中间人你就能够认识世界上任何一个陌生人。

平衡性说明系统是所有各体之间是平衡地构成了统一整体。

系统的平衡状态是指在没有外界影响条件下，各体在长时间内不发生变化的状态。这种平衡更多的是从宏观的角度，而不是从微观上看，因为从微观上看，由于组成系统的各体存在不同的变化，所以总体看起来这种平衡更像是一种动态的平衡。而一种平衡被打破时会于原状产生差异性的变化，这种变化虽然从宏观上不易被发觉，但是微观上足以触发质变。

在神经系统中平衡性是感知的基石，当某种平衡被打破时被神经接收，感知就会出现。神经系统正是利用这种平衡被打破时产生的差异进行感知的，因此，这种平衡性的思想自始至终会贯穿我们了解神经系统的整个过程。

由于我们的主要目标不是探讨系统的内容，所以我们只需要简单了解一下与神经系统密切相关的一些知识。系统一般分为两种类型：开环系统与闭环系统。

开环系统就是指没有反馈回路的系统，闭环系统就是指存在反馈回路的系统。他们的主要区别在于，闭环系统有反馈环节，通过反馈环节使整个系统产生适应性变化。开环系统因为没有反馈环节，所以开环系统没有适应性变化。某一系统属于开环系统还是闭环系统主要是看其状态，是否存在回路，并不是一成不变的。神经系统就具有两面性，从整个系统的角度看，处于工作状态时属于闭环系统，处于休息状态时属于开环系统；从母系统和子系统的角度来看，有的系统是闭环系统，有的系统是开环系统。

开环系统因其内部没有形成闭合的反馈环，像是被断开的环，故称开环系统。开环系统不能对输出偏差和异动做出反应，只对输入做出响应。例如，钟表是一个开环系统，因为它本身不会观察自己准时与否，也不会自行调节。在开环系统中，由于开环系统没有反馈回路，因此开环系统没有反向联系的反馈过程。神经系统处于休息状态时属于开环系统，我们也可以称之为意识开环。神经细胞中的部分连接断开，致使整个神经系统无法完成闭合，因此神经系统对输入信息无法进行反馈，从而无法控制信息。

所谓闭环系统就是指存在反馈回路的系统。闭环系统在我们的身边可以随时随地遇见。闭环系统的重要性是毋庸置疑的，思想、人与人的交流等都是由于闭环系统的存在才可以产生。例如，人类的语言就是系统不断反馈和修正的产物，闭环系统的反馈对于语言的形成起到至关重要的作用。若通过神经细胞及其连接将输入信息和输出信息进行双向控制，则这种作用称为反馈作用。在这里我们要多次强调反馈作用，是因为如果没有反馈作用，也就没有人类文明的发展。

花了这么多时间来了解闭环系统是出于对研究思想工作的需要。从宏观上说，人类社会由不同的自然人组成，人与人之间的交流本质上就是信息反馈，人类社会就是一个大的闭环系统，它由许许多多的小的闭环系统组成；从微观上说，每个人的神经系统在清醒时也是一个闭环系统。闭环系统的概念是一个很重要的概念，和我们的生活息息相关。

神经系统处于工作状态时属于闭环系统，我们也可以称之为意识闭合。整个神经系统处于闭合状态，通过神经细胞及其连接去控制生物电波和神经递质的产生和传输，接收反馈的信息并发出相应的生物电波或神经递质；再由这些生物电波或神经递质作用于相对应的器官组织。这样，整个神经系统就形成一个闭合系统。

我们还要重点引入两个概念：边界限束和机会比例。由于闭合系统需要反馈，因此其各体的数量不是无限的，是有边界的。基于系统中各体的关联性，我们将系统的最大关联范围称之为边界限束。机会比例是指，在系统内受边界限束的影响，各体的比例。

边界限束的概念在我们的生活中随处可见，并非常有用。例如，我们的消化系统，在我们人的一生中分泌胰岛素的总量受边界限束控制是有限的，如果年轻的时候你吃的食物太多，糖摄入量太高就会胰岛素不够用，直接造成的结果就是你血糖升高超标。机会比例告诉我们，总量既然是有限的，那么当你前期超标使用了，后面就没有机会再分泌更多的胰岛素了，结果就是，身体因为胰岛素分泌不足而出问题。

在人体内部能够完成一种或者几种生理功能的多个器官按照一定的次序组合在一起的结构，我们把它定义为人体系统。我们往往把一个大系统中不可或缺的子系统称之为必备系统。例如，构成人体的就有九大必备系统，分别是表皮系统、骨骼系统、肌肉系统、消化系统、呼吸系统、血液系统、内分泌系统、生殖系统、神经系统。我们主要讨论的是神经系统。各个系统都有自己独特的作用。例如，表皮系统在保护我们的外界的接触；骨骼系统支撑我们的身体；肌肉系统为身体运动提供支持；消化系统为我们提供能量；呼吸系统为我们提供氧气；血液系统运输能量和养分；内分泌系统为我们提供微量元素；生殖系统为我们传承血脉；神经系统为我们输入、处理、存储和输出信息。人体内每一个子系统都非常重要，任何一个系统缺失，人体都无法生存，因此说这些子系统是必备系统。

需要特别说明的是，我们一定将系统当成一个集合来看，不能将左右两个鼻孔呼吸看成是两套呼吸系统，呼吸系统只有一套，只是有两个鼻孔。同理，我们也不能将左右两个半脑看成是两个神经系统。我们这里引入一个专有名词，叫双线机制。双线机制指的是为了保证系统正常运行同时存在两组反馈渠道的现象。双线机制在我们的自然界广泛存在，例如人有两个眼睛、两个耳朵、两只手、两个肾、大脑有两个半球等等，在动物界也是如此。在神经系统内部也存在双线连接，这种双线机制对人体产生了重要的影响，关于其详细内容我们后面的章节会说明。

神经系统是人体内主要由神经组织构成的系统，我们的生物学家将神经系统分为中枢神经系统和周围神经系统两大部分。中枢神经系统又包括脑和脊髓，周围神经系统包括脑神经、脊神经和自主神经。

其实我们可以将人的神经系统想象成四通八达的河道，信息流就像水流。非洲大草原上的有些河流属于季节性河流，旱季的时候因为没有水，断流了，河道就成为草原的一部分；雨季的时候，水多了，四通八达的河道都充满了水，成为壮观的河流。所以，我们可以这样来看：河流是因为水流的存在而存在的。想一想，这里面的原因并不复杂，在地球引力的作用下，水向低处流，当有了水以后，在低洼地段自然就形成了河流，所以说，河流的存在主要就是水的存在。人的神经系统也一样，信息流在神经系统中的表征就是生物电波和神经递质的流动。当信息流生成时，生物电压高的向生物电压低的地方流动是自然规律，当信息流达到一定程度产生反馈回路，神经系统就形成了。由此我们也可以这样认为：神经系统是因为信息流的存在而存在的。如果没有信息流，那么那些神经细胞只能算是身体的一部分而已，不能称之为神经系统。

有了这样的认识，我们也就可以去定义"意识"了，信息流来临，我们的神经系统对信息流做出的反馈就是意识。

中枢神经系统是神经系统的主要部分，包括位于椎管内的脊髓和位于颅腔内的脑。在中枢神经系统内，大量神经细胞聚集在一起，呈现分层网状结构，有机地构成神经网络或回路；其主要功能是传递、储存和处理信息，产生各种心理活动，支配与控制着人类的全部行为。

周围神经系统常将其分为三部分：脑神经、脊神经和自主神经。其功能为将外周感受器和中枢神经系统连起来以及信息输出。周围神经很像电缆，一条轴突是一根单独的电话线，髓鞘和神经内膜包在轴突周围起到绝缘的作用。神经束膜将这些绝缘的线包裹成束。这些束再被神经外膜（如同“电缆”最外层的封皮）有序地包裹起来。

从微观上看，神经系统是一种分层的神经网络，各种神经细胞呈现分层排列网状连接的状态。每个神经细胞与前一层的神经细胞相连，也与后一层的神经细胞相连。神经细胞接收前一层的输出信息，并将信息输出给下一层神经细胞。各层间细胞之间既接收信息也输出信息，有输出也有反馈，最终形成闭合系统。我们从物理学的角度来看，神经系统内各类神经细胞连接的关系应该属于广义的并联关系。这种并联关系有一个好处就是，一个或者某一部分神经细胞的损伤或者死亡，其他神经细胞是可以继续运行的，因此不会影响整个神经系统的正常运行。

人类的神经系统是不是一开始就是这样的呢？虽然以目前的科技水平我们无法建造时光穿梭机回到过去，但我们可以通过现象看本质，通过观察现在人类的现状寻找一些线索，从而找到人类神经系统进化的印迹。人类的神经系统进化历经几百万年，其进化过程一定要遵循三个基本原则，其一是渐进进化原则，其二是区块进化原则，其三是自然进化原则。

首先，由简到繁是自然规律，也是我们这个世界区分动物等级的基础标准。任何生物体进化的活动都是由简单到复杂的过程，在此期间，生物体面临的问题也会不断变化，刺激生物体进一步适应，从而才完成进化过程。这就是我们所说的渐进进化原则。我们的神经系统也一样，不可能仅仅通过一次基因突变就进化成为现在的样子，也不可能通过一代人的基因突变就进化成为现在的样子，而是通过一代人变化一点，一代一代人累计相加，循序渐进，最终才进化成现在的我们。

其次，人类大脑是在人类进化的历史长河中为了适应或者解决不同的问题，通过区块进化不断演变成现在的样子。区块进化原则强调的是神经系统中的某一个区域进行了有重点的进化，在进化的同时也要放弃一些功能，从而为区块进化腾出空间。我们的学习能力、语言能力等并不是突然产生的，或者是短时间内形成的，而是从一系列不同的区块功能之上进化演变而来的。我们可以观察一下森林中的大树，它不是一天长成的，它需要在原有树干和树枝上长出新的树枝，年复一年地生长，最后才长成参天大树。人类大脑也一样，并不是自始至终都是目前这个样子；各个功能区也不是从远古到现在都是一样的；神经系统也不是自始至终可以随时随地解决任何问题。现在我们已经知道，神经系统是经过区块分阶段进化的，而且为了解决某一个方面的问题需要花费很长的一段时间进行区块进化，在进化的过程中我们还要放弃一些东西。通过数百万年的进化，人类的神经系统变得越来越复杂，这些复杂的结构通过基因一代一代地遗传了下来。例如，随着人口的增加和活动范围的扩大，我们需要更复杂地交流，提升我们的信息沟通能力，因此诞生了语言，并在漫长的时间中慢慢丰富起来。还有生火能力、狩猎能力、畜牧能力、耕种能力、建造房屋能力、使用工具能力等等，这些能力的取得都是为了应对一些我们必须面对的问题时人类所进化出的一系列的应对技巧，及解决问题的办法。这些能力的取得最终都需要占据人类神经系统的空间，并通过交流和基因传给下一代。于是，我们神经系统内部的区块就越来越复杂，神经系统的区块进化就得到更深入和更广泛的进行，最终进化成我们现在的样子。

视觉、嗅觉、听觉、平衡感、方向感可能其他动物也具备，但是人类的理解能力、计算能力、语言能力、推理能力等相对于其他动物来说却是难以逾越的鸿沟。如果这些我们任何一个普通人都具备的能力而其他动物却学不会，那么我们是不是可以这样认为：通过神经系统的区快进化，这些能力已经被植入了人类的神经系统中并占据了一定的空间，同时，进化后神经系统的这一生理结构可以通过基因代代相传，形成固定的功能结构。这种区块进化后形成的固定的功能结构应该就是人与动物区别的根源。举个例子，如语言能力，其他动物也可以通过声音来传递信息，就像大猩猩、猴子都可以做到，但是他们做不到将声音细化到语言的程度，这就是人类的神经系统中语言区块进化得要比动物更高级的结果。我们必须要注意到，受边界限束的影响，神经系统的空间是有限的，我们既然在思维、语言、记忆、情绪、执行等方面占据了大量的空间，那么我们也必须放弃一些功能所占据的空间，这种放弃是被动的，造成的结果也是显而易见的。这就是我们视觉不如老鹰、嗅觉不如狗、听觉不如兔子等类似现象发生的原因。

最后，纵观人类的发展史，从辩证的角度来看，我们觉得更像是自然选择了人类，而不是人类在选择自然。究其根本原因就是，人类一直在适应自然，而不是自然在适应人类。神经系统的进化就是人类为了解决实际问题而主动施行的，如果没有解决问题的神经系统是不会被自然选择的。神经系统的结构就是在解决问题的过程中慢慢积累形成的。因此，这些解决问题的机制是通过自然选择而留存下来的。

在发展的过程中，那些人类杰出的代表为人类的发展做出了突出贡献，正是他们奉献了自己的聪明才智，才使得人类可以阔步前行。袁隆平院士就是其中的代表，他用一己之力，让数以亿计的人免受饥饿之灾，值得我们尊敬。

第二节 “流动的”神经细胞

人是在流动中度过的一生，虽然有些流动我们感知不到。

当在关于海洋的纪录片中看到珊瑚时突然想到，没有比珊瑚更适合的东西来形容神经细胞了。珊瑚是我们这个星球上最古老的海洋生物之一，几亿年前就在地球上出现了。以前在我们没有研究珊瑚的时候很多人以为珊瑚是植物，现在我们已经知道，珊瑚是动物，是由无数微小的珊瑚虫聚集形成的。通过放大，我们看到的珊瑚虫的顶端有触手构成，这和我们的神经细胞有异曲同工之妙，因为神经细胞也有轴突和树突。珊瑚虫个头很小，往往只有几毫米，体态玲珑，色泽美丽，十分娇气，只能生活在水质洁净、透明度高、阳光照射充足的水域。珊瑚虫会吸收溶解海水中的碳酸钙，用来制造自己的骨骼，我们看到的珊瑚实际上就是珊瑚虫死亡后遗留下来的骨骼。

有时间大家可以去看看珊瑚的图片，只能用美轮美奂来形容。看完你可以打开自己的想象力，将神经细胞想象成美丽的珊瑚，这样在你的脑海里就有了神经细胞的基础模型。珊瑚的种类有很多，神经细胞的种类也很多，活着的珊瑚虫在海水中摆动是在寻找食物，神经细胞的突触也会寻找其他突触然后进行连接。在神经系统中，神经细胞就像那一个个珊瑚虫，任何一个神经细胞如果想加入这个系统，那么它就必须要和其他神经细胞建立连接，以便融入这个系统中。所以，所有的神经细胞都是神经系统的各体零件，而这些各体又组成了神经系统。意识正是由于信息流在这些神经细胞之间穿梭被神经系统感知和处理形成的产物。

神经细胞是神经系统最基本的结构和功能单位，具有输入信息、处理信息和传出信息的功能。神经细胞的细胞体由细胞核、细胞膜、细胞质组成。和普通细胞不同，神经细胞分为细胞体和突起两部分，一般的普通细胞没有突起。神经细胞的突起有树突和轴突两种。树突短而分枝多，直接由细胞体扩张突出，形成树枝状，其作用是接收其他神经细胞轴突传来的冲动并传给细胞体。轴突长而分枝少，为粗细均匀的细长突起，其作用是接收外来刺激，再将细胞体传出的信息输出。轴突除分出侧枝外，其末端形成树枝样的神经末梢。

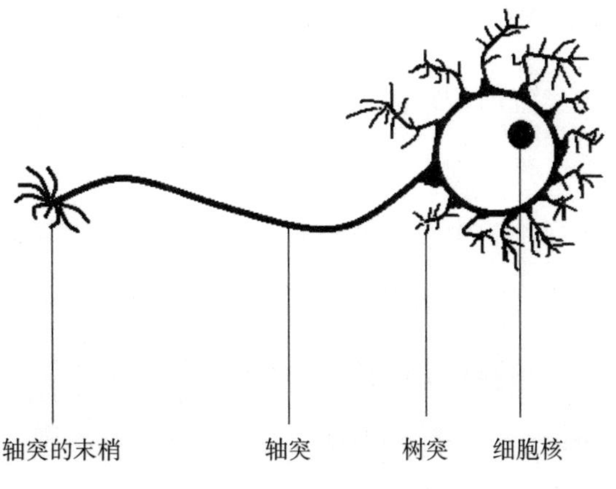

图1-2-1　神经细胞

感觉（传入）神经细胞、运动（传出）神经细胞、功能（中间）神经细胞，是我们根据神经细胞的机能进行的分类。

（一）感觉（传入）神经细胞

感觉（传入）神经细胞是连接感官组织与中枢神经系统的神经细胞，感官组织接收来自体外的刺激，其将转化为生物电波传输到中枢神经系统。感觉神经细胞的末梢，有的呈游离状，有的分化出专门接收特定刺激的细胞或组织，分布于全身，一般与中间神经细胞连接。

（二）运动（传出）神经细胞

中枢神经系统发出的生物电波一般由这一类神经细胞输出，我们可以把它称之为运动（传出）神经细胞。生物电波由这一类细胞的胞体经轴突传至末梢，使肌肉收缩或放松、腺体分泌等。传出神经细胞的末梢分布到全身各处肌肉中或腺体中。

（三）功能（中间）神经细胞

接收其他神经细胞传来的生物信号进行处理，然后再将处理后的生物信号传递到另一神经细胞。中间神经细胞分布在脑和脊髓等中枢神经内。它是三类神经细胞中数量最多的。其排列方式很复杂，在大脑中大致为分层网状结构。神经细胞间信息传递的接触点是突触。复杂的神经活动是由传入神经细胞、中间神经细胞和传出神经细胞互相借突触连接而成的神经细胞链。在神经活动中涉及的中间神经细胞最多，引起的神经活动最复杂。人类大脑皮质的思维活动就是通过大量中间神经细胞的极其复杂的神经活动进行的。中间神经细胞的复杂联系，是神经系统高度复杂化的结构基础。

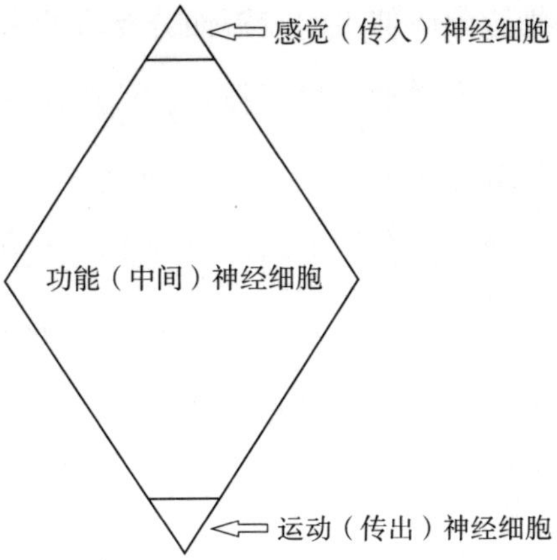

图1-2-2

神经细胞在神经系统中的排列方式虽然不是统一的或者完全相同的，但是在某一区域部分，神经细胞的排列方向是一致的，例如，大脑皮层的神经细胞就排列得非常整齐。如果各神经细胞的排列方向不一致，则生物电波传导的方向也不会一致，因而所产生的生物电波就会相互抵消，不能形成更强的生物电波。生物电波的形成，极有可能是由于细胞胞体的收缩与神经递质共同作用的结果。

胞体，神经细胞的胞体是细胞的能量中心和处理中心。任何细胞的运行都必须要有动力，胞体就是为细胞提供动力的源泉，同时胞体还有一个基本功能就是处理信息。胞体由细胞膜、细胞核和细胞质组成。胞体的中央有一个大而明显圆的细胞核。神经细胞是一种高度分化的细胞，具有生产、感受、刺激和传导生物电和神经递质的功能。胞体的主要作用是合成神经递质，处理树突接收的电信号，发出生物电信号。因此胞体是神经细胞的动力源泉。同时，胞体还有收缩和舒张的功能，正是这种功能的存在才促使一些特定意识活动的诞生。

树突是自神经细胞胞体伸出的较短而分支多的一至多个突起，起始部较粗，反复分支，逐渐变细，呈树枝状，故称树突。树突是神经系统中主要负责接收和存储信息的单元。树突接收来自其他神经细胞的信息，因此它的分布范围可代表该神经细胞接受刺激的范围。树突内所含细胞质与神经细胞胞体相似。树突的分支上有树突棘或叫树突小芽，与其他神经细胞末梢形成突触。树突外面的细胞膜上有许多受体，因此，树突是神经细胞接收化学信使的部位，其他神经细胞轴突末端终于树突表面，形成突触。神经细胞的树突及其分支越多，则接收冲动的面积越大，即接收化学信使的突触越多。从逻辑的角度来看，除了传递信息以外，树突还有一个重要的作用就是在信息传递过程中合并、增强信息。因为无论神经细胞有多少树突，胞体只有一个，接收的信息最终还是要输入到唯一的胞体中，从物理学的角度上来说，信息的融合是不可避免的。

轴突是神经细胞两种突起的一种，神经细胞一般只有一个轴突，自神经细胞发出的一条突起。轴突的主要作用是将神经细胞胞体所产生的兴奋冲动传至其他神经细胞或效应器。每一个神经细胞的轴突末梢首先分成许多小支，每个小支的末端膨大呈球状，称突触小体。小体与另一神经的胞体或树突形成突触联系。从逻辑的角度来看，除了传递信息以外，轴突也有一个重要的作用，就是在信息传递过程中分解、删减信息。因为神经细胞虽然只有一个轴突，但是却有很多个突触小体，自神经细胞输出的信息不可能做到被这些突触小体无差别地输送出去，正是这种差别的存在，才导致信息的分解和删减。

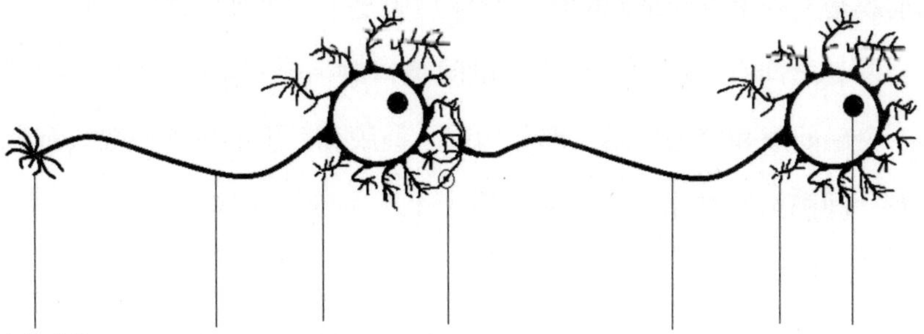

图1-2-3　神经细胞连接

突触小体为小结节状或纽扣状，内含线粒体、神经递质与突触小泡。线粒体为化学递质合成提供能量。突触小泡指突触前侧神经末梢的轴浆内存在的为数众多的小泡，近突触前膜侧密度较大。在不同神经末梢中，突触小泡的大小不同。突触小泡是贮存和释放神经递质的场所。

神经系统的基本结构单位是神经细胞，神经细胞之间形成环路，环路再结合成闭合系统。虽然神经细胞是神经系统最基本的结构单位，但是整个系统真正开始运作时，大量的信息需要处理，单凭一些神经细胞单打独斗显然无法满足实际的需求。为了执行特定的功能，神经细胞必须要相互连接，组成功能环路。连接不同神经细胞的连接点便是我们常说的突触。突触是指一个神经细胞的生物信号传到另一个神经细胞或传到另一细胞间的相互接触的结构。一个神经细胞通常有非常多的突触连接。

我们将突触放大以后可以观察到突触处两个神经细胞的细胞膜并不融合，突触部位有两层膜，分别称为突触前膜和突触后膜，突触前膜和突触后膜分属两个神经细胞。前一个神经细胞的突触小体外包裹的突触间隙的一侧的膜称突触前膜，构成突触间隙的另一侧膜称突触后膜。突触前膜是上一个神经细胞的膜，突触后膜是下一个神经细胞的膜。

两者之间有一间隙，称为突触间隙，故一个完整的突触应由突触前膜、突触间隙和突触后膜三部分构成。前膜和后膜的厚度一般只有7纳米左右，间隙为20纳米左右。突触后膜上有特殊的受体，能与专一的递质发生特异性结合。

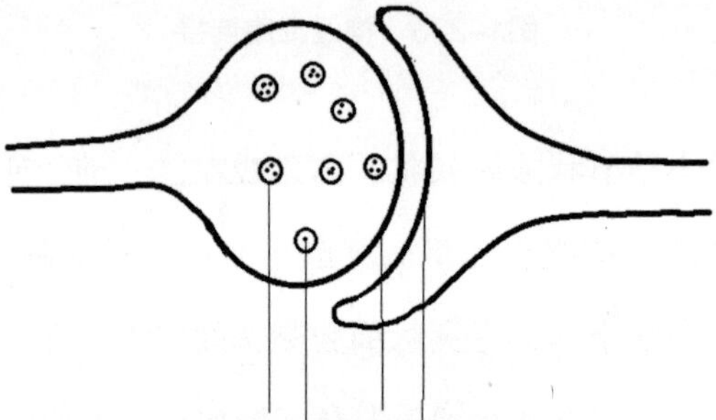

图1-2-4　突触

神经细胞也是活体，其生存也需要能量，从而就要不停地进行新陈代谢活动，就必须不断地与周围环境进行物质交换，而细胞膜上的通道就是这种物质交换的重要途径。部分神经递质也可以通过这种通道进出神经细胞，因为神经递质携带电荷，因此这种进出同时带来的是信息传递。人们已经知道，大多数对生命具有重要意义的物质都是水溶性的，如各种粒子、糖类等，它们需要进入细胞，而生命活动中产生的水溶性废物也要离开细胞，它们出入的通道就是细胞膜上的通道。

有的通道由细胞产生的特殊蛋白质构成，它们聚集起来并镶嵌在细胞膜上，中间形成水分子占据的孔隙，这些孔隙就是水溶性物质快速进出细胞的通道。通道的活性，就是细胞通过通道的开放和关闭调节相应物质进出细胞速度的能力，对实现细胞各种功能具有重要意义。

突触分为三类：直通型突触、囊泡型突触、弥散型突触。

功能类似的神经细胞更容易彼此连接，形成突触。而且，同类神经细胞连接的紧密程度也要超过非同类神经细胞。这是突触的一个特点，这个特点对于我们理解关联记忆有非常大的帮助。

神经系统中的神经细胞有很多，但是到底多到什么程度呢？一般人没有概念。大家都知道银河系中有很多恒星，数以千亿计。神经系统中的神经细胞可能与银河系中的恒星的数量旗鼓相当。神经系统的基本结构单元主要是神经细胞，神经细胞之间组成环路最终构成一个闭环系统，这个闭环系统就是我们每个人用于思维、记忆的神经系统。

我们重点阐述神经细胞的三个基本特性：导电性、应激性、伸缩性。神经细胞这三个特性产生神经系统特有的工作模式。

导电性是指神经细胞传导生物电流的能力。神经细胞中的细胞质属于具有导电性质的溶液，这种细胞质溶液是靠电解质离解出来的离子，在电场作用下定向地向对应电极移动并在其上放电而实现导电。关于神经细胞的导电性原理，大家可以从生物学课本上找到答案，我们在这里就不详细叙述了，我们在这里重点要阐述的哲学思想是神经细胞的导电性给我们带来了什么？答案是带电世界和信息流。从物质世界到带电世界就是从物质到意识的飞跃，这种认识可以解释很久以来困惑我们的问题，那就是物质和意识的关系。在我们这个时空，所有的物质都具有能量，从物体的构成角度看，物体是由分子组成的，而分子又在不停地做无规则热运动，因此物体本身就具有能量。一切物体，不论温度高低，都有能量，任何一种形式的能量，在一定条件下都能够用直接或间接的方式对外进行传播。当这种能量传播被神经系统捕获时，就被神经细胞转化为生物电波，在神经系统内流动并被感知，我们的意识就这样开始形成，这就是意识与物质的关系。所以从某个角度来说，意识就是物质的转换延伸。我们通过对神经细胞的了解，找到了一个方向，顺着这个方向，我们可以慢慢发现一些端倪，这就是我们认识神经细胞的导电性带给我们的重要启示。因为在我们人类的神经系统内，信息的表征就是生物电波和带有电荷的神经递质，所以我们可以非常肯定地说，意识的世界就是带电世界。

我们观察外界信息，感官细胞已经将外界信息转化为生物电信号传输到神经系统内部，这个时候，信息如何在神经系统内部进行传递变得非常重要，其重要性就好比血液系统里的血液，没有信息流，神经系统就不复存在。正是导电性的存在，我们的神经系统才可以输入、存储、处理、输出信息。

应激性即指当它受到一定强度的外界刺激作用时，会引起细胞的代谢或功能的变化。这种引起变化的外界刺激要有一定的动能和变化速率，缓慢地增强刺激或刺激强度不够不能引起应激反应。活的生物体具有应激性，差别可能在于反应速度的快慢以及程度的大小。

神经细胞的应激性体现在生物电的刺激，引起细胞膜电位或组织极性的改变。通电时的应激反应发生在阴极处，断电时的应激反应则发生在阳极处。应激反应之后，要经过一段恢复时期，我们称之为不应期，不应期结束之后才能再对刺激起反应。

我们在孩童时代都见过一种叫含羞草的植物，当我们的手触碰到含羞草时，含羞草受刺激，叶片发生闭合运动反应，其就能传布相当的距离。在这一过程中，由刺激点发生的电位变化，最终引起叶片收缩。我们可能注意到了，含羞草的恢复时间很长，即不应期很长，需几十分钟才能回到原来的状态。

植物的应激性很缓慢，并往往局限于受到刺激的区域。它的反应强度，决定于刺激的强度，在刺激作用点上产生负电位变化。例如，植物组织受到曲、折（机械刺激），可引起几十毫伏的负电位反应。植物光合作用中出现的电变化，是一种由代谢变化引起的电反应。植物进行光合作用的强度取决于叶绿素的含量。因此，如果不同部位的光照强度或叶绿素含量不同，将使不同部位的代谢强度出现差异。这时，不仅表现出产氧量和二氧化碳消耗量的不同，而且在不同部位之间出现电位差。例如，在太阳草的叶片上，一部分给予光照，另一部分不给光照，则几分钟之内，两部分之间可产生50～100毫伏的电位差。在一定范围内，电位差的大小，与光照强度成正比。

神经细胞存在应激性的结果直接导致神经系统可以进行反馈从而完成神经系统的闭环。闭环系统的重要特征就是反馈，神经系统要想成为具有反馈信息功能的闭环系统就必须具有这个功能。而利用神经细胞的应激性进行信息反馈就是神经系统采取的重要方法之一。

伸缩性也是神经细胞具有一个非常重要的功能，就是指神经细胞的收缩和舒张。以前我们认为，成年人长大以后其身高应当是恒定的，但在一日之中不同时间仔细测量，你会发现早晨起床时的身高要比晚上入睡前高1.25厘米左右，这就是与细胞的收缩和舒张功能有关。白天工作及身体上部的体重压力，可使细胞收缩。夜里睡觉，这种压力消失，细胞舒张。细胞的一胀一缩，表现在身高上，就是早晨起床时的个子要比晚上睡觉前高1厘米多，不仔细测量是不会被发觉的。神经细胞也具有收缩和舒张的功能，这个功能具有三个重要的作用，其一是新陈代谢，细胞的收缩和舒张可以促使细胞内外的能量交流和代谢物的排除；其二是胞体的收缩和舒张是神经细胞发出神经冲动的重要来源之一；其三是我们推测轴突和树突也存在一定的收缩和舒张的功能，从而为突触的连接和断开提供基础支撑，当这种突触的连接和断开成为可能时，就为连接通道的控制打下深厚的基础。

我们通过对神经细胞的了解，可以窥探神经系统的工作模式和原理，为我们进一步探索意识世界提供科学依据。

第三节　神奇的突触传递

任何力量也无法阻止向往的心。

前几天带着孩子去郊外散步，在路过一片种着向日葵的庄稼地时，儿子问向日葵为什么向着太阳，我顺嘴就回答，因为光合作用的需要，它们需要更多的阳光，所以它们一直向着太阳的方向生长，儿子似懂非懂。为了更好地跟他解释明白，回家以后我专门上网查询了一下，最终找到了答案。答案是被美国植物生理学家弗里茨·温特在1926年发现的。他让植物的芽鞘一面得到阳光的照射，一面得不到阳光的照射，结果芽鞘逐渐弯向了有阳光的一面。由此，他便从芽鞘里分离出了植物生长素——吲哚乙酸。经科学家研究发现，这种化合物是怕见阳光的。所以，当阳光照射的时候，它便跑到没有阳光的一面，结果促进了遮阴面部分生长加快，受光部分则生长缓慢。由于重力的作用，植物便向了有阳光的一面。

这个问题的解决让我脑洞大开，以至于让我陷入了深深的思考：向日葵向着太阳生长里面隐含的哲学思想和神经细胞的突触向着信息的源头方向生长或移动有没有异曲同工之处呢？答案就是我们这一节重点要讲到的趋源效应。

神经系统由大量的神经细胞构成，大量的信息需要在这些细胞之间传递。但是从生物解剖学的角度来看，这些神经细胞都是独立的个体，他们之间在结构上互不隶属，仅仅是互相接触。为了传递信息的需要，这些接触应运而生，神经细胞必须要相互连接，才能组成功能环路进行信息的传递。突触就是神经细胞之间的连接结构，信息在神经细胞之间的传播模式主要是突触传递。

如果你很难理解这个概念，那你就把突触想象成自己家里面的调制解调器（猫）。调制解调器是一种计算机网络系统中的硬件，它能把计算机的数字信号翻译成可沿着普通光纤传送的光信号，而这些光信号又可被光纤另一端的另一个调制解调器接收，并译成计算机可懂的数字信号。电脑等各种终端是独立的，调制解调器的作用就是信息转换从而完成计算机之间的通信。

信息流在神经系统中的表征就是生物电波和神经递质的流动。突触的主要作用就是支持生物电波和神经递质的流动及留存。

人的神经细胞受边界限束的制约，总量上会随着时间的推移持续减少。突触跟神经细胞不一样的地方就是后天的塑成。突触的数量会在出生后经历先增加后减少的变化趋势，新的反复刺激会产生新的突触。突触不是一出生就有的，是被输入信息塑出来的，因为学习可以导致新的突触形成，突触会随着信号的传播增多而变多，使得从一个神经细胞发出的信号更容易激发下一个神经细胞，神经细胞间的联系变得更加紧密。这种后天形成的好处就是可以融入新的社会的因素。如果突触是先天形成的，那么我们就很难改变它，正是由于没有先天的预设，所以我们的突触可以一边连接一边结合人类社会已经掌握的知识和经验进行融合，从而提高我们的基础素养。我们所说的“站在巨人的肩膀上成长”就是这个意思，因为我们是先学习了前人传授的知识和经验，有了自己的突触连接结构以后，才有了自己的创新思维。

在突触的形成过程中，趋源效应起到至关重要的作用。趋源效应原本是指任何生物对于能为自己带来益处的事务具有趋向性。例如，向日葵向阳生长就是趋源效应的表现。在这里的趋源效应指由于神经细胞的轴突产生神经递质携带电荷形成电场从而具有吸引力，其他神经细胞的树突向其靠拢并连接的特性。

神经递质本质上就是带电粒子，一个带电粒子会产生微小的静电场，假设A神经细胞的轴突产生神经递质以后，许多带电粒子就产生了一个较大一点的静电场。而在其附近的B神经细胞的树突就会被吸引，就算被吸引的B神经细胞的树突虽然是不带电的，但它的树突内或者细胞膜上仍然有一些带电粒子，这样一来，B神经细胞的树突在电场力的作用下靠近A神经细胞的轴突。这就是趋源效应促使突触形成的基本模型，和向日葵向太阳生长的原理如出一辙。

神经细胞的突触的生长受信息源的方向而影响的性质，是神经细胞具有可塑性的基础。突触向信息源方向生长与连接，有利提高利用效率，获得更大的利用空间、接收更多的信息，有利于信息的传递，维持神经系统更好地运行。

突触的主要作用就是传递信息和存储信息。突触有三种类型，直通型突触、囊泡型突触、弥散型突触。相应的神经系统中信息在突触传递的模式也分三种：直通型突触传递、囊泡型突触传递、弥散型突触传递。

一、直通型突触传递

信息在神经细胞的主要表征之一就是生物电波，当生物电流通过时，生物电波在上一个神经细胞的突触前膜与下一个神经细胞的突触后膜之间形成生物电位差，突触前膜电流向突触后膜流动，突触前膜与突触后膜之间有通道直接相连，神经生物电波直接通过，使兴奋性发生传递，这种类型的突触传递称为直通型突触传递。

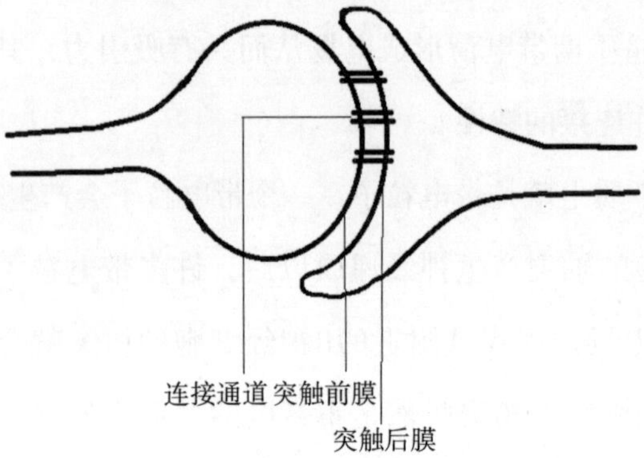

图1-3-1 直通型突触

神经细胞之间的输出与接收端的生物电波存在生物电位差是直通型突触传递的动力来源，生物电波发生自然流向因此形成生物电波在神经细胞间的传递。

直通型突触的结构基础是缝隙连接，是两个神经细胞膜紧密接触的部位，两层膜之间的间隙比较小，连接部位存在沟通两个神经细胞胞浆的通道，生物电波可以直接通过这些通道而传递生物电信号，这种信号传递一般是双向的。因此，这种连接部位的信息传递是一种生物电传递，与经典突触的化学递质传递完全不同，其突触前神经细胞的轴突末梢内无突触小泡，也无神经递质。直通型突触的功能可能是促进不同神经细胞产生同步性释放生物电波。生物电波传递的速度快，几乎不存在潜伏期。

突触前神经细胞的动作电位到达神经末梢时，直接输入到突触后神经细胞，通过局部电流的作用引起突触后成分发生动作电位。直通型突触传递的特点是传导快，传导方向可以双向传递。直通型突触传递在整个神经系统中所占的比例相对较小。

二、囊泡型突触传递

囊泡型突触传递是由存于突触前膜内突触小泡内的神经递质通过出胞作用释放神经递质来完成信息传递的一种传递模式。

前一个神经细胞接收生物电信号——转化成化学信号——神经递质进入小泡——传输神经递质（出胞）——下一神经细胞接收神经递质——转化成生物电信号。这是一个囊泡型突触传递的基本模型。

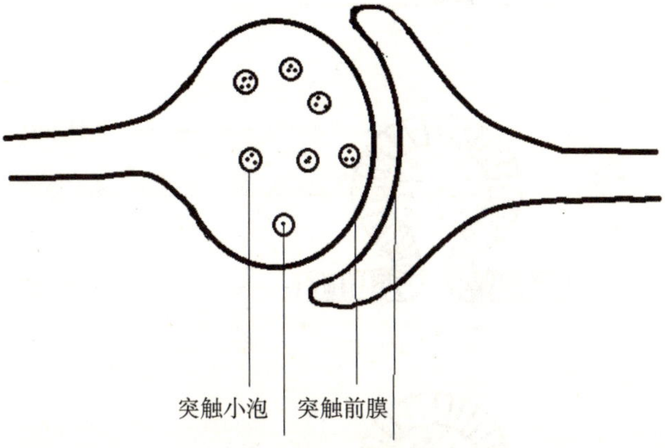

图1-3-2 囊泡型突触

囊泡型突触传递的主要表现是，生物电波沿轴突传至突触前膜时，触发前膜上的通道开放，前膜内侧神经细胞通过出胞作用释放存放于突触小泡内的神经递质到突触间隙，相对应一侧的神经细胞的突触后膜上有相应的受体。部分神经递质与突触后膜上的相应受体结合，引起与受体联系的通道开放，使相应的神经递质经通道进入突触后神经细胞内，使后膜内外两侧的状况发生改变，从而完成信息传递。

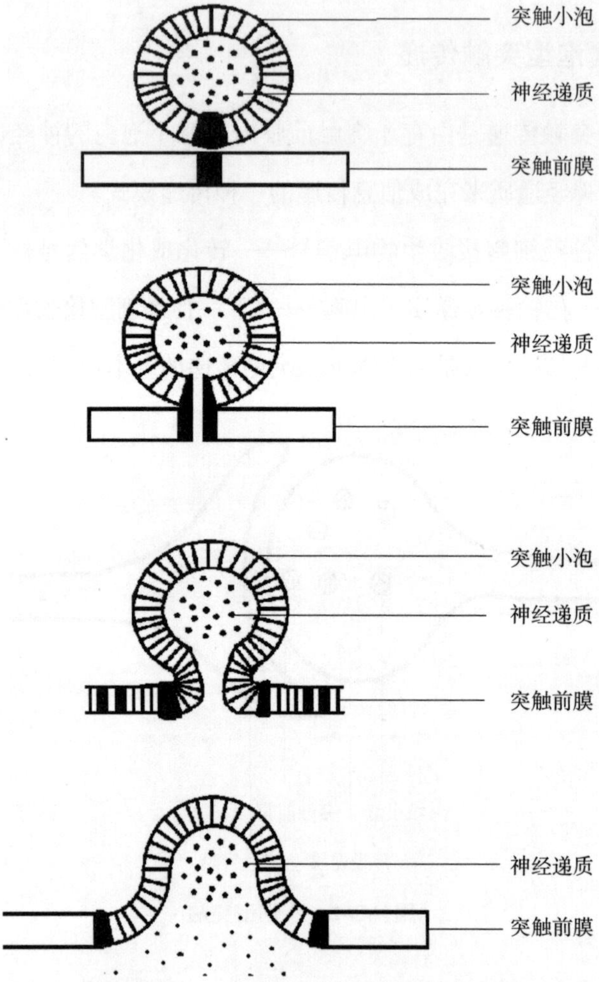

图1-3-3　出胞作用中神经递质的释放

囊泡型突触传递的几个特性：

（一）单向传递

不可逆向传递是囊泡型突触传递区别于其他传递方式的主要特征之一，囊泡型突触传递只能由突触前一神经细胞沿轴突传给突触后一神经细胞。因为只有突触前膜才能释放递质。因此，这一类的突触传递神经信息只能单向传递。

（二）总和作用

与直通型突触传递不同，囊泡型突触传递需要足够的动能才可以产生。突触前神经细胞传来一次信息及其引起神经递质释放的量，一般不足以使突触后膜神经细胞产生足够的电位差。只有当一个突触前神经细胞末梢连续传来一系列信息，或很多突触前神经细胞末梢同时传来一排信息，释放的神经递质积累到一定的量，才能激发突触后神经细胞产生足够的电位差。这种现象称为总和作用。

（三）突触传递延时

生物电波由突触前末梢传递给突触后神经细胞，必须经历化学递质的释放、扩散及其作用于后膜引起电位差的历程，总和后才使突触后神经细胞产生动作电位，这种传递需较长时间的特性，即为突触传递延时。

三、弥散型突触传递

神经递质不贮存于突触小泡中，它的释放不依赖于出胞作用，而是通过凭借其溶脂性穿过细胞膜直接渗透散出突触前膜，被突触后膜直接接收从而完成信息传递的方式我们称之为弥散型突触传递。

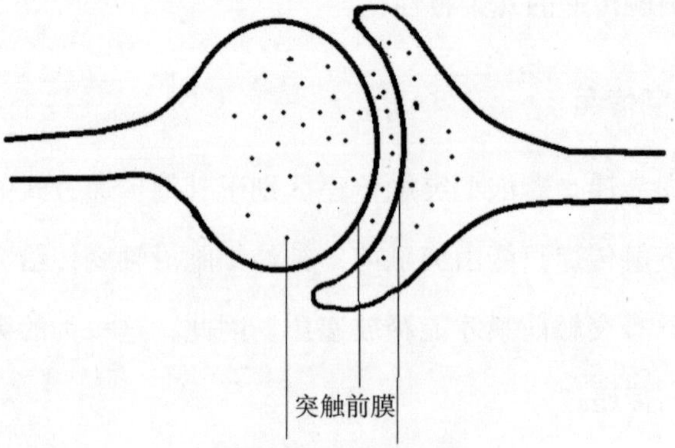

图1-3-4　弥散型突触

这一类的突触传递不以胞吐的方式释放，而是从一个神经细胞渗透到突触间隙再被另一神经细胞接收，而后达到信息传递的作用。弥散型突触传递所传递的信息是不特定的信息。

如果你觉得弥散的定义很难理解，那么我们想想自己运动后是如何出汗的就不难理解了。出汗就是体液渗透出表皮的，弥散就像出汗一样，是神经递质渗透出神经细胞。

弥散型突触传递与囊泡型突触传递的区别主要表现在：

（1）弥散型突触传递中的神经递质不贮存于突触小泡中，而是直接存储于神经细胞中；

（2）弥散型突触传递时，神经递质的释放不依赖于出胞作用，而是通过直接渗透；

（3）弥散型突触传递时，神经递质被下一神经细胞接收时也是通过渗透直接进入下一神经细胞。

（4）弥散型突触传递时，神经递质的释放速度和强度低于囊泡型突触传递。

我们说的潜意识就与弥散型突触传递具有关联性。例如艺术、音乐。在人们的日常生活中，我们不可能花太多的精力去记住我们遇见的每一件事情、每一个细节。但是这些信息确定是要输入至大脑的，大脑采取的有效策略就是通过弥散型突触传递信息。

潜意识是在人的汇聚处理部中形成的模糊认知的部分，即人们的神经系统中已经有所意识但并未达到主意识关注状态的心理活动过程。有时候我们没有关注到潜意识，但它却是影响主意识的最重要的因素。例如，我们自己和不太熟的其他人的关系，我们日常生活中不被主意识关注的点点滴滴，我们所做出的判断和决定，以及我们本能体验中所采取的行动等等，很大一部分都是在潜意识下完成的。潜意识所完成的工作是人类生存和进化过程中不可或缺的一部分。

大约一千亿左右是婴儿出生时脑中神经细胞的总数。但是只有不到百分之二十的神经细胞是相互连接的。在接下来的数年间，这些神经细胞之间的连接会急剧且过量地增加，形成一个巨大的神经网络。3岁左右时，我们大脑内的神经连接达到顶峰，大约是成人的两倍。但是这些链接大部分都是没有产生过神经递质的空链接。我们将没有产生过神经递质的或者产生的神经递质非常少以及没有通过神经递质进行信息传递的突触连接称为空链接，将已经产生过神经递质或者已经通过神经递质进行信息传递的突触连接称为实链接。

空链接虽然表面上看似乎还是一个链接，但是因为输出细胞没有产生神经递质或者产生的神经递质非常少，以及没有通过神经递质进行信息传递，它们相互之间的连接就不牢固。实链接比较牢固的一个重要原因是神经递质在突触间隙的留存，因为神经递质带有电荷，具有一定的吸引力，所以连接比较稳固。突触间隙的这种留存不仅仅是存储信息，也为信息的再次传递提供便利。可以这样看，正是因为神经递质的存在增加了突触前膜和突触后膜的相互吸引力，所以实链接越是使用，神经递质存留就越多，连接就越牢固。这也就是我们的记忆信息越用越记得牢固的原因。

实链接很多虽然非常有利于学习，能够存储巨大的信息，但却是一个非常耗能的过程。于是为了达到能量平衡，大脑便会开始废弃部分冗余的连接，这就是我们所说的“突触剪切”。这个过程牢牢遵循“使用它，或者废弃它”的原则。我们经常使用的实链接会被保留下来，不经常使用的空链接则在修剪过程中废弃。虽然突触数量变少了，但是有效的链接变多了，也更加紧密了，整个大脑系统变得更准确而有效。

如果经常看动物世界，你就会发现在生物界，人类是发育成熟最慢的一个物种。在非洲的大草原上，刚刚出生的羚羊、斑马、小象等，在1个小时之内就会走路并开始奔跑了，因为，如果它们不在短时间内学会奔跑，就会被食肉动物吃掉，这就是自然法则。我们人类学会走路却要用1年的时间。再看看太平洋上的信天翁，只需要几个月的时间就开始离开父母独闯天涯，而我们人类的孩子，直到十几岁的时候还要依靠父母才能生存。人类的成长期这么长，可不是因为人类比其他动物落后，而恰恰相反，是因为人类比它们要高级，因为人类需要投入更多的资源保障大脑的生长。现在大家都已经知道了，我们每天获取的能量一大半都被大脑消耗了，说明为了保证大脑的运行，需要汲取大量的能量，而人类消化系统在一定时间内汲取的能量的总量是固定的，当又要供应大脑，又要保证其他组织和器官的运行，那么，挤占效应的结果就是必须要有一些组织和器官做出牺牲，长得慢一点。

还有一个非常有趣的现象，就是集中效应在人的生长过程中起到重要的作用。所谓集中效应就是在特定的时间内系统专注于某一类事情，使之效率提高的现象。例如，竹子的生长过程就体现出集中效应的优势。一开始，竹子用4年的时间，一共长了3cm；在第五年，其以每天30cm左右的速度疯狂地生长，用六周的时间就长到15m。因为资源的稀缺性，人体在生长的过程中会采取在特定的时间内专注促进某一方面发展，从而提高效率。动物因为有生存的压力，所以一生下来最首要的任务是集中全部资源长身体，因为想要活下来必须这么做。而人类的婴儿没有生存的压力，所以可以集中资源长大脑。

值得注意的是，负责不同功能的神经连接的发育成熟的时间是不同的。大致而言，负责连接汇集处理部与感官处理部以及与执行处理部神经细胞连接会优先发育。所以，婴儿一出生就会对这个世界很好奇，用他们的小眼睛、小小手不断地探索这个世界，甚至见到啥都拿到嘴里去舔一舔。所以大家会发现，所有的宝宝都会吸吮自己的手指，这个时候大家可千万不要认为这是不好的习惯，这是宝宝探索新世界的方式，是突触连接的需要。紧接着，与语言相关的神经连接会急剧增加。所以，一般婴儿在会走路之后才开始牙牙学语。而与认知功能相关的神经连接则发育得要相对晚一些。因此，孩子们对世界的理解主要局限在他们的直接经验上，包括他们能看到、听到、触摸到和学习到的事物上。

大部分神经连接形成于一个相对比较窄的时间窗口内，即我们常说的“窗口”。为了更好地理解这个“窗口”，我们来看看“夹生饭效应”。夹生饭，顾名思义，没熟透的饭。夹生饭的特点是很难再次煮熟，可形容一开始错过了窗口期没有做好而后就再也难以做好的事，这就是夹生饭效应。神经系统的生长就存在窗口期，当窗口期该做的事情没有做或者该学习的技能没有学习时，夹生饭效应就会产生，而后再想去做或者去学就很难达到预期的效果。

例如语言学习窗口，就是在1岁至4岁之间，在这期间，因为伴随着神经细胞的生长，突触大量的形成，但是神经递质分泌不足，因此，短时记忆相对使用较多。长时记忆能力差，那么其认识社会、他人和事务本质的能力就相对较低。如果这个时期的孩子学习语言能力没有得到提高，那么长大后他的语言能力就会大打折扣。

自我意识和很多习惯大约形成于5岁至8岁。自我意识是对自己本身身心活动的觉察，即自己对自己的认识，具体包括认识自己的生理状况、心理特征以及自己与他人的关系。我们有一句谚语叫“三岁看小，七岁看老”，其是有一定道理的，这个时候养成的习惯大都会跟随我们一生。这个时期突触形成的特点就是由于回路大量形成，神经递质大量增加，开始有长时记忆。基于这样的特点，孩子们开始慢慢认识自己。

性观念大约形成于9岁至12岁。这个时候性激素开始慢慢产生，慢慢地，孩子们就有了性观念。这些观念的产生与特定的神经递质有关系，例如荷尔蒙的分泌增加。

叛逆思想主要出现在13岁至15岁。叛逆期是大部分青少年都存在的心理过渡期，因为这时的孩子独立意识和自我意识日益增强，迫切希望摆脱成人（尤其是父母）的监护。他们反对父母把自己当小孩，而以成人自居。为了表现自己的“非凡”，他们对任何事物都倾向于批判的态度。正是由于他们感到或担心外界忽视了自己的独立存在，叛逆心理才因此产生，从而用各种手段、方法来确立“自我”与外界的平等地位。狮子、豹子、猴子在快要成年时，会被赶出群体，自己出去独立生存，在自己刚刚独立生活的前后一段时间里，会出现一个与自己原来生活全然不同的环境，在这种环境下促使其不得不发生改变，差异化的思维模式的雏形由此产生。对于叛逆期，大家可千万不要把它当作洪水猛兽，确切地说，正是这一段时间，孩子们的逆向思维开始形成，是人类开始成熟的标志。这种原因应该是通过基因遗传的方式将远古时期人类积累的“差异化思维模式”的生理现象继承下来的。如果我们充分利用好引导这种逆向思维，它会给孩子们带来福音。

人生的基本价值观念大约形成于16岁至20岁。这个时候建立的突触连接会比较稳固，终生难分。所以在这个时候形成的价值观念基本上会陪伴一生。倘若父母帮助孩子接触良好的环境和教育，就能够促进良好习惯的形成和完善。

在这里我们讲突触形成的窗口期是为了突出窗口期的重要性。在窗口期，如果不去让孩子努力接触其应该接触的信息，那么，孩子将失去相关突触形成的机会。例如，面对处于叛逆期的孩子们的稀奇古怪的想法与行为，家长或者老师不去正确引导，只是一味地批评和制止，那么磨灭的就是孩子们的天性，以致压制孩子们的创造力的形成和发展，久而久之，孩子们的逆向思维能力就这样慢慢被消耗掉了。长大以后，那个听话的孩子也许就会长成一个碌碌无为的平庸之辈。

现在的一些家长，通过奋斗努力获得了成功，富裕了，就想着给孩子们提供一个优越的生活和学习环境，甚至无条件地宠溺，满足孩子的一切要求。父母爱孩子本无可厚非，但一些错误的举动是在害孩子，而不是在爱孩子。我们前面讲突触的形成要经过一系列的信息输入，这些信息的输入绝大部分是来自社会实践。举个例子，一个人艰苦奋斗，最后成功了，取得了辉煌的成绩，在这之中，给这个人带来真正益处的是奋斗过程，而不是结果。所以，家长无条件地给孩子想要的东西，其实是剥夺了孩子通过自己的努力取得这些的机会，更是剥夺了孩子在奋斗过程中形成新的突触连接的机会。

所以，教育孩子的本质就是帮助孩子建立符合社会主流价值的突触连接。毁掉一个孩子最好的方法就是让他用自己的方式长大；塑造一个孩子最好的方法就是培养他形成自己的突触连接结构。

神经细胞连接的可塑性是指神经细胞在外界环境和内部环境的作用下塑造新的结构和功能的能力。这种可塑性的动力源自神经细胞的趋源效应。

无论你是否意识到，在你清醒着的每个时刻，你所接触的形形色色的事物都在促使神经系统发生潜移默化的变化。尤其是神经细胞的连接，突触会随着信号的传播增多连接范围发生变化，使得从一个神经细胞发出的信号更容易激发下一个神经细胞，神经细胞之间的联系变得紧密，这也是人类的神经细胞进行学习和储存记忆的基础。

2018年，唐山城市路桥所有收费站停止收费，此举遭到了收费站工作人员的反对，因为撤销收费站对他们而言就意味着失去工作。“我今年36岁了，青春都献给收费事业了，除了收费啥也不会。”一位高速收费站员工如是说。

“除了收费啥也不会。”这是一小群与社会脱节了的人的缩影。

我们之所以用这个悲剧故事来说明神经系统中奇妙的突触传递，是因为这个故事涉及我们这一节的汇集内容，那就是介绍突触是如何形成和运行的，以及那个“除了收费啥也不会”的人的突触是如何被输入信息“逼塑”出来的。

从宏观上看，神经细胞的可塑性分为结构可塑和功能可塑，这种可塑性的作用就是使得神经系统内的某一区域神经细胞获得新功能的能力。从微观上看，神经细胞的可塑性就是突触的可塑性，本质上神经细胞可塑性就是在趋源效应的作用下由突触来完成的。收费人由于长期只干一件事情，那么与收费这一件事情相关的信息就牢牢占据其大多数高端的突触连接，直接导致的结果就是没有资源来干其他的事情。如果他又不善于去学习心得知识，那么除了收费他当然啥也不会，最终就会成为被时代抛弃的人。

我们神经系统的电信号在突触间传递时，除了直通型突触传递外，其他的突触传递方式采用的是“电信号——化学信号——电信号”的方式。这种传递局部、精准，并能够调控神经信号。基于趋源效应的存在，学习记忆会导致新的突触形成，突触会随着信号的传播增多而变得更容易连接，使得从一个神经细胞发出的信号更容易激发下一个神经细胞，神经细胞间的联系变得更加紧密。

突触黏性就是指突触一旦形成就具有很牢固的连接关系，不容易分开。突触黏性主要来自在突触间隙留存的神经递质，因为这些神经递质带有电荷，因此具有吸力，所以形成突触黏性。突触黏性是造成我们神经系统内那些牢固突触连接的基础，也是我们形成固定思维或者意识的原因。这就是为什么“江山易改本性难移”。

我们再来讨论一下习惯。我们说，一个人从孩提时形成的习惯非常难改掉，这是因为这种习惯如果可以反复使用和执行，前提必须是牢固的既存信息和稳定的通道。而要想获得牢固的既存信息和稳定的通道就必须要依靠突触黏性。例如，北方人喜欢吃面食，南方人喜欢吃米饭，就是因为北方和南方的气候、地形、海陆位置不同，所以形成了两种不同风格的饮食习惯。这些习惯就是小时候在我们的神经系统中通过很长时间形成的牢固的既存信息和稳定的通道造就的。这些习惯一旦形成就很难改变。

而如果想改掉这些习惯，就必须先消除记忆或者断开突触连接并形成新的连接，在神经系统内部，很难做到这些。环境可以改变一个人的行为，从而影响其习惯。人的社会属性决定了环境对人格塑造的特殊影响，我们总是爱将不好的习惯归咎于环境的结果，其实真正的根源在神经系统中的突触连接。

“喝酒不开车，开车不喝酒。”这句话几乎已经渗透到人们血液和骨髓里。但在十年以前，人们对于酒驾这件事似乎并不在乎，甚至有人还吹嘘自己酒后更清醒，车技更高。而我们是何时改掉酒驾这个坏习惯的？是从醉驾入刑的时候开始的。因为违法成本的提高，我们都想明白了一件事，那就是酒驾不值当。于是酒驾的违法行为“一夜”之间就改掉了。让人死心，不抱侥幸心理，那么就不会朝这一方面想，久而久之这种类型的突触就不连接了，神经系统就会另想办法，建立另外一种连接。例如代驾，这是以前大脑中没有任何记忆存储的新鲜事物。等我们适应这种新鲜事物，并形成习惯，我们以后就会经常使用。这就是习惯的改变，而这种改变借助了大量的外力。

先入为主意思是指先输入神经系统的信息，因为突触连接已经形成从而在神经系统中占有主导地位，以后再有不同的信息输入时，不容易被接收的现象。我们平常所说的第一印象非常重要，必须要重视。

神经细胞间的突触最易受内环境变化的影响。缺氧、酸碱度升降、离子浓度变化等均可改变突触的传递能力。例如，缺氧可使神经细胞和突触部位丧失兴奋性、传导障碍甚至神经细胞死亡。

突触是神经系统活动中最易疲劳的环节，突触传递发生疲劳的原因主要是神经递质的耗竭，同时疲劳的出现是防止神经系统过度兴奋的一种保护性措施。所以我们的神经系统才需要大量的休息时间，以保证其正常的运行。

第四节　生物电波在我们的大脑里都干了什么

意识的世界就是电的世界。

“亲爱的未来亲家你好，我女儿有房有保险会游泳，年满18岁会配车，过年随便去哪家。可以不要彩礼，结婚嫁妆配好，送车送房，包办酒席，礼金全给孩子。唯一的要求：能不能现在就接走，把作业辅导一下，谁家的媳妇谁养！”这是一个前一段时间在网络上流行的段子。其故事发生的背景是：孩子在写作业的时候，妈妈在辅导时吼娃→爸爸受不了妈妈的辅导态度→安慰完两个人后，爸爸接棒继续辅导→十五分钟后爸爸开始爆吼→妈妈过来加入，一左一右环绕式立体声混合双打→两小时左右完成作业……天天如此。为什么会这样呢？真正的原因跟脑电波有关。

经实验证明，所有生物体的神经活动和肌肉运动等都伴随着很微弱的电流和电位变化，这种电流叫生物电流。生物电流的本质表象就是一种生物电流脉冲信号，我们也可以把它称之为生物电波，即是一些自发的有节律的神经电活动，是生物的器官、组织和细胞在生命活动过程中发生的电位和极性变化。它是生命活动过程中出现的一类物理现象，是正常生理活动的表现，也是生物活组织的一个基本特征。人类的记忆、思维、情绪都和这种错综复杂的生物电流有关，如果没有了这些生物电流，就像我们的计算机没有了电一样，根本无法运行。我们说人体的九大子系统缺一不可，神经系统就是其中之一，而在神经系统内运行的生物电波也是神经系统不可或缺的因素。

我们可以把神经系统中生物电波的存在想象成血管中血液的存在，虽然肉眼看不见，但是这种存在用仪器很容易检测到。因为生物电波本质上与其他电磁波没有什么不同，所以在这里我们会引用一些电磁学上的名词与定义。

我们讲生物电波的频率，是指单位时间内生物电波完成周期性变化的次数，是描述生物电波周期运动频繁程度的量的名词，一般用赫兹来衡量。生物电波的振幅是指生物电波振动的物理量可能达到的最大值。它是表示振动的范围和强度的物理量。生物电波的相位是对于一个生物电波，特定的时刻在它循环中的位置：一种它是否在波峰、波谷或它们之间的某点的标度。

在人脑中的生物电波其频率变动范围一般在每秒1～30次之间，一般情况下，神经系统中的生物电波可划分为四个波段，即婴儿波、学生波、成人波、亢奋波。

婴儿波频率为1～3赫兹。当人在婴儿期或成年人在极度疲劳和昏睡状态下，可在大脑中记录到这种波段。这种波传播速度最慢，而且由于能量较低，很难促进神经系统中神经递质的分泌，因此，婴儿的思维活动的能力相对较差，长期记忆的能力更是无法形成，控制自己的执行能力也很差。

学生波频率为4～7赫兹。在成年人意愿受挫或者抑郁以及中小学生中，这种波极为显著。这种波传播速度相对较慢，但是由于能量已经提高，可以促进神经系统慢慢分泌一些神经递质，因此，这个时间段的儿童开始具有长时记忆、情绪和相对简单的思维活动。

成人波频率为8～13赫兹。它是正常人生物电波的基本节律，如果没有外加的刺激，其频率是相当恒定的。这种波传播速度相对较快，由于能量已经很高了，可以促进神经系统中神经递质大量分泌，因此，成年人长时记忆、情绪、执行和处理信息等复杂的思维活动都可以正常地进行。

亢奋波频率为14～30赫兹。当精神紧张和情绪激动或亢奋时出现此波。这种波传播速度最快，而且由于能量较高，高到神经系统自己都很难控制，所以，这个时候的思维活动很难被神经系统束缚，就会经常出现差错。

将生物电波做这几种分类是为了使我们更好地与现实生活相衔接。

我们再来看一个例子，网上的一个视频很有意思：

爸爸面对女儿关于长度单位的作业，发出了来自灵魂的拷问。

爸爸："你怎么写的啊？5米长的钥匙，洗衣机高1厘米，15米长的铅笔。"

随后老父亲彻底崩溃、爆发："你信不信我抽出40米的大砍刀……"

此时，女儿突然逻辑上线，一秒钟怼回去："对呀，你40米的大砍刀正好削我15米的铅笔！"

老父亲瞬间被噎了回去，又气又急又懊悔，不停用手抽自己的嘴！

妈妈在一边乐开了花！

大家有没有注意到这样一个现象：脾气再好的爸爸妈妈在辅导孩子学习的时候，都会从一开始的平静转换为暴躁的情绪。我们的家长有没有思考过这是为什么。其实这就是生物电波频率的不同造成的。最浅显的道理，在你打开收音机的时候，频道不同收到的信号就不同。同样的，生物电波的频率不同会造成交流障碍。孩子学习时的思维在学生波频率，大人辅导时的思维在成人波频率，两个人的频率本来就不同，再加上孩子越不会，大人越生气，其电波频率就越高（向亢奋波频率偏离），所以就与孩子的频率差距越来越大，交流就越来越困难。这样的情况发生后，就像一个死结，大人想不生气很难做到。面对不可能提高孩子生物电波频率的现实，唯一的解决方案就是大人降低生物电波频率。所以大人要慢下来，降低频率，试着从孩子的角度看问题，良好的沟通才可以继续。

这样一来，大家就可以理解“对牛弹琴”“道不同不相为谋”的含义了。在我们很多人的大脑中总有这种情结，那就是在与人打交道的过程中总想与人分享或者说服别人，却不考虑他人是否存在接收此类信息的前提，即能否引起生物电波共振。如果不能引起共鸣，那么所做的一切就是徒劳的，因为别人和其根本不在一个频道上，无法沟通。

神经系统闭环后存在回路，那是什么驱动生物电波在神经系统中流动呢？答案是生物电动势和电位差。生物电动势就是生物电波运动的趋势，能够克服神经生物电阻对生物电波的阻力，使生物电波在闭合的神经系统回路中流动的一种作用。这种作用来源于相应的物理效应和化学效应，通常还伴随着能量的转换，因为生物电波在神经系统中流动时要消耗能量，这个能量必须由产生电动势的神经细胞进行补偿。

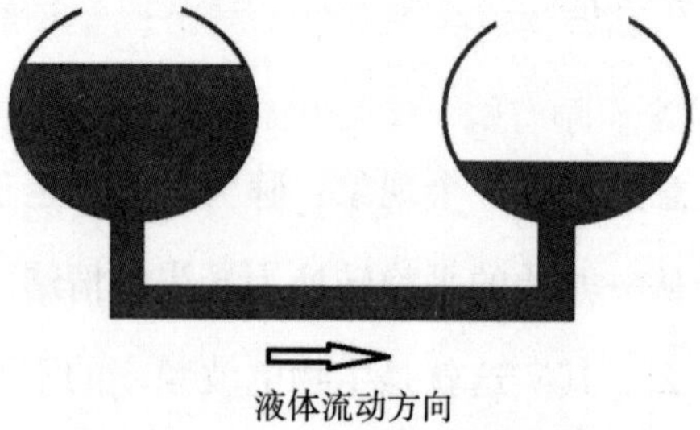

图1-4-1

电位差是生物电波流动的决定性因素。图1-4-1，可以清晰地解释电位差的意思。一根自来水管，如果有一天突然停水了，我们会发现最高点处的水相对于最低点处的水就有一个水位差，水位差就会使得高水位的水向低水位流动。同样，在神经系统中的不同位置会有生物电位差，生物电流会从高电位流向低电位。

静息电位和动作电位分别代表神经细胞进行信息传递前和传递中的两种电压状态。神经细胞安静时，细胞膜内外的电位处于稳定状态，这种稳定的电位差状态我们称之为静息电位。我们可以将动作电位理解为生物电波传入或神经递质的输入导致神经细胞中电位的变化的状态。也就是说，神经系统在信息传递以前，处于平衡状态，这个状态下的神经细胞内部以及神经细胞之间的生物电位差也是平衡状态，这就是静息电位。而神经系统在信息传递时，就要打破这种平衡状态使之产生电位差，这个状态下的神经细胞内部以及神经细胞之间的生物电位差也是不平衡状态，这就是动作电位。在这里我们就可以运用我们前面所说的系统的平衡性的理论了。

产生动作电位的原动力来自哪里呢？产生的渠道只有两种：外界输入和内部输出。外界输入很好理解，就是外界信息刺激感官，感官细胞接收到外界信息后将其转化成生物电波信号传输至神经系统内部，这种生物电波的传入打破了原有的平衡，电位差产生，生物电波开始传递。内部输出是指神经系统在处理信息的过程中因细胞的收缩和神经递质的分泌并传递产生生物电波，这种生物电波在输出的过程中传入，打破了原有的平衡，电位差产生，生物电波开始传递。

我们这里要再次强调总和作用的重要性。不是每次信息传递都是必须要成功的，只有量级达到一定程度，才能产生成功的信息传递。如果在信息传递过程中，突触前神经细胞传来一次信息及其引起递质释放的量，一般情况下不足以使突触后膜神经细胞产生足够的电位差。只有当一个突触前神经细胞末梢连续传来一系列信息，或很多突触前神经细胞末梢同时传来一排信息，释放的神经递质积累到一定的量，才能激发突触后神经细胞产生足够的电位差。

总和作用在我们日常生活中有很多很多表现，例如光线很弱导致眼睛看不清，声音太小导致耳朵听不清等等，都是因为能量不足，达不到信息传输的要求，总和作用没有显现，所以信息传递活动也无法开展。

当神经系统既存信息（带有电荷的神经递质）受外界激励，做强迫振动时被激活，若外界激励的频率接近于既存信息的频率时，强迫振动的振幅可能达到非常大的值，这种现象叫生物电波共振。所谓共振，就是一种物理现象，即相邻的两个相同的振动频率，当一个振动发生时，会引起另一波的振动。

为了更好地理解共振现象在现实生活中的样子，我们可以做一个小实验：吉他上的两根琴弦，当其中一根琴弦发生振动时，另一根琴弦如果音高与之相近便会发生振动。音高越接近，振动越剧烈、明显。在吉他上先固定好第一弦，试着弹奏一下第二弦的第5品，如果吉他没有问题，那么我们会看到，第一弦也会振动，即使没有碰到第一弦。

共振是我们这个世界的普遍现象。广播电台通过天线发射出电波信号（短波/长波），收音机通过将天线频率调至和电台电波信号相同频率来引起共振。收音机的天线将共振磁环的频率调节至和电台电波信号相同时就会产生共振，电波信号将被放大，然后天线将放大后的信号经过过滤后传至喇叭发声，这就是我们听到的收音机发声的原理。

神经系统中的共振现象也普遍存在。因为神经系统中广泛存在生物电波和带电荷的神经递质，共振也会普遍发生。请一定牢记住共振这个概念，这是一个普遍原理，我们将在后面讲到思维时反复用到这个功能。

我们先来说共振原理在神经系统的检索过程中的运用。我们可以这样假设，在我们的视觉处理部输入一组信息后，想在自己的记忆中搜寻有没有存储过类似的信息，我们会通过哪种方法去找？是在大脑中一个一个信息去查询比对吗？这一条路显然行不通，因为大脑中存储的信息实在是太多了，在短时间内不可能做到把所有的信息都查询比对一遍，这种做法效率太低不说，还非常耗费精力。我们可以想象神经系统只有两种方法，其一是利用神经系统的树状结构，先找到树干，慢慢顺藤摸瓜，找到要用的信息；还有一个最简捷有效的方法，就是利用共振原理。我们已经知道了生物电磁波共振原理的存在，那么，如果输入信息和要找的既存信息是相同或相似的，那么其频率也应该相同或者近似，这时生物电磁波的共振就会产生，在如此复杂的神经系统内，这是最高效的工作模式。

在思维活动中，认识的过程也需要用到共振原理。当我们的神经系统中已经存储了一组信息，当外界有新的信息输入的时候，如果输入信息和既存信息是相同或相似的，那么其频率也应该相同或者近似，这时生物电磁波的共振就会产生，这种共振被神经系统捕捉到就形成了认识。关于认识我们将在思维的章节中详细阐述。

我们再来说一个成语——“物以类聚，人以群分”，说得好听一点叫志趣相同，说得难听一点就是臭味相投，这便是我们在交友时所称的知己，从生物电波的角度看是科学的，因为所谓臭味相投就是在每一个人的神经系统中存储的一些信息在频率、振幅和相位上有些近似，当双方交流时近似生物电波容易引起共振。这种共振可以给各自带来更多的共鸣，所以大家相处起来不累，不用做太多的解释工作，结果当然就是成为好朋友。

在神经系统中，每天会输入大量的生物电波，同时神经系统内部也存有或释放大量的生物电波。如此，一个不得不面对的问题就出现了，那就是两个或两个以上的生物电波会相遇。这种生物电波的相遇会产生什么样的结果呢?

生物电波的干涉是指频率相同的两列生物电波叠加，使某些区域的振动加强，某些区域的振动减弱，而且振动加强的区域和振动减弱的区域相互隔开的现象。

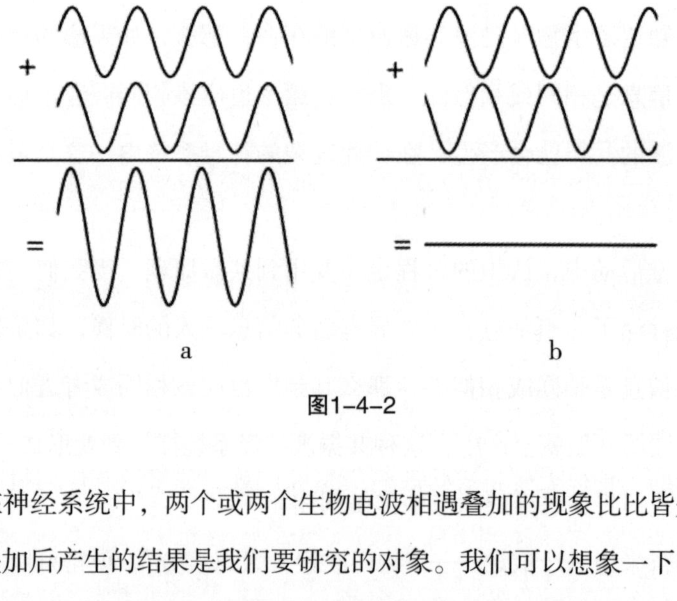

图1-4-2

在神经系统中，两个或两个生物电波相遇叠加的现象比比皆是，这种相遇叠加后产生的结果是我们要研究的对象。我们可以想象一下，例如你刚刚在书本里新认识了一个字，然后你合上书本想一想这个字，当这个字在你的脑海里还没有散去的时候，你翻了一页书又看到这个字，这个时候神经系统输入的生物电波不管是频率还是波长、相位，与刚才留在脑海中的信息都是相同的。当两个生物电波在汇集处理部相遇就如同图1-4-2中

a图所示，振幅增加了，对神经系统的刺激更大了，从外在表征来说就是，你对那个字的印象更深了，也记得更牢固了。这就是信息在神经系统中加强的基础原理。这个原理我们在日常生活中也在反复利用，例如，为了记住某一个事情，我们经常自言自语或高声朗读，这就是将要记住的信息通过自己的嘴反复读出，然后这些声音信息又通过听觉信息输入到神经系统内部，在神经系统内，相同的生物电波叠加后，增加振幅，从而加大对神经系统的刺激，最后加强了记忆。

如果两列生物电波的频率不同或者两个生物电波源没有固定的相位差（相差），相互叠加时生物电波上各个的振幅是随时间而变化的，没有振动总是加强或减弱的区域，因而不能产生稳定的干涉现象，如图1–4–3所示。这就是我们在听到或者看到的事，如果毫不相关，频率也不相同，那么其实各自对对方没有任何影响，各自可以保持自己的独立性。这个原理也非常的重要，因为这样才能确保我们神经系统中的信息不会被其他信息打乱或者干扰。例如你正在思考一道数学题，这时妈妈突然让你去倒垃圾。这两个信息没有任何关联性，频率和振幅也不相关，这时如果两个电波相遇，各自并没有任何影响。毫不相关的信息在神经系统相遇，大家各自在自己的频率和轨迹上运行，互不干扰，这是一种高效且非常有意义的工作模式，也就是说，你可以去倒垃圾，也可以一边同时思考数学题。神经系统每天接收到大量的信息，如果没有任何机制保证信息之间相互不干扰，那么神经系统将会因为混乱而不复存在，正是依靠这种不相干的原理，神经系统才能有条不紊地处理信息，这就是神经系统的传奇。

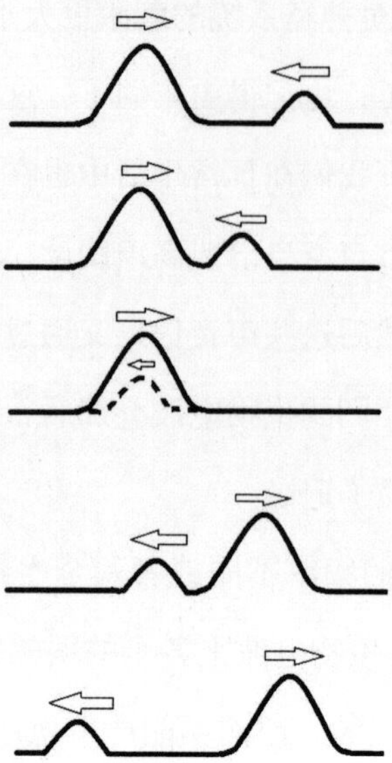

图1-4-3

生物电波的衍射是指在神经系统中由于有障碍物或其他的不连续性而引起生物电波改变传播方向的现象。如障碍物的尺寸远大于波长，则衍射不明显；如障碍物的尺寸与波长相近时，则衍射最明显；如障碍物的尺寸远小于波长时，虽然还有衍射，但是在障碍物背部边缘附近将形成一个没有波的区域。

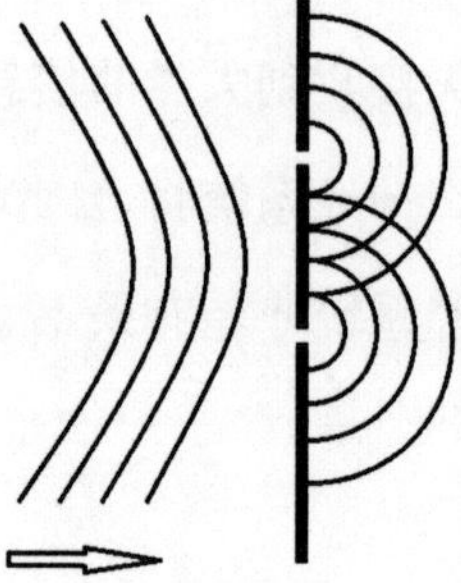

图1-4-4

我们说神经细胞是树状的结构，当生物电波信息从轴突传输出去的时候，因为在轴突的末梢有很多分支，因此遇到障碍分支，不得不做相应的改变，神经系统正是利用这一点进行生物电波和生物电波组分离和重组的。在大脑思维的过程将会充分利用这一功能将生物电波进行分解和合并。

我们可以看看光波叠加的例子，彩色电视只提供红、绿、蓝三基色，通过叠加让我们看到万紫千红各种颜色。这一思想可以运用到我们的神经系统中来，其实我们的思维可能就和生物电波的叠加有关。当简单的生物电波叠加后会产生一系列新的生物电波，这也就是为什么我们的头脑中有那么多千奇百怪的想法的原因之一。

第五节 神经递质就是带电粒子的集合

信使的核心作用就是传递信息，没有它任何信息传递都会归于零。

曾观摩过儿子的校运动会，在众多的项目中，最激烈的比赛要数4×100接力赛了。比赛开始了，裁判员一声："各就各位。"各个班级的小运动员进入了赛道。我儿子他们班的第一棒是我儿子，他信心十足地站在起跑线上。观众都在评论哪班会得第一。裁判员喊道："预备。"顿时，全场出奇的安静，只听"砰"的一声，我儿子冲出了起跑线，双手使劲地摆动，脚像生风似的。观众们、啦啦队都在为自己班的队员加油鼓劲。第一棒，我儿子跑了第一，接力棒非常顺利地交到了第二棒的手上，第二棒也非常努力，但还是落后了，大家都有点儿沮丧。可第三棒不甘示弱，奋起直追，1米、0.5米、0.2米……领先了。最后一棒，是关键的一棒，这一棒，决定最终的成绩，但是很遗憾，他们的接力棒在传递时掉在地上，捡起接力棒时，已经被别的班超越很多了……尽管我儿子他们班最终没有取得好的成绩，但这场比赛不仅磨炼了他们不甘落后、勇于拼搏的意志，还使得同学们意识到团结合作的重要性。

比赛已经结束了，我在回来的路上思考的是接力棒与神经递质的相似度。孩子们的努力固然重要，可是接力棒丢了一切都归零，这应该就是核心效应，其基本含义应该就是做任何事情如果不围绕核心目标进行，做再多努力都是徒劳的。神经递质其实和接力棒有一些地方是类似的，例如，神经递质接收前一神经细胞传递来的信息，携带该信息，并将信息传输到下一个神经细胞。从传递信息这个功能角度来看，传递信息就是神经递质的核心目标，没有达到这个目标，神经递质再多都没有意义。

神经递质在突触传递中是担当“信使”的特定化学物质，简称递质。可以理解为带有生物电荷的生物微粒。

神经递质是由神经细胞的胞体合成，在传递时由前一个神经细胞的突触前膜释放后与相应的后一个神经细胞突触后膜受体结合，使得后一个神经细胞内部产生电位差从而导致信息传递的特定带有电荷的化学物质。在神经系统中，神经递质的认定必须符合以下标准：

（1）在神经细胞内合成；

（2）当作为递质释放时，携带生物电信号；

（3）释放后被其他神经细胞接收，对其产生兴奋性或抑制性后果。

随着神经生物学的发展，我们陆续发现，在神经系统中递质起到越来越重要的作用，例如促进神经系统的建立，传递信息、存储信息、促进新陈代谢等等，同时递质和情绪有着非常重要的关联。

我们先来说说神经递质是如何促进神经系统的建立的。神经系统之所以称为系统是因为作为各体的神经细胞相互连接，相互作用，相互关联。如果没有关联，神经系统就不能称之为系统了。其中相互连接是非常主要的表征。那么，神经细胞为什么可以连接呢？答案就在神经递质。

大家可以多去观察大树的生长，包括我们前面所讲的向日葵、珊瑚等的生长，有没有发现其形状带有一定的共性？那就是树状结构。这种树状结构可不是它们自身想要做出的选择，而是面对客观环境不得不这么做。例如，大树只有采取这样的结构才可以获取更多的阳光，珊瑚采取这样的结构才能获得更多的食物。这就是我们前面所讲的趋源效应。

在这里我们重点要讲神经递质在神经系统形成过程中起到的重要作用。图1–5–1是神经细胞中的一种比较常见的类型，通过图1–5–1，神经细胞的轮廓和大树的轮廓有没有相似之处？

一切的根源是神经递质本质上就是带电粒子，只要是带有电荷，那么从物理上说就会具有吸引力。一个神经细胞的末端只要有一个分泌了神经递质，那么它就相当于是一个带有吸铁石的管子，在附近如果可以找到另一个神经细胞的末端，而这个末端可以被吸引，那么就可以把它吸附过来，这样一个突触连接就建立了。突触连接的建立为细胞与细胞之间建立关联性打下了基础，最终构成了神经系统。为什么神经细胞的末端自己和自己没有连接？那是因为遵循同性相斥的原理。趋源效应作为建立神经系统的动力，和大树、向日葵一样，虽然他们的目标是阳光，神经细胞末端的目标是带有电荷的神经递质，但这都不会影响它们追求目标的方向。

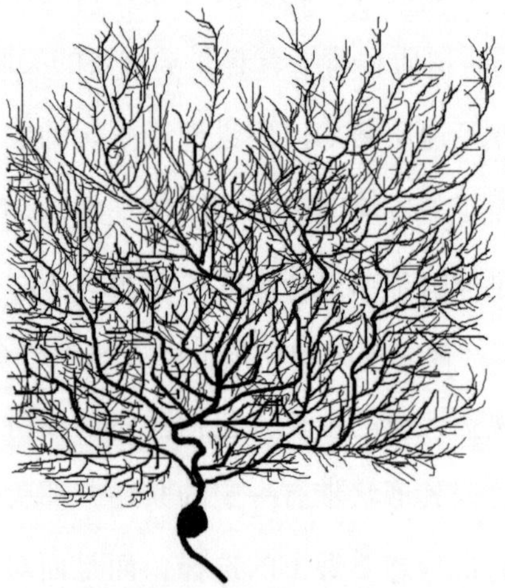

图1–5–1　神经细胞

根据神经递质是如何从突触前膜出来的这个问题，我们将神经递质分为两类，一类是出胞类递质，一类是渗透类递质。

出胞类递质由于体积较大，不能直接渗透出来，所以只能通过突触小泡的出胞作用出突触前膜，完成自己的信息传递使命。在囊泡型突触中出胞类神经递质贮存于突触小泡以防止被胞浆内其他酶系所破坏，当生物电波抵达末梢时，末梢产生动作电位和并引起突触间隙里面的离子转移由膜外进入膜内，促使一定数量的突触小泡与突触前膜紧贴融合起来，然后小泡与突触前膜黏合处出现破裂口，小泡内递质和其他内容物就释放到突触间隙内。这种突触前膜释放递质的过程，称为出胞模式。小泡破裂把递质和其他内容物释放到突触间隙时，其外壳仍可留在突触前膜内（也可与突触前膜融合，成为突触前膜的组成部分）。

渗透类递质因为体积比较小，可以通过渗透作用直接从突触前膜渗透出来，完成自己的信息传递使命。在弥散型突触中，神经递质贮存于突触小体内，当生物电波抵达神经末梢时，小体内神经递质能渗透入突触间隙。这种突触前膜释放递质的过程，称为渗透模式。

根据神经递质产生后造成突触后神经细胞兴奋性升高或降低，我们将神经递质分为兴奋性递质与抑制性递质以及平常性递质。从电位差的角度来看，兴奋性递质电位高于突触后神经，即正电位传递，造成突触后神经兴奋性升高。抑制性递质电位差低于突触后神经，即负电位传递，造成突触后神经兴奋性降低。

神经递质是在突触前神经细胞内合成这一递质，关于神经递质如何合成属于生物学的范畴，我们不做详细的阐述。

出胞类递质是通过受体或通道进入突触后膜的，渗透类递质是通过渗透作用进入突触后膜的。神经递质进入突触后膜后部分与其他物质融合，在融合的过程中产生生物电波。

不知道大家会不会做面食，不管是包饺子还是蒸馒头，第一步就是揉面，这个时候大家都会遇到一个非常不舒服的困扰，那就是在揉面的时候，自己的手上会沾满了面泥。面泥具有黏性，手上会沾满了面泥是正常的情况。

我们引述和面的案例是想说明，神经递质同样具有黏性。神经细胞分泌大量的递质，这些递质很大一部分被突触后膜吸收从而完成信息的传递。但是我们一定要注意到，因为递质黏性的存在，有一部分神经递质留在了突触间隙，它们或游离于突触间隙内，或吸附于细胞膜上。大家不要小瞧这些携带电荷的神经递质的存留，正是这些存留的存在才使得长期记忆得以形成。

关于记忆是如何产生的，我们将在记忆的篇章中详细予以说明，这里我们只是讲神经递质与记忆的关系。神经递质之所以能够传递信息，是因为其携带生物电荷。从逻辑上来说，既然可以传递信息，那么如果这些神经递质在传递过程中没有被吸收干净，存在一些留存，是不是意味着这一部分的信息也被存了下来呢？答案是肯定的。由于神经递质在突触内的留存，携带电荷成为这些神经递质的特征，也就为信息的保存建立了基础。

神经递质在神经系统中的作用不仅仅是传递信息，它还是短暂生物电波的重要来源。我们猜测，信息在神经系统中的表征具有波粒二象性，所以神经递质和生物电波之间具有转化机制，至于这个机制是如何运作的还处于科学研究阶段。

神经调质是指神经细胞产生的另一类化学物质，它能调节信息传递的效率，增强或削弱递质的效应。神经调质也是广义的神经递质的一种。

在神经递质运动的过程中，调质的转移很重要。如果减少细胞外调质的浓度，则神经递质释放就受到抑制；而增加细胞外调质的浓度，则神经递质释放增加。这一事实说明，调质的浓度以及由膜外进入膜内的数量，直接关系到神经递质的释放量；调质是小泡膜与突触前膜紧贴融合的必要因素。

我们认为，神经调质的本质就是调和剂与催化剂，其作用就是促进或抑制神经递质进行传递。根据神经调质造成神经递质进行传递活性升高或降低，我们将神经调质分为兴奋性调质与抑制性调质。神经调质与人的情绪也有很大关系。人在放松或愉悦的状态下会造成兴奋性调质更多分泌。兴奋性调质可能在两方面造成神经细胞工作效率下降，其一是降低了胞浆的黏度，有利于小泡和神经递质的移动；其二是降低突触前膜内的负电位，有利于小泡及神经递质与突触前膜接触而发生融合。

反过来，人在紧张或恐惧的状态下会造成抑制性调质更多分泌。抑制性调质可能在两方面造成神经细胞工作效率下降，其一是增加了胞浆的黏度，不利于小泡和神经递质的移动；其二是增加突触前膜内的负电位，不利于小泡及神经递质与突触前膜接触而发生融合。这样的现象直接导致的结果就是，神经细胞传递、存储信息的能力急剧下降。

有很多人都会有这样的体验，当自己紧张、恐惧、生气或者愤怒的时候，感觉脑袋里面就会成为糨糊，一团糟，没有头绪。这就是抑制性调质分泌太多的原因造成的。

在神经系统中，负责传递信息的神经递质是由神经细胞合成的，那么神经细胞是如何控制和调整神经递质的传递呢？这关系到信息传递的效率。

一、控制神经递质的释放

在囊泡型突触传递过程中，出胞作用的运行需要细胞外的特定离子进入细胞内协助突触小泡才能进行，因此，特定离子是突触小泡膜与突触前膜紧贴融合的必要因素，所以说，特定离子由膜外进入膜内的数量，直接关系到递质的释放量。从这个角度来说，释放神经递质的多与少是由进入细胞的特定离子决定的，神经细胞正是利用通道控制特定离子进入神经细胞的数量来控制神经递质的释放。

二、控制神经递质在突触间隙的移动

在囊泡型突触传递过程中，通过控制轴浆和调质浓度会导致神经递质的传输效率。突触小体内的轴浆浓度会对小泡的移动产生影响。增加轴浆的黏度，会阻碍小泡的移动；降低轴浆的黏度，有利于小泡的移动。突触间隙内的调质浓度会对神经递质的移动产生影响。增加调质的黏度，会阻碍神经递质的移动；降低调质的黏度，有利于神经递质的移动。

三、控制神经递质的接收

在囊泡型突触传递过程中，控制神经递质的接收是非常重要的环节，这一类控制可以达到关闭信息接收通道的目的，还可以使神经递质留存在突触间隙形成记忆。关于如何控制神经递质的接收，我们将在受体的章节里面阐述。

讲了这么多，是为了做个铺垫，神经递质是如何影响我们的神经系统的？在神经系统内部除了生物电波，神经递质的地位也非常重要，它左右着我们的信息流运行。神经系统内的任何一个神经细胞都是一个独立的各体，这种独立体现在它和其他细胞一样具有相关的结构，其外表面也被细胞膜包裹着，细胞内外物质的交换是非常困难的。所以，神经递质以我们看到的特殊方式连接着神经细胞，使之产生关联。这种关联还带来两个赠品：记忆和情绪。

前面我们已经讲过了神经递质与记忆的关系，接下来我们再看看神经递质与情绪的关系。神经递质本身具有兴奋性或抑制性的特性，这种特性带来的结果就是情绪。

我们来看几个和情绪存在关联的比较典型的神经递质，关于情绪是如何产生的，我们将在情绪的篇章中详细予以说明，这里我们只是讲神经递质与情绪的关系。

（一）多巴胺——“让我们高兴一点！”

妮可的数学成绩不太好，父母就给她请了一个家庭教师每天都给她辅导功课，通过三年艰苦的努力，妮可终于取得了比较理想的高考成绩，查询到自己成绩的那一刻，妮可高兴地在屋里蹦了起来，愉悦的心情无以言表。妮可查询到自己成绩的时候，神经系统在传递信息时分泌了一种叫多巴胺的神经递质，这是一种能让我们感觉非常愉快的神经递质。多巴胺可以促进控制运动、产生愉悦感，对主意识，尤其是对身体产生的兴奋感是必不可少的递质类型。一般情况下，性格外向者的人，在神经系统内容易分泌这一类型的神经递质，它倾向于让人体内各个组织“加速”运行。多巴胺分泌的越多对于性格外向者来说越有益，在所有的神经递质当中，多巴胺也是最容易使人上瘾的神经递质，所以我们人才会追求快乐。

（二）乙酰胆碱——“让我们慢一点！”

我们注意到大多数孩子们都有拖拉的习惯，起床拖拉、吃饭拖拉、做作业拖拉等等。造成这一习惯是在信息传递过程中分泌的乙酰胆碱的“功劳”。乙酰胆碱是思维和执行命令的推动者，它参与神经系统中唤起、注意、意识、知觉学习、睡眠和觉醒等重要活动。一般情况下，性格内向的人其神经系统在工作时由于乙酰胆碱的作用倾向于让人“减速”。但是乙酰胆碱又是神经系统中不可或缺的重要递质，如果缺乏乙酰胆碱会扰乱学习和认知功能，引发记忆减退。

（三）谷氨酸——“让我们兴奋一点！”

大家还记不记得自己在上小学时，当老师宣布过几天要去春游的时候那种兴奋的心情？充满期待感。甚至在出发的前一夜整晚都没有睡好，喜欢睡懒觉从没有早起习惯的我们，破天荒地早早地就起床了。造成这一现象的原因就是在信息传递过程中分泌的谷氨酸的作用。谷氨酸是让大脑兴奋的“主将”，其作用就是让人兴奋，使得神经系统运行得更快。如果没有它，我们就无法迅速而清晰地思考。

（四）伽马氨基丁酸——“让我们放松一点！”

大家是否还记得曾让自己紧张得心跳加速、手抖、掌心冒汗甚至面部表情僵硬的这些情况？最后是什么让你平静下来的呢？是伽马氨基丁酸，它是大脑中分布最为广泛的抑制性神经递质，可以让我们的神经系统平静下来。

（五）内啡肽和脑啡肽——“让我们痛减轻一点！”

我们可以做这样的实验，如果你身体的某一部位有一点痛，那么你可以采取的办法是用外力来加剧这种疼痛感，然后你的疼痛感就会减轻很多。因为在你加剧这种疼痛感的时候，神经系统会分泌一种神经递质，即内啡肽和脑啡肽。这种神经递质的作用与镇痛药相当，它们能减轻疼痛，舒缓压力，使人的身心处于轻松、平和的状态。所以当身体内这种物质分泌时疼痛会减轻。

关于情绪是如何产生的问题，我们将在以后的章节中详细阐述。

第六节　神经系统的逻辑结构及其相互关系

没有中心的系统是为了提高效率。

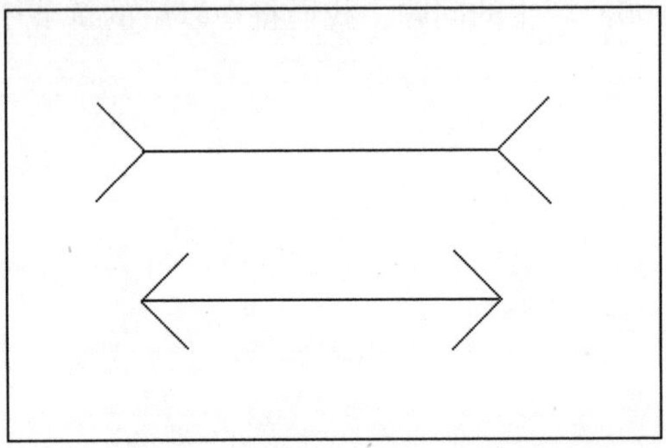

图1-6-1（摘自《思考，快与慢》）

图1-6-1有两个线段，在线段的两端分别有两个方向不同的箭头。大家可以用尺子测量一下这两个线段的长度，它们的长度是一模一样的，但是我们一眼看上去，上面的线段比下面的线段要长不少。这个现象给我们带来了困惑。这就是我们这一节需要讨论的问题。

前面我们已经提到神经系统是指人在长期的进化过程中发展起来的接收信息、感受信息、处理信息、输出信息及存储信息的神经组织。从逻辑角度出发，我们将神经系统分为九个分布式虚拟子系统：思维系统、存储系统、情绪系统、执行系统、视觉系统、听觉系统、嗅觉系统、味觉系统、触觉系统（此处为广义的触觉，包括内觉）。这些子系统分别由传入神经细胞、处理部和传出神经细胞组成，它们共同构成了人类的神经系统。

与子系统对应构成子系统的主要构成是处理部，处理部分四个综合处理部和五个感官处理部。四个综合处理部包括汇集处理部、存储处理部、情绪处理部、执行处理部，五个感官处理部分别是视觉处理部、听觉处理部、嗅觉处理部、味觉处理部、触觉处理部。

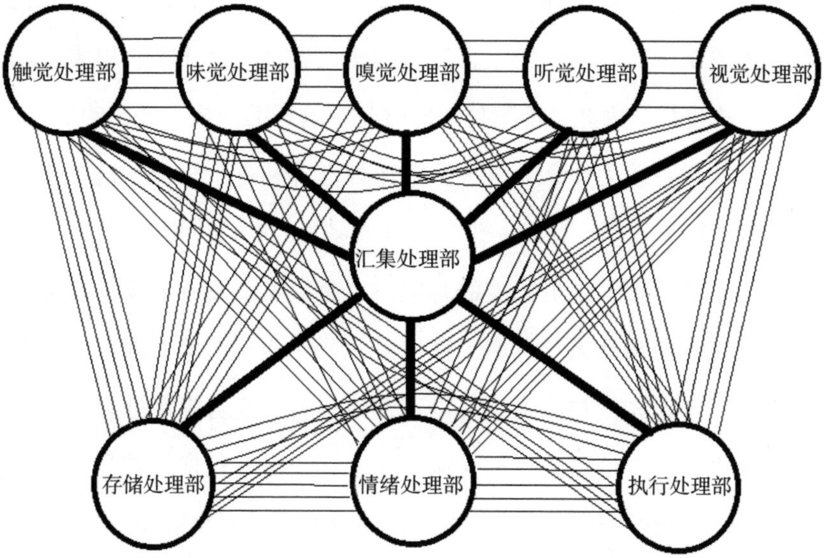

图1-6-2

汇集处理部是如何诞生的呢？答案竟然是规模和秩序，神经系统达到一定规模以后的必然选择是有秩序的运行环境，否则任何工作都开展不了，达到一定规模是表象，秩序运行是目标。

纵观地球上所有的生命形式，你就会明白，人类通过进化使得神经系统中分离出汇集处理部的根本原因是：为了有序，神经系统越复杂就越来越需要一个指挥控制中心协调各个分部的关系。这是一种自然选择，也是一种自然规律，不以人的意志为转移。我们可以去观察一下水族馆里面漂流的水母，水母就没有大脑，在水母的身体中含水量达到百分之九十多。它的身体仅是双层结构，而两层中间由啫喱状的胶黏着。水母看似柔弱，却是不好惹的食肉动物，它每天只有一件事情可做，那就是“一张一缩”觅食。浮游动物、小虾米和鱼类都是水母的猎物。如此简单的结构，如此简单的运动，水母也就无须再进化一个复杂的大脑去适应这个世界。而我们人类却不一样，我们有着复杂的神经系统，如果没有一个指挥控制中心，信息输入、处理和输出就会杂乱无章，思维活动根本没有办法进行。因此，汇集处理部就是在这样的前提下产生的。

人的神经系统为什么需要区分汇集处理部和各个分部？这个问题乍看起来有点让人发愣，仔细一想答案显而易见。“人的神经系统要有汇集处理部才正常运转”是最标准的答案，也是事实。没有汇集处理部，人的神经系统就会杂乱无章、毫无秩序可言。然而，汇集处理部的功能和意义不仅在于让人的神经系统可以正常地运转，而且汇集处理部还为各个分部提供了一个信息出口和交流平台，如果没有这样的综合平台，那么这些分部只能处理单一信息，却不能进行复杂的思维活动。

生物的神经系统也一样，水母根本不需要统筹管理的中央处理系统，其他简单的生物也不需要。而人类不一样，人类的神经系统已经进化成了一个庞大复杂的机器，这个时候如果没有一个收集各个分部传来的信息的部门、一个协调各个分部的部分、一个统一发号施令的部门，那么结局我们可以想象，除了是“一锅粥”，别无他样。汇集处理部就是在这种历史的长河中慢慢形成的。这种存在既是客观环境的选择，也是主观意识的需要。

我们之所以强调从逻辑的角度出发是因为这些系统之间没有明确的

分界线，只存在一个大概的区域，有时候基于细胞可塑性还存在某些部分结构和功能的转换。

各个处理部主要由功能（中间）神经细胞参与和维持运行，负责连接各个处理部的是大量传入神经细胞和传出神经细胞组成的主通道和辅通道。其中，汇集处理部与各个分部连接的就是主通道，各个分部之间连接的就是辅通道，图1–6–2中，粗线就是主通道，细线就是辅通道。需要特别说明的是，通往汇集处理部的主通道有点类似于我们身体血液系统中的主动脉，它不像个别细胞之间联系的通道，而是由很多神经细胞构成的大的通道，这种通道中的连接细胞具有一个重要的特性，就是同步性。这种同步性就是指在通道内的神经细胞的连接通路要打开基本上都打开，要关闭基本上都关闭。

神经系统采用了以汇集处理部为信息汇聚中心的分布式结构，就是为了将信息处理由分布在不同子系统的多个部门共同完成，而且每一个分部都是独立的，最终与汇集处理部连接，输送到汇集处理部进行处理。我们将这种分布式信息处理、分部对汇集处理部或分部对分部传输、信息独立存储、共识机制等神经系统的运行模式称为意识区块链。意识区块链的独特性主要体现在两个方面：一是神经系统中每一个分部都按照自己的功能完成工作任务，其实质就是暗意识。二是神经系统中每一个分部都是独立的，依靠共识机制保证信息流通的一致性，汇集处理部集中处理信息。

神经系统的这种分布式结构给我们带来的最大好处就是可以同时进行两项甚至更多项活动。我们可以同时一边看书一边听音乐，一边骑自行车一边欣赏风景，一边嗑瓜子一边练习说英语，一边听课一边发手机信息等等。各个分部可以在汇集处理部之外独立地工作。神经系统的工作的模式可以理解为核心集中，分部处理，互相连接、互不干涉。

从形式上看，在神经系统中的中心是汇集处理部，信息最终的汇集地就是汇集处理部。汇集处理部的作用就是信息的输入、处理、存储、输出，其工作的内容和形式都是围绕着信息的处理在运行。汇集处理部处理信息的过程我们称之为主意识。汇集处理部工作时的主要表征为生物电波和经过囊泡型突触传递的神经递质，这两种运行模式产生的意识为主意识。在汇集处理部存在一种由弥散型突触传递的神经递质产生的意识，我们称之为潜意识。主意识和潜意识都产生于汇集处理部，即神经系统的顶端。

回过头我们再来看看图1-6-1，明明我们通过测量得出的两条一模一样长的线段，在视觉输入后为什么差别那么大呢？这种现象可不是错觉。而是因为暗意识的存在。在信息进入我们汇集处理部进行处理前，有一个部门先行帮我们处理了一遍，我们将各个分部前期处理的行为称之为暗意识。例如，视觉是可见光作用于神经细胞，使其感受细胞兴奋，其信息经视觉处理部加工后输送至汇集处理部产生知觉的过程。在这一系列的过程中，信息是经过视觉处理部处理后输送至汇集处理部的，这种加工处理参与了视觉处理的过程就是暗意识。因此汇集处理部接收到的信息是“二手信息”。

图1-6-1这个案例充分证明暗意识的存在。还有一个非常经典的案例就是，物理学告诉我们眼睛接收到的信息是倒立的，但是我们汇集处理部接收到的并不是倒立的信息，那么信息在输入到汇集处理部之前被谁“修改”了呢？答案也是暗意识。暗意识最主要的特征就是其由开环系统产生形成并独立工作不被主意识发觉。我们将在下一章详细阐述暗意识的内涵。

我们说意识由主意识、暗意识、潜意识构成，这三类意识既相互联系又独立存在。在任何一组东西中，最重要的只占其中一小部分，约20%，却是主要的，其余80%尽管是多数，却是次要的，因此又称二八定律。我们猜测，在意识的构成中也适用二八定律，主意识约占5%，潜意识约占15%，其余80%都是暗意识。

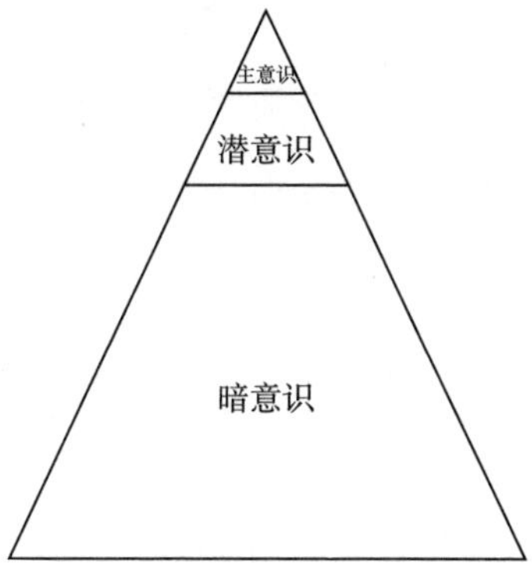

图1-6-3

那么，在神经系统内部，三种意识是什么关系呢？我们通过一个小例子来了解三种意识的关系。

小齐从小跟着奶奶一起生活，日子过得很苦。上小学的时候放暑假了，别的小朋友可以出去旅游，但是小齐不行，因为这个暑假别人帮他找了一份“工作”——糊纸盒，他要糊纸盒挣钱养家。糊纸盒其实是一件比较简单的手工劳动，就是把纸片叠成盒子的形状，然后用胶水粘住就可以了。第一次糊的时候因为不会，所以小齐聚精会神，全神贯注地学习。这个阶段，小齐的主意识就只在关注糊纸盒这一件事情。经过几天的学习，小齐已经熟练地掌握了糊纸盒的技巧，这时的他就不用那么关注糊纸盒这一件事情了，甚至还可以一边和别人聊天一边干活，他只要用眼睛的余光就可以知道自己在做的事情，这个阶段的小齐是潜意识在关注糊纸盒这件事情。经过一个月的反复练习，小齐对于糊纸盒的事情已经烂熟于心，这时的他就根本不关注糊纸盒这件事情，甚至还可以一边看电视一边干活，当他干完活时都不知道自己是什么时候干完，这个阶段的小齐就是运用暗意识在干糊纸盒这件事情。

通过上面的例子，我们可以这样看，主意识可以理解为汇集处理部所专注从事的工作；潜意识可以理解为不经意间留下的印迹；暗意识可以理解为主意识一无所知的分部思维活动。每天，早晨一起床以后，头脑清醒的我们会接收巨量的信息，例如家里的装饰，上班时我们都要路过很多地方，家门口的树，路边的小卖铺，办公室的同事等等。但是仔细想一想，我们每天注意的事情有多少？如果所有的信息处理都要主意识亲力亲为，那么我们的神经系统将会是一个什么样的状态？答案是无法运行，因为信息的输入量太大了。而分工协作的出现解决了这一问题，这些信息输入后被汇集处理部所关注的就是主意识，每天我们专注思考和关注的事情就是主意识在处理；信息不经意间在神经系统内留下的印迹就是潜意识，每天我们的头脑中有一些印象，但是又不太清晰，不被主意识关注的事情都是潜意识在处理；主意识一无所知，但是分部进行了处理的就是暗意识，那些每天都会进入我们视野的信息都是暗意识在处理。这里需要特别说明一下，大家不要把暗意识跟无意识弄混淆了，暗意识是在各个分部产生的思维活动，而无意识是指神经系统停止工作时的状态，例如昏迷，这个时候的神经系统完全不受控制，因此也就没有意识产生，所以称为无意识。

信息输入即指各个处理部接收到感官细胞输入的信息处理后集中输入到汇集处理部。如同时看到某人在干某事，听到某人在说某事，闻到一些气味，尝到一些味道，最后这些输入信息被各个分部处理后都通过主通道输入到汇集处理部，这就是信息的汇集。信息汇集以后由汇集处理部进行处理，这种处理就是思维，也就是我们刚刚提到的主意识，包括对信息的学习、想象、识别、分解、增减、合并、分类、归纳、判断、重组、对比、分析、调整等等过程。

我们注意到，神经系统可以同时做很多工作，但是汇集处理部却不能同时一边思考数学题一边想着语文作文。汇集处理部虽然对外有很多连接通道连接着各个分部，但是汇集处理部有一个特性，就是工作时只允许连接一个通道，而且是唯一的通道。为什么采用唯一通道，答案是自然法则。

在神经系统中，各个分部是独立运作的，例如存储处理部的主要作用就是存储信息。情绪处理部的主要作用是产生情绪。执行处理部的主要功能是产生执行命令，使得各组织器官运动起来。

视觉处理部的物理形态是前承联系着眼睛内部的感官神经细胞，后接联系着汇集处理部，将视觉器官传输的信号处理后发送至汇集处理部。听觉处理部的物理形态是前承联系着耳朵内部的感官神经细胞，后接联系着汇集处理部，将听觉器官传输的信号处理后发送至汇集处理部。嗅觉处理部的物理形态是前承联系着鼻子内部的感官神经细胞，后接联系着汇集处理部，将嗅觉器官传输的信号处理后发送至汇集处理部。味觉处理部的物理形态是前承联系着舌头内部的感官神经细胞，后接联系着汇集处理部，将味觉器官传输的信号处理后发送至汇集处理部。触觉处理部的物理形态是前承联系着皮肤内部的感官神经细胞，后接联系着汇集处理部，将触觉器官传输的信号处理后发送至汇集处理部。

我们将在后面的章节中详细地一一说明各个部的运行机制。

脑作为一个器官，和身体的其他器官一样都很重要。我们从不同种类的动物的大脑存在千差万别，可以对比了解人类的大脑。严格来讲，大脑是中枢神经系统的最高级部分，是神经系统的高级组织形式。

意识区块链模式使得神经系统中的分部不依赖其他部门独立存在，不一定必须受汇集处理部管制，除了自成一体的区块链本身，通过分布式处理和存储，各个分部实现了信息自我接收、处理、传递和输出。去中心化是意识区块链最突出、最本质的特征。这和我们最初的认识好像有一点不一样，一直以来，我们都认为神经系统是有中心的，那就是汇集处理部。因为汇集处理部最终起到的作用就是汇聚信息进行最终的处理，神经系统的各项命令都是发自于汇集处理部。

我们来仔细看看图1-6-1，信息经过视觉处理部的处理，再输入到汇集处理部，虽然汇集处理部通过分析判断得知两条线段是一样长，可是汇集处理部可以去控制、修改，或者参与视觉处理部所做的工作吗？可以改变上述结果吗？显然是不能。所以最终的结果就是，汇集处理部只能被动地接收视觉处理部“加工”后的信息，哪怕这个被加工后的信息是错误的或者是不准确的，我们却无法左右。这就是我们所说的“去中心化”的思想的核心。

我们之所以强调意识区块链，重点是想说明“去中心化”的思想。这里所说的“去中心化”与刚刚讲到的以汇集处理部为中心的分布式结构并不矛盾，“去中心化”强调的是各个分部独立运行，以汇集处理部为中心的分布式结构所要表达的是，汇集处理部处理的信息都是来自各个分部，因为是信息的汇集点，所以从信息流向的角度说它是中心。

意识区块链模式使得神经系统中的分部不依赖其他部门独立存在，不受汇集处理部管制，除了自成一体的区块链本身，通过分布式处理和存储，各个分部实现了信息自我接收、处理、传递和输出。我们了解了去中心化是意识区块链最突出、最本质的特征以后，再来用这种观点去审慎我们最初的认识，即一直以来我们都认为汇集处理部是神经系统的中心，我们会发现我们对神经系统的认识已经上了一个台阶。因为，如果我们抛弃了从形式上看汇集处理部起到的作用就是中心处理，神经系统的各项命令都是发自汇集处理部的这种认识，那么我们很多的问题就迎刃而解，就知道汇集处理部并没有任何方式和方法去控制各个分部对信息的输入，就算有些分部会接收汇集处理部发出的命令，那也是这些分部在接收命令后独立自主地在处理信息，而不是汇集处理部在处理信息。这是一个很重要的分水岭，即我们现在看见和听见的信息并不是直接发自汇集处理部，即不是直接发自主意识，而是发自暗意识。

主意识产生于汇集处理部，似乎是神经系统的主角，其他的各个分部都围着汇集处理部在运转。现在通过意识区块链的理论，我们就可以重新认识汇集处理部，也可以重新认识主意识。纵观整个生物界，只要是有意识的生物，从简单的单细胞微生物开始一直到最高级的生物人类，都遵循一个主线，那就是从简单到复杂。从意识的角度来看，也是如此。越是简单的生物，意识功能就越简单，最开始只有暗意识，慢慢发展有了潜意识，发展到高级阶段才会有主意识。这充分说明人类在进化过程中也遵循的是这种原则，那就是区块进化论。

我们将中枢神经系统分为九个虚拟部是从逻辑角度出发，从解剖学的角度来看，各分部之间没有明显的区分。汇集处理部与各个分部的关系可以从意识区块链的定义中找到答案。神经系统内各个分部分关系主要表现在以下几个方面：

其一，各部之间没有明显的区分。

从逻辑角度出发我们将中枢神经系统分为九个虚拟部，因为神经系统中的所有神经细胞相互连接构成一个闭合的整体，因此这九个虚拟部之间没有明确的界限，现在只能确认中枢神经系统中的某一区域主要在干什么。

其二，各部独立存在、独立运行、相互连接、协同运行。

这是我们这一节所讲的重点，就是这种工作模式造就了意识区块链的存在。各个分部在神经系统内部都有自己的活动区域，在其区域内，各部对输入的信息独自处理，处理后形成各自的结果信息对外输出。因此，在其处理信息的时候其他各部很难进行干涉。但是，由于输入信息和输出信息都需要其他分部的配合，因此这些分部又彼此连接，协同运行。这就是我们所说的意识区块链的中心思想。

其三，神经系统的各个分部具有可塑性。

神经系统可塑是指神经系统内部的神经细胞可在不同环境条件下形成某种新的结构和功能的特性。可塑性的重要性不言而喻，准确来讲是神经细胞的可塑性造就了人类。因为正是这种可塑性将人与普通的哺乳动物区分开来，也正是这种可塑性造就了人类的记忆、情绪和执行系统，使之脱胎换骨，这才产生了语言、文化、道德等人类社会特有的元素。

神经系统可塑的基石是神经细胞的趋源性。前面我们已经讲过了神经细胞的趋源效应。神经系统的可塑包括结构可塑和功能可塑。正是这种可塑性的存在，导致神经系统中的某些子系统可以因神经细胞结构和功能的变化而变化。

结构可塑是指神经系统内部神经细胞的突触连接可以由于学习和环境的影响建立新的连接，从而影响个体的行为，主要表现为突触连接出现新的变化。我们平常遇见的记忆力比较好的人就是因为参与记忆的神经细胞的突触大量增加而造成的结果。

功能的可塑性可以理解为通过学习和刺激，大脑某一代表区的神经细胞功能发生变化，或者表现为脑损伤患者在经过学习、刺激后脑功能在一定程度上的恢复，这种可塑性区别于结构可塑的主要表现就是神经细胞的功能出现新的变化。在我们的身边有一些盲人听觉特别好，或者聋哑人触觉特别好，其原理就是这样的。因为盲人在其神经系统中不用处理视觉信息，因此闲置了大量的神经细胞，这时通过塑造新的突触连接，某一区域的功能就发生改变，具备新的功能。所以，如果有一天有人告诉你，我们通过科技的手段来改造人类的神经系统，使得我们普通人可以用头皮看世界，用手掌去听世界，你千万不要觉得很稀奇而大惊小怪。

人类的神经系统在一出生时属于尚未组网完成的系统，具体来说，婴儿出生时的大只是有一千多亿个神经细胞的结合体。但是它们之间互相并不连接。在接下来的数年间，这些神经细胞之间的连接会急剧且过量地增加，形成一个巨大的神经网络。从小到大，我们现在可以总结我们自己了，从主意识到潜意识再到暗意识，原来小时候我们追求的目标是主意识的强大，长大以后发现暗意识强大才是我们一生追求的目标。

“反复刺激”正所谓“只要功夫深，铁杵磨成针”。溶洞里的石钟乳是滴水经过长年累月而滴出来的。所以我们想一想，经过数万年，滴水都可以形成巨大的石钟乳，那么经过几万年的发展，人类的知识得积累到什么程度呀？这种知识的积累是人类所创造的，同时这种知识反过来也在改造着人类大脑中的神经系统，使得神经系统的结构更适合社会的发展。这种改造促使人类与普通的哺乳动物分道扬镳，走上一条文明扩张之路。

第七节　信息是如何在通道与受体内流动的

如果一个人的神经系统中信息流没有明确的流向，那么他的思维就是混乱和徒劳的。

一起有关“通道”的事件曾引发大众的关注：救护车被堵，受伤孩子的母亲跪地哭求让路。我看了以后想掉眼泪。事情发生在一天晚上，高速发生车祸，一位孩子在车祸中受伤，幸好被赶来的救护车救治，但是因为路上车辆很多，应急车道又被占用，救护车被堵在路上，拉响警报十多分钟，车辆也未能前行。情急之下，受伤孩子的母亲跪地磕头哭求占用应急车道的私家车让路。据现场人员透露，大约半个小时后，救护车才驶出拥堵路段，而原本通过这段路大约只需要5分钟。

我们都为人父母，换位思考，如果发生车祸的孩子是我们自己的孩子，我们的心情跟这位母亲不会有太大的区别。这里我们要问的是占用应急车道行为为何“屡禁不止”？应急车道本是专门供工程救险、消防救援、医疗救护或民警执行紧急公务等处理应急事务的车辆使用的，任何社会车辆禁止驶入或者以各种理由在车道内停留。

我们讲这个引起网络广泛关注的“通道”事件是为了阐明通道的重要性。在任何系统中，只要是各体存在关联，那么就需要连接的通道，这种通道起到非常重要的作用。

神经系统是一个网络系统，神经细胞之间具有广泛的联系，这种联系的主要手段就是通道。所以说，通道就是神经系统的命脉。神经系统的通道主要有两大类：大通道和小通道。大通道是连接汇集处理部以及分部之间联系的通道。大通道包括主通道和辅通道。主通道是汇集处理部与各个分部连接的通路，其主要作用就是在汇集处理部与各个分部之间传递信息。辅通道是各个分部之间连接的通路，其主要作用就是在各个分部之间传递信息。小通道是神经细胞突触后膜上接收神经递质的通道，主要是帮助神经递质穿过突触后膜，进入神经细胞，从而完成神经细胞之间的信息传递。包括一般通道、突触小泡通道、弥散通道和受体通道。细胞环境中各种因素的变化，是通过细胞膜受体的作用而影响细胞内的生理过程发生相应的变化，我们称这种细胞对细胞传输递质的方式为小通道机制。关于小通道的运行机制属于生物学的范畴，我们在这里不做太详细的阐述，我们重点是要关注大通道的运行机制。

大通道有两种状态：接通的连接叫通路，断开的连接叫断路。

汇集处理部工作的时候，只能做一件事情，即主意识在同一时间只能关注一件事情，造成这种状态的原因是主通道控制。所谓主通道控制是指主通道通路具有自主开关功能，在正常情况下，在同一时间汇集处理部只允许连接某一分部的主通道与其建立通路，因此，汇集处理部只能调取一个分部传来的信息，所以，汇集处理部在同一时间只能关注一件事情。我们通过图1-7-1来理解这种机制，例如我们

图1-7-1

的火车站台只有一个，但是火车道却有好几条，让几列火车同时停靠站台不可能，那么让火车停靠站台唯一的方式就是分时段先后进站停靠。把这种思想带到我们的神经系统中来，神经系统中可以进行主意识思维的部门也只有一个，那就是汇集处理部。这么多的信息需要输入到汇集处理部，如果信息同时输入，造成的结果就是混乱和汇集处理部无法正常工作，唯一可以采用的方式就是让信息流分时段先后进入汇集处理部。只有这样才可能使得汇集处理部进行正常工作，信息处理不会混乱。如何让信息流分时段先后进入汇集处理部呢？现在看来做法只有一个，那就是通道控制，只有将通道的接通和断开进行控制以后，才能实现控制信息流进入汇集处理部的时间及流量。

神经系统工作状态的本质就是神经系统内的生物电路闭合。神经系统的主通道的开启分为主动开启和被动开启。主动开启是由内而外，汇集处理部主动打开。例如，我们主动去关注某一件事情。被动开启是由外而内，在总和作用下被动打开。例如，非常大的声音输入会打断人的思维，被叫醒等等。

拿视觉系统来说，例如，我们正在看小说，旁边的电视机也开着，我们一直在看书，没有关注电视里播放的内容。光感受器细胞将接收的外界信息转化为生物电波信号，视神经将生物电波信号传输至视觉处理部，视觉处理部将生物电波信号进行加工后传输至汇集处理部，这就是我们主意识关注到的小说内容信息。主意识在关注小说时，因为汇集处理部连接其他分部的主通道是处于关闭状态，因此其他信息也进入不到汇集处理部。但是需要说明的是，这个时候旁边电视机播放的信息也被耳朵输入到大脑，其输入信息并不是没有处理，而是被暗意识处理，只是由于分部跟汇集处理部的主通道没有接通，所以经过暗意识处理的信息无法传输到汇集处理部而已。突然，电视机传来一声很大的爆炸声，画面突然切换成突发新闻，报道的是美国某个地方又发生恐怖袭击事件。这个时候，由于电视机发出的信息具有爆发性，暗意识在处理以后会形成更具规模的信息流，总和作用效应显现，突破主通道的封锁，汇集处理部与分部的通道打开，我们的主意识就关注到这个突发新闻了。

注意力分配是我们神经系统中主意识平常工作的表现方式之一，也可以叫作主意识切换。汇集处理部与各分部连接的主通道存在两种状态，即开放和关闭状态。在神经系统工作的时候，这些连接主通道大多数是关闭的，一般情况下，汇集处理部只开放一条连接主通道给各个分部。这也就是大脑不能一心二用的原因。我们猜想这是人类在进化过程中形成的一个特殊的功能。试想，如果同时开放几条连接通道，那么在同一时间就会有很多信息进入汇集处理部，这样会造成逻辑思维混乱。而只开放一条连接通道，就可以使人集中精力思考一件事情，提高效力。神经系统具有这种功能，可以控制这些分部的连接，这些功能的产生应该跟细胞的收缩有关。

我们通过一个小实验来体会意识切换的神奇。大家盯着图1-7-2看10秒钟，然后把这本书倒过来拿，再看到这幅倒过来的图，你会发现……记住，倒过来以后要眨一下眼。在眨眼之后发生了一个180度的大转弯，这就是意识切换作用的结果。

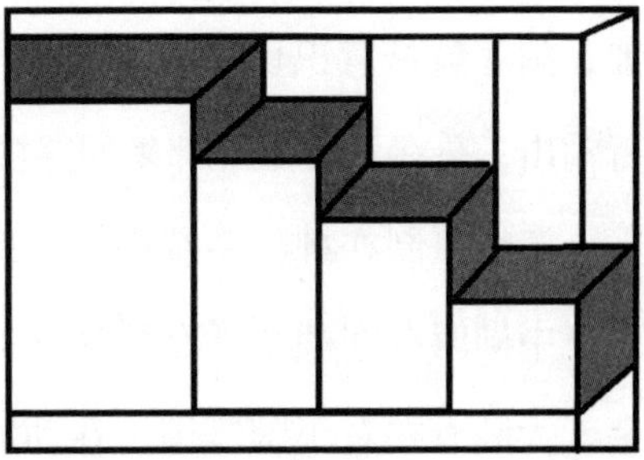

图1-7-2

连接通道由关闭状态转为开放的过程称为接通，由开放转为关闭状态的过程称为断开。连接通道的接通与断开过程有一定的速率，通常很快，以毫秒计算。大脑能够在我们不知不觉中从一种复杂的思维切换到另一种复杂思维，就是因为连接汇集处理部的主通道可以随时接通或者断开，来回切换汇集处理部与各个分部的连接，从而保障汇集处理部随时获取信息的便捷。

举个例子，酷暑天你在屋里看书，突然听到外边有人喊“卖西瓜嘞”，你的主意识马上就被这个信息占据，想着天气这么热，正是吃冰镇西瓜的好时候，于是决定卖西瓜去。这就是一种主意识切换，从专注看书切换到要去买西瓜。

进行不同种类的注意力分配可以使大脑的不同区域被调动起来。神经系统这样做的主要原因可能来自生物电压的差别，主要目的可能是保障汇集处理部与各个分部的连接处于正常状态，将来需要的时候可以随时连接并都能运行起来。

通道在神经系统的思维活动起到的作用现在看来我们还是知之甚少，但是这并不妨碍我们通过逻辑分析来进行判断。例如，我们提到的奖励机制其实在神经系统的运行过程中并不存在，存在的只是疏通机制。例如，闹心就是意识切换的能力暂时没有得到展现，信息无法通过通道进行输出，总在汇集处理部来回穿梭造成的。

双线机制在神经系统中的运用随处可见，双线机制指的是在同一个系统中同时存在两个并存的序列的状态。例如，人有两只眼睛、两个耳朵，大脑有左右小脑等等，在动物界也是如此。我们猜测双线的存在一开始的目的应该是出于保险的需要。这种需要是生物在亿万年进化过程中形成的现象。但是神经系统可能利用了这种双线通道的存在，使得主意识与暗意识分道扬镳。我们这样假设，在初始阶段，视觉处理部或者听觉处理部接收到外界的输入信息后，就开始自行进行处理。处理完以后的信息，一路通过主通道传输至汇集处理部，一路通过辅通道传输至执行处理部。通过主通道传输至汇集处理部的信息被汇集处理部处理形成主意识，然后被输送至执行处理部形成执行命令和存储处理部形成记忆。通过辅通道传输至执行处理部的信息被执行处理部处理形成暗意识直接输送给身体的各个组织器官，形成肢体运动。这个过程我们可以反复试验，当试验多次以后，由于连接汇集处理的主通道太过于繁忙，因此这一通路就可以停止传输信息，就变成至剩下一条通路在传输信息，这应该就是暗意识运行的模式。神经系统正是利用这种双线通道实现主意识与暗意识分别运行的。

双线机制的运用最大的好处是在初期，主意识可以对暗意识的行为进行指导，这种指导关系的基础是暗意识是由开环系统产生形成，因为开环系统没有反馈机制，所以暗意识无法纠正自己的行为。而主意识是由闭环系统产生形成，因为闭环系统有反馈机制，所以主意识可以纠正自己的行为。通过双线机制，神经系统内的主意识和暗意识可以在前期配合完成一些行为，当暗意识通道形成固定连接后可以独立运行时，主意识就能够转移关注，处理其他的事情。

双线机制对于习惯的形成也存在重要的影响。我们以早上起床后的第一件事——洗脸为例。我们大多数人早上起床后的第一件事是洗脸。这要从小时候说起，我们还是小孩子的时候，我们的听觉处理部接收到父母灌输给我们这样的信息："早上要洗脸。"听觉处理部将这个信息，一路通过主通道传输至汇集处理部，一路通过辅通道传输至执行处理部。通过主通道传输至汇集处理部的信息被汇集处理部处理形成对"早上要洗脸的"这件事的认识，然后这种认识被输送至执行处理部形成"早上要洗脸”的执行命令和存储处理部形成“早上要洗脸”的记忆。通过辅通道传输至执行处理部的信息被执行处理部处理形成“早上要洗脸”暗意识直接输送给身体的各个组织器官，形成肢体洗脸运动。这个过程我们从小到大已经运行了无数次，当运行多次以后，由于连接汇集处理的主通道太过于繁忙，因此这一通路可以停止传输信息，就变成至剩下一条通路在传输信息，再后来就是信息输入也被省略掉了，直接由执行处理部发出“早上要洗脸”的命令由各个组织器官去执行。这就是有暗意识支配的习惯形成的过程。

所以说，习惯的形成并不仅仅是大脑一直在寻找一种省力的方式运行，而是在运行过程中找到了一个更近的通道。这种近途既节约了能量，又为汇集处理部节约了空间，何乐而不为?

我们无法对无聊的事情集中注意力。大脑对某一特定刺激越集中注意力，关于这个刺激物越详细的信息就会被大脑编码并保留。良好的注意力总是对应着良好的学习，它改善了个体阅读材料的记忆，改善了写作、数学、科学方面的准确性和清晰程度，总之对我们的每个学术类别都有所改善。那些抓住我们注意力的信息被连接到记忆兴趣和知觉中去了。

关注度递减效应，该效应原本应该是指人们在生活中一直是在不断淘汰旧的、更换新的，喜新厌旧。我们来看一个发生在我们身边的例子：话说某人很喜欢看科幻电影，只要是一上映新电影，就会立刻去电影院看。看完电影还不算，还要到网上去下载，下载完以后就存在电脑的硬盘里。几年下来，他的电脑硬盘里存了几百部科幻电影。但是他并没有看过这些存在硬盘里面的科幻电影。这就是关注度递减效应。我们这里说的关注度递减效应源自客观情况需要，因为汇集处理部的空间有限，利用有限的资源做效率更高的事情变成唯一的选项。如果汇集助理部总是翻来覆去地处理一类信息，那么其他信息就很难进入到汇集处理部来，如果这样，主意识就会成为一成不变的死局。所以，当新的信息进入汇集处理部，经过处理以后进行存储，腾出空间再处理其他的信息。这样一来，被存储的信息就会成为旧信息，如果汇集处理部不去读取这一类信息，那么这一类信息就会被束之高阁。

通道对神经活动的影响体现在很多方面，例如思维惯性就与通道有关。比如有一个女孩子相亲相了几十次，刚刚开始相亲的她特别关注，去的时候还很激动，随着相亲次数的增加，结果是王小二过年，一年不如一年，每次都没有成功。于是，她得出了一个结论：相亲不靠谱，得不到她想要的爱情，慢慢地，她不再关注相亲活动，最终放弃了通过相亲来找对象的想法。这里就是关注度递减效应的具体体现，也就是把具体的事情扩大至所有事情，最终束之高阁。

一些父母在孩子考试几次不及格后，就有了自己的孩子是不适合学习某学科或者是笨的，或者说是不如别的孩子的感觉。这都是关注度递减效应在发生作用。

对于关注度递减效应我们可不能认为不好就一棒子打死，关注度递减效应的好处是令我们提高学习效率。比如我第一次吃柚子知道要剥了皮才能吃，因为已经有了记忆，所以以后看到和柚子差不多样子的带皮水果就知道要剥了皮才能吃。这样，我就不用每次都要去学习这个东西是需要剥皮吃还是直接吃。但另一方面，因为我们把具体的事情过度概括化了，有时就会期望将来的情况也会像原来的总结那样，比如守株待兔，结果并不尽如人意。同时，我们在某一件事时，总结出了正确的一般化判断，却忽略了凡事总有例外，因此减少了可能性。

第八节 处于工作模式的神经系统是什么样子的

动则通达、静则平衡。

四川地处盆地地区，成都平原自然条件得天独厚，然而在千百年前成都平原因地势低洼常年饱受水患之灾。在战国时代有一个叫李冰的人，李冰与儿子将都江堰的水道改流，从原始的“堵”转换为“疏”，促成了成都平原成为千百年以来的“天府之国”。

李冰父子通过引流的方式解决了成都平原的水患问题。但李冰父子的智慧远远不止于此。他们利用地形水势，以鱼嘴、飞沙堰、宝瓶口三大工程为主要基点，从鱼嘴开始分化由川西高原融化下来的雪水，将这股水流分为内江和外江。内江进入成都平原，补给城市的生活用水，外江绕过城市，顺水流走。

此时就会面临一个问题，大量的洪水激流在低洼部分容易造成泥沙堆积，常年日积月累导致河床升高，水患肆虐。

聪明的治水专家以宝瓶口为转折点，在此处建立起一个人工打捞河沙处，当外江的河水流过此处，经过宝瓶口的人造缺口时会形成一个漩涡，泥沙由此被卷到周围的堤岸上，再每年安排专人打捞泥沙，防止泥沙堆积。第二工序就是飞沙堰，飞沙堰是连接外江和内江水的重要工程，内江的水进入成都平原，外江的水流向河流。在修筑工程时，李冰父子将内江的河床低于外江的河床，这就保证了在枯水节的时候，外江有6成的水能够通过飞沙堰进入内江，补给成都平原。

而在飞沙堰还有一个人工的阀口，进入内江的水虽然所携带的泥沙较少，但长此以往依旧会成为祸患，在经过飞沙堰时根据动力学和水流的趋势，河沙随水进入飞沙堰，随后被旁边狭窄的宝瓶口所制约，重复第二道工序，这样一道集泄洪、排沙的工程就此完毕。

在这个充满智慧的工程中所隐含的“连”“引”“开”“关”“分”“合”“清”“制”“疏”等的哲学思想是我们这一节要借用的智慧！

神经系统的工作状态即神经系统对信息进行约束的状态，这个状态最主要的表现就是在神经系统中信息的约束。如果我们把在神经系统内流动的信息流想象成水流，那么信息流就会变成看得见的信息运动，我们也就更容易理解。因为信息在神经系统内部的表征就是生物电波和神经递质，那么对信息的约束就是生物电波和神经递质的约束。

首先我们来看“连”。顾名思义，“连”就是把系统中的各体连成一片，使之相互存在关联性，最终的目的是从宏观上看它们是一个整体。这种“连”包括细胞与细胞之间的突触连接，突触连接的目的就是传递信息；这种“连”还包括汇集处理部与各个分部之间的选择性主通道连接；还有各个分部之间的辅通道连接。主通道连接与辅通道连接我们统称为“闭合回路”。这种“连”还包括神经系统的工作状态一般在清醒或睡着时发生转变，这种转变的核心是汇集处理部与分部建立一种主通道连接。“连”是神经系统最主要的特征之一。

“引”的方式贯穿整个神经系统。神经系统所从事的工作就是“引”导信息流在整个系统内运行。例如，将各个感受器官接收的输入信息“引”到各个分部形成暗意识，再将经各个分部处理后的信息流“引”入到汇集处理部进行处理形成主意识，最后将处理后的信息流“引”到存储处理部或者执行处理部等。这种“引”的方式使得信息流在神经系统内流动，才有了我们现在正在运行和使用的大脑。

“开”和“关”指的是细胞与细胞连接的通道连接、各个分部之间的辅通道以及汇集处理部与各个分部之间的主通道连接具备开放和关闭两种状态。主通道就是通过打开和关闭与各个分部之间的主通道连接实现注意力分配的。注意力分配从表面上理解就是关注，要是从本质上去理解就是汇集处理部与各个分部之间的主通道连接构成闭合回路以后产生的主意识。

“分”与“合”指的是神经系统通过神经细胞利用自身的功能在不改变基本神经网络的生理结构的前提下，灵活地拆分、组合信息。这一功能赋予了神经系统一个关键的特征：脱离现实的信息在神经系统内可以实现结构的灵活组合变动。通过组合使得原有的输入信息得到改变，这种改变形成的新信息，就是思维的一种基础模式。

“清”与“制”指的是神经系统通过神经细胞将信息进行增加或删减变成新信息的过程。这一功能赋予了神经系统又一个功能模式：通过增加或删减使得原有的输入信息得到改变，这种改变形成的新信息，也是思维的基本模式之一。

“疏”，我们的神经系统透过感官接收到输入信息，这时的信息是杂乱无章的信息集合，通过“梳理”，神经系统的各个分部各司其职对这些所接收的信息进行处理使之条理化。在这个处理的过程中原本无序的信息会变得井井有条。

我们的神经系统每秒钟会接收到大量的信息流，这些信息太过于庞大，同时这些信息中存在大量重复和无意义的信息，因此我们的神经系统不可能照单全收，为此，各个分部就是为了这个原因而产生的。这些分部的主要作用就是信息的前期处理。我们都已经将这些分部处理信息的过程归类为暗意识。我们将在信息输入的章节里详细阐述信息输入的过程和原理。

当我们的神经系统对感官所接收的数据转化为生物电波信号输入至各个分部，再由各个分部先期进行处理形成暗意识，各个分部把处理后的信息输入至汇集处理部进行处理，这些数据就变成了我们脑内的认识、情绪和记忆的综合体，这就是我们神经系统的主意识形成的过程。

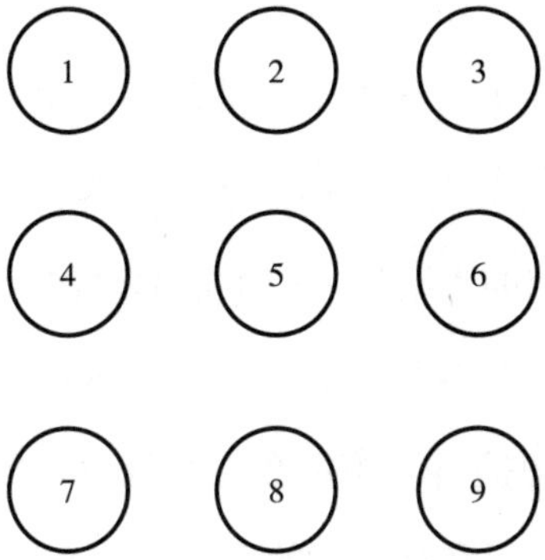

图1-8-1　神经系统结构简化图

每年夏天，我都会到海边去度假，经常会在沙滩上盯着海浪发呆，看着浪花一个接着一个，从不间断地扑向沙滩。海浪大家都不陌生，通常指海洋中由风产生的波浪。主要包括风浪和海洋近岸浪。在不同的风速、风向和地形条件下，海浪的尺寸变化很大。近岸浪，指的是由外海的风浪或涌浪传到海岸附近，受地形作用而改变波动性质的海浪，即我们在海边看到的浪花。

想了很久，我们是否可以将海浪的这种运行模式引入我们的神经系统中？信息流在神经系统中的表征就是生物电波，这些生物电波一个接着一个，从不间断地扑向汇集处理部，也就是大脑的最顶层，再也没有地方可去了，那么，这些信息流就会撞向汇集处理部的边界，由于神经系统结构的原因，正常的物理反应是会产生一些受边界作用而改变波动性质的信息流。这些信息流在汇集处理的变化中产生了我们所说的主意识。在这里我们重点提信息流对汇集处理部的撞击状态发生的改变，就像海水冲向沙滩一样，遇到阻力后必然改变以前的状态。我们的主意识也是如此，当我们在思考某一事物时，汇集处理部调取了信息，这种信息流以生物电波的形式撞击汇集处理部的边界后返回来就会在汇集处理部留下印迹，然后会消失，接着下一波的生物电波又来了，和海浪如出一辙。因此，我们可以将主意识形象地定义为：信息流撞击大脑皮层留下的印迹。这就是我们的大脑想一件事情的时候，不是停留在某一个点，而是一个事接着一个事地在思考，这个时候大脑中的汇集处理部正在接收信息一波接着一波地撞击。信息在汇集处理部的改变和信息在其他分部有所区别，所以主意识和暗意识的工作模式是有所区别的。

现在我们可以来定义一下神经系统处理数据的全过程模型，也就是我们人类的神经系统内意识的工作模式。

（1）外界信息透过我们的感官组织刺激感觉细胞的触点。

（2）神经细胞将输入信息转化成生物电波信号传输至各个分部。

（3）各个分部对信息进行初步处理形成暗意识。

（4）各个分部将初步处理后的信息再传输至汇集处理部。

（5）汇集处理部进行思维处理形成主意识或潜意识。

（6）经过汇集处理部思维处理后的信息存储下来成为神经系统中体验、记忆、情绪和认识的一部分。

（7）汇集处理部发出执行命令传输至执行处理部。

（8）执行处理部进行执行处理形成执行命令。

（9）各个组织器官接收执行处理部的行动指令进行表征。

这是神经系统工作的整体流程，于是在这个流程中我们就看到了我们的暗意识、主意识、潜意识、记忆、情绪、行为和表现源自哪里，这就是我们神经系统处理信息的全过程。我们与人沟通的时候大脑运作的过程也和现在的模式完全一样。这里所有信息变化都是在这个过程的各个环节中各个处理部所做的工作所对应的内容的结果。

大家可以看一下图1–8–1，其是图1–6–2的简化图。通过图1–8–1我们来阐述一下各种意识的区别。图中“5”是汇集处理部，主意识和潜意识都是在“5”中形成，属于信息撞击大脑皮层产生的终极处理；暗意识是在其他分部产生，属于过程中的处理。

我们来看小齐小学时候的一个故事：小齐上小学那会儿属于资源匮乏的年代，有一天天气特别热，课间休息的时候小齐就去学校门口的小卖铺买了瓶冰镇汽水拿到班里去喝，这当然引来了大家羡慕的眼光。为了独占汽水不和别人分享，小齐当着几个女同学的面吐了好几口吐沫在汽水瓶里。喝了半瓶以后，小齐就把汽水放在桌子上，这时小齐的一个好朋友从操场上踢球回来了，看见桌子上的半瓶汽水，就问：“是谁的？”小齐回答说：“我的。”这位不知情的同学二话没说拿起就开始喝。旁边的女同学看不下去了，急得直跟这位同学爆内幕。当时小齐就说了一句：“我说没有，你信她还是信我？”结果那个同学相信了小齐的话，继续喝，直至喝完。老师知道了这个事情后严肃地批评了小齐。

我们这里要讨论的是小齐听到老师批评的过程中神经系统的状况。

小齐作为一个学生做了一件坏事被老师批评后，首先是批评的声音通过感官组织刺激感觉细胞的触点，在这个阶段，批评小齐的声音进入耳朵，激发了触点使之发生变化；第二步是神经细胞将听到的信息转化成生物电波信号传输至听觉处理部，这个时候的批评信息已经转化成生物电波信号；第三步是听觉处理部对输入的信息进行处理，在这个阶段暗意识形成，主要的表现就是初步的信息同步和校正等，这种同步的主要作用就是让主意识能够识别；第四步是听觉处理部将初步处理过的信息传输至汇集处理部，在这个途中的信息已经是汇集处理部能够识别的信息了；第五步是汇集处理部对输入信息进行处理形成主意识和潜意识，听到老师的批评信息以后，小齐的大脑是怎么想的？高兴或者生气？如何认识？需不需要改正？等等都在这里完成；第六步是汇集处理部思维处理后的信息存储下来成为我们神经系统中体验、记忆、情绪和认识的一部分；第七步是汇集处理部有了想法以后向执行处理部发出执行命令；第八步是执行处理部接收到汇集处理部传来的信息后形成能被各个器官组织识别的生物电波信号；第九步是各个组织器官接收执行处理部的行动指令进行表征，主要的表现就是生物电波信号刺激肌肉，形成肌肉运作，从外表看出来的表现就是紧张、哭泣等现象。

注意的过程是汇集处理部通过主通道的连接，选择一部分信息用作将来的加工处理，同时选择抑制另外一部分信息的过程。汇集处理把注意力集中在某个事物上，要求我们对外部环境和自身内部环境中铺天盖地的大多数信息选择视而不见，听而不闻。

我们可以这样理解，如果你手里有一部手机，那么在同一时间你只能接打一个电话，如果同一时间同一部手机可以同时接进10个电话，那结果是谁讲的话也分不清楚，我们还要花时间和精力去做区分，效率非常低。那么通道的唯一性是提高效率最好的办法。

很多人会问“注意力”既然不能分配，那为什么在实际生活中人们的注意常常能够很好地分配？例如教师可以一边讲课，一边在黑板上写字；学生可以一边听讲，一边记笔记；汽车司机可以一边控制车辆的方向和速度，一边和人聊天等。

其实这些都不是注意力分配，而是神经系统中“分部分配”的结果。这里“分部分配”指的是在同一时间不同的处理部可以处理不同的信息。汇集处理部只开放一条连接主通道给各个分部，主意识只能接收一个分部传输的一类信息，但是汇集处理部不能控制各个分部自行处理信息，这种意识区块链模式为“分部分配”打下基础。

分部分配的活动一般取决于分部对信息处理的熟练程度。在同时进行两种或两种以上活动时，其中必须有些是分部处理过很多次并很熟练了的命令。我们的主意识会把大部分注意力集中到比较生疏的活动上去，把很小部分注意力分配到熟练的活动上去，只有学生记笔记的书写能力已经达到熟练的程度，才能把小部分注意力分配在记录上，而同时把大部分注意力分配到听课方面。

分部分配的同时进行的几种活动之间的联系也很重要。如果它们之间毫无关系，则同时进行这些活动是很困难的；但如果在它们之间已经形成了某种近途通路，则同时进行这些活动就比较容易。我们主要说一下近途通路的含义，近途通路是指某些连接因为反运行后可以在主意识之外形成就近连接的暗意识通路，其运行的内容就是近途暗意识。首先必须说，这种通路已经上升到暗意识的层次；其次，这是神经细胞具有趋源性造成的结果。

例如汽车司机驾驶汽车的复杂动作，通过训练以后，能够形成一定的动作系统，其差不多不需要特别的努力，就可以很好地完成驾驶动作，并且注意还可以分配在其他方面，如观察来往的行人、车辆和红绿灯等。

分部分配与活动的性质：分部分配核心思想来自意识区块链思想，正是由于这种去中心化的思想，使得各个分部有能力去开展自己的活动，这些活动可以同时进行。

现在看来，分部分配与活动性质之间的关系，实质上与连接通道有关，也取决于熟练程度。初学太极拳的学员们，个体之间有很大差异。通常，学过武术、体操和舞蹈以及经常运动的人，容易掌握太极拳。因为太极拳虽然是一项新运动，但他们在肢体之间的配合熟练程度上总比不经常活动的人好得多。一边听故事，一边计算，许多人难以做到，那也是与熟练程度有关。很多人从小接受这样的教育：无论听课还是复习功课，都是在十分寂静的环境下进行的。久而久之，他们在嘈杂的环境下很难复习，很难思维。而有的孩子习惯了一边看电视，一边做作业，还不时地和父母交谈，于是，嘈杂的环境并不妨碍他的学习与思考。教师可以一边批改作业，一边与别人交谈，都是熟练的结果。

注意力分配与分部分配的区别主要体现在主意识和暗意识的区别上。许多注意力分配现象，严格来说，并不是真正的分配，而是注意力迅速转移的结果。

从经济学的角度来讲，任何一个成功的产品，占据的是暗意识空间或潜意识空间，而不是去占据主意识空间。如果的你产品还需要用户费尽汇集处理部的空间去思考，那么推广起来的难度可想而知。因为汇集处理部的空间太有限了，同时信息替代率又很高，所以如果想让主意识关注一下还可以，要想长期占据，那么就要从暗意识空间或潜意识下手。关于这个问题我们将在以后的篇章中详细阐述。

大脑无法同时处理多项任务。当人们认为自己正在处理多项任务时，实际上他们在迅速地从一个任务转换到另一个任务，而且每次转换都会有认知上的消耗。而意识转换太频繁对我们的工作生产率、理性思维、专注的能力都没有太多的益处，而且会使我们更容易犯错误。频繁进行意识转换的不良影响并不仅限于削弱我们完成手头工作的能力，它也会对我们回忆事物的能力有很大的负面影响。因为神经细胞集合是由某一时刻同时波动的神经细胞决定的，但是这种通过神经细胞之间迅速而短暂的交流形成“想法”的能力，也正是使多任务处理不可能完成的原因。我们的大脑可以瞬间将神经细胞网络联结或重连，但是这种思维灵活性只允许我们同一时间只做一件事情。我们毕竟不能让同一批神经细胞在同一时刻形成多个不同的集合，因为这要求它们同时放出不同的脑电波。

在神经系统中，主意识的过程和暗意识的过程是可以同时发生的，例如，边走路边说话，走路的时候我们不用想怎么走路就可以做其他的事情。但是暗意识的机械化过程也并不总是像我们认为的那样完全机械化。

关于大脑使用率的问题。一直以来有一种流言很流行，说大脑只开发了不到10%，更有甚者认为大多数人的大脑只使用了3%。这种错误的观点曾经主宰着我们的主流媒体，并被一部分人加以利用说可利用剩余的大脑潜力以提高智力。

神经学家Barry Beyerstein列举了7条推翻这个谣言的证据：

（1）对大脑损伤的研究：如果百分之九十的大脑是没被使用的，那么对没被使用的大脑区域造成的损伤应该不会影响大脑运作。然而大脑几乎没有可以被损伤的同时又不会失去功能的区域，即使是对很小一部分大脑进行很微小的损伤，都会对大脑引起巨大的影响。

（2）对大脑的科学扫描显示无论一个人在干什么，大脑几乎总是活跃的。一些大脑的区域在某些时刻比其他区域要活跃，但除了某些受到损伤的大脑区域，没有任何一部分大脑是一点功能都没有的。

（3）大脑在氧气和营养上的消耗相对于身体其他部位来说是巨大的。尽管大脑只占了人体总重量的2%，却要消耗高达20%的身体能量。如果90%的大脑是没被启用的，拥有一个体积更小效率更高的大脑会是一个重要的生存优势。那么人类在进化过程中，自然选择会去除消耗大量能量而90%却没用的低效的大脑，而拥有很大质量的大脑也不会进化成人体最重要的部位。

（4）大脑成像：一些像正电子发射断层扫描（PET）和功能性磁共振成像（fMRI）的技术可以让人们监测大脑的活动。它们证明了就算是在睡觉，大脑也展示了一些程度的活跃度。只有一些受到严重损害的大脑区域才会一直保持“沉默”。

（5）大脑功能的区域化：相对于一块整体运作的机器，大脑拥有不同的区域来进行不同的信息处理。数十年的研究都被用在区分不同区域有什么不同的功能上，而一直没有找到过一块没有任何功能的大脑区域。

（6）微结构分析：在单细胞电位记录的技术应用中，研究人员把一块极小的电位放入单个脑细胞里来监测脑细胞的活动情况。如果有90%的脑细胞是没用的，这项技术会发现的。

（7）神经系统疾病：没被利用的脑细胞会有衰退的趋势，因此，90%的脑细胞没有使用过的话，大脑会出现大面积衰退。

人类大脑几乎是高度统一闭合系统，每个人的大脑绝大部分已经被开发和利用了，有的意识活动是可以意识到的，大多数意识活动是意识不到的暗意识活动，只有这些暗意识活动在幕后默默无闻地工作才能完成一系列的日常活动。

在神经系统运行的过程中，我们会问到底运行得如何？这个问题在生活中的表现就是，人们经常诉说的“聪明不聪明”。如何衡量一个人是否聪明，标准不同，结果就会大相径庭。我们在这里提出“九商”这个名词，出发点是为了便于统一衡量的标准。九商是从九个方面衡量神经系统的工作能力标准，即智商、情商、记商、意商、视商、听商、触商、味商、嗅商。

智商是衡量神经系统处理信息的速度的快和慢、信息量多和少以及思维能力高低的标准。如果你能跳出人类的群体来看人类，其实你会发现，人与人的差别并没有想象中的那么大，就像你看黑猩猩，你觉得它们的智商会有很大的区别吗？不可否认，每个人的天资会有一些不同，但我们可以通过后天的努力学习，通过开发大脑，来获得和别人一样的分析问题、解决问题，以及创造新事物的能力。不管是神经细胞也好或者是神经系统也好，都具有可塑性，从这个角度来看，其实影响智力水平的因素在很大程度上是由我们本人掌控的。

一般情况下，我们衡量一个人的智商应该从九个方面来考虑。一是处理信息的速度，这个很好理解，大家可以自己去做一些小实验就可以测出来。例如，做心算数学题就可以；二是往存储处理部存入和读取信息的速度；三是从各个分部输入和输出信息的速度；四是神经系统的大小；五是汇集处理部空间的大小，即参与汇集处理部运行的神经细胞的多少；六是汇集处理部高端记忆空间的大小；七是神经细胞分泌神经递质能力的强与弱；八是突触的信息传递能力的强与弱；九是神经细胞的修复能力的强与弱。我们将在思维的章节中予以详细地说明。

情商是衡量神经系统处理感情以及与人的社交能力高低的标准；记商是衡量神经系统存储信息的快和慢、多和少以及读取能力高低的标准；

意商是衡量神经系统控制自己组织器官的能力高低的标准；视商是衡量神经系统观察能力高低的标准；听商是衡量神经系统倾听能力高低的标准；触商是衡量神经系统感知能力高低的标准；味商是衡量神经系统品鉴能力高低的标准；嗅商是衡量神经系统嗅觉能力高低的标准。

九商只是一个衡量标准，但是我们一定要反复强调，一个人不可能九商都高，因为这不符合逻辑，也与自然规律不符。前面我们讲过神经细胞具有可塑性，想象一下，如果一个盲人将其原来用于视觉处理的神经细胞全部都塑造成用于听觉处理的神经细胞，那么其听力是远大于正常人的。所以那句古话“山外有山，人外有人”既体现了古人的智慧，也勾勒出古人的哲理。

第九节　休息时神经系统停止工作了吗

一吐一吸演绎着传统哲学之美。

大家做过红烧肉没有？虽然大家做的方法各有不同，但是基本做法大同小异，差别不大。下面我们来做一道红烧肉：做红烧肉要准备五花肉1000克、八角15克、香叶1片、花椒5克、陈皮5克、丁香5克、葱段50克、姜片30克、白砂糖20克、盐适量、酱油25克、黄酒30克、冰糖25克、花生油15克。先把五花肉切成2.5厘米见方的块儿和凉水一起下锅，水开后与肉块儿一起煮5分钟后捞出，控净水分备用。炒锅上火倒入少许花生油，煸香八角和花椒，倒入细砂糖开始煸炒糖色，煸炒到微黄色即可。砂糖彻底融开，炒到稍微上色后，下入肉块儿煸炒，把肉块儿煸炒到耗干水分、颜色透亮、表面微黄。这时就烹入黄酒，倒入酱油翻炒。炒到黄酒挥发，酱油均匀地吸附在肉块上为止。把肉炒匀后，往锅中注入开水，水和肉块持平即可。然后，放入葱段、姜片、香叶、陈皮、丁香，最后放入冰糖。盖上锅盖用小火焖煮30～40分钟。肉焖熟后，捡出葱、姜、八角、香叶、陈皮、丁香。放少许盐，然后用旺火收汁。汤汁收净便可出锅。

大家从红烧肉的烹制过程中发现红烧肉的精髓没有？那就是“吐”和“吸”。开始煸油的过程是为了让五花肉内的油脂出来，这就是“吐”，主要目的是为了腾出空间。接下来煮的过程是为了让五花肉吸收各种作料的味道，汇聚各种味道，使得煮熟的红烧肉味道更鲜美。

我们的主要目的可不是教大家做菜，是请大家去体会这里面的哲学思想，这一出一进所道出的传统美食的哲学思想。在神经系统中这种思想也被广泛借鉴。

神经系统的休息状态即神经系统的睡眠状态，这个状态最主要的表现就是，在神经系统中的部分神经细胞因收缩或者主通道连接断开以及抑制素分泌，使得整个系统处于开环状态，系统中的信息处于失束状态。因此，睡眠产生的原因归结为三个，分别是神经细胞收缩、通道关闭以及抑制素分泌。

我们知道，人处于清醒状态时神经系统在正常运行，神经细胞的连接也属于正常状态，此时的神经系统属于闭环系统。神经系统处于休息（睡眠）状态时，部分神经细胞会收缩，随之而来的神经细胞之间的连接增大，致使这部分神经细胞中的递质传递受限，信息传递也就遇到障碍，最后整个神经系统无法完成闭合，人就进入休眠状态。同时汇集处理部与各个分部的主通道连接关闭和各个分部之间的辅通道连接关闭也可以使人进入休眠状态。抑制素主要的作用是抑制信息传递，当抑制素分泌达到一定程度时，足以抑制神经细胞之间传递信息时，人就会进入睡眠状态。进入休眠状态时神经系统对输入信息无法进行反馈，从而无法控制信息，结果导致此时的神经系统属于开环系统。

睡眠分为深度睡眠和轻度睡眠。深度睡眠是因绝大多数神经细胞无法正常工作导致人进入休眠的状态。轻度睡眠是基于部分神经细胞尚处于工作状态，但是汇集处理部与各个分部的主通道连接关闭时人进入休眠状态。

神经细胞为什么会收缩？如何收缩？这属于神经学的范畴，我们不做深入的探讨。我们需要知道的是，神经细胞收缩的主要目的，是通过收缩将细胞代谢物排除出细胞外，代谢物会进入循环系统，最后被排出体外。腾出空间以后，神经细胞还会再吸收新的物质和能量进入细胞内，这时，细胞再次复原，恢复成原来大小。这一出一进完成神经细胞的新陈代谢。这个和我们刚刚所做的红烧肉一“吐”一“吸”的哲学思想类似。

在人进入深度睡眠过程中，神经系统处于休息状态时神经细胞只是停止信息处理工作，其能量补充的工作并没有停下来。就好比开枪一样，开枪的时候，主要工作是把子弹发射出去，但是，子弹发射完毕以后，就要停下来休息，因为要装子弹。只有把子弹装上才能再次发射。大脑休息的时候正是神经细胞补充营养和能量的时候，就是为了在工作的时候有充沛的动力。

在人进入轻度睡眠过程中，神经系统处于休息状态时，只是汇集处理部与各个分部的主通道连接被关闭。但是，在汇集处理部和各个分部的内部神经细胞并没有停止信息处理工作，仍然在运行，这就是做梦，其工作的主要目的就是加强记忆，关于这一点我们将在有关梦的章节中详细阐述。

我们会有这样的体验，就是在睡眠充足的前提下早上一起床，都会觉得自己精神气爽，思维敏捷。接下来去工作，大脑在连续工作十几个小时以后开始变得不好使了，没有精神，思维混沌，一团糟，效率下降。这就是因为早上我们的神经系统能量充沛，“子弹”充足；经过一天的冲锋陷阵，能量消耗殆尽，子弹打光了，所以累了，需要休息补充能量，装子弹。

神经系统处于休息状态时主要表征为睡眠，因此，我们主要以睡眠来展开讲神经系统处于休息状态。神经系统休息的主要表现是睡觉，一般是指人类睡眠，是人类不可缺少的一种生理现象。在人的一生中，三分之一的时间被睡眠占据。因为，睡眠的过程就是神经系统补充能量的过程，因此，睡眠质量好坏与人体健康与否有密切关系。

可是一个人如果不睡眠行不行呢？这个问题困扰了我们很长一段时间，科学家一直想要找到能彻底解决这个问题的答案。

每个人的神经系统在运行了一天之后，都要美美地睡上一觉。人要睡觉是一种生理需要，是大脑神经活动的一部分，是神经系统获得能量和递质的必经程序。睡眠对每一个人都非常重要。因为，神经系统在工作的时候需要大量的能量和神经递质，如果没有补充充分，那工作就受限制，所以从某种意义上说，睡眠的质量决定着生活的质量。当神经系统能量和递质消耗殆尽的时候，人就会睡觉。人们在生活中，神经系统中的能量和递质有时充沛，有时缺失。睡眠是为了保护神经细胞，以便让它能量充沛和递质充足，让人们继续工作。

我们将在后面的章节中讲记忆与神经递质的关系，而睡觉同时又是神经递质合成的重要阶段，因此，睡眠与神经系统的记忆有着非常重要的关联。

我们经常会问睡眠到底有什么用？答案是：为了“明天”。这里的明天是形容更好的意思。

首先，帮助我们节约能量是初阶原因。

从进化的角度上来说，睡眠最开始可能只有一个简单的功能，当输入的能量不足以维持连续活动时，就需要节约能量，这就是为什么几乎所有的动物都是需要睡觉的原因。随着演化的过程又不断被赋予了新的使命，就好比当初手机是被发明用来打电话的，伴随着科技的进步，我们逐步开始使用手机来拍照、上网、发邮件和聊微信等等。睡眠不是哪一种动物所独有的现象，连细菌也有着昼夜和活动规律。因此，最原始的作用往往适用于最广泛的物种的好处很可能就是储备能量。

只要是在资源稀缺或者是经间歇性稀缺的环境中储备能量功能很可能是所有物种都会形成的基本功能。几乎所有的动物都会在一天中的特定时间段表现出较高的效率，其他时间则相对较低。睡眠时，哺乳动物体温会下降一点，肌肉活动和脑力活动会大量减少，这能节省不少能量。在工作效率不高的时候睡眠可以帮助我们节约能量，这对于在资源稀缺的年代在温饱线附近挣扎的动物和原始人类是性命攸关的事情，这就意味着可以生存得更久。在食物匮乏的季节，动物们会通过延长睡眠时间来保存能量，处于高寒地区的棕熊冬眠就是为了利用长时间睡眠来保存能量。

随着进化的推进，某些物种摆脱了温饱线的束缚，不再对终日为了填饱肚子而奔波，比如迁移到热带地区的熊，因为食物充足，就不需要用冬眠来保存能量。人类的睡眠应该就跟保存能量有关系，但是除了帮助节约能量之外，睡眠对人类还有其他更重要的意义。

其次，释放代谢物、补充能量和神经递质是中阶原因。

在人类大脑活动大步提升的今天，神经系统的复杂程度已经不能用烦琐来形容。这么复杂的系统，其运行需要的能量和神经递质，如果在白天神经系统正在工作的时候补充，那么会造成功能和信息紊乱。这就是为什么如果睡眠被剥夺，我们的身心会感到非常疲惫和难受，缺少能量和神经递质的神经系统工作效率就会大大降低。所以，睡眠有助于我们的身体和大脑进行补充能量和自我修复。睡眠有助于身体健康，其间会促进神经递质的合成，睡眠也有利于大脑清除代谢废物，让大脑更高效地运转。睡眠不足往往给我们的身体和大脑带来缺乏营养补充、代谢失调等多方面的危害。

再次，释放生物电波、清理存储空间是高阶原因。

神经系统在工作的时候会接收大量的信息，这些信息在神经系统中会占据大量的存储空间，而记忆又是我们应对复杂生存环境的基础。这个时候，将没有用的信息清理出去，有用的记忆信息进行加强就变得弥足珍贵。睡眠就可以起到这样的作用，即清理无意义的记忆信息，加强有用的记忆信息。睡眠不足的人在记忆力任务中通常会表现不佳。相反，如果让学习的人学完一些知识后早点去睡觉，或者只是打个盹，他们的记忆通常都会得到提高。因此给学生们的建议是：没有好的睡眠就没有好的记忆力，要在充分休息好的状态下学习；还有就是，睡前复习的记忆效率要高于其他时间段。

从微观角度来看，白天，我们的神经系统工作和记忆的主要作用就是强化突触连接，产生神经递质进而促进记忆，这就是神经系统工作时的状态。但是，随着时间的推移，如果我们不去控制，那么我们神经系统中被占用的突触连接会越来越多，而神经系统的神经细胞的数量却不会剧烈增加。如果任由这种占据突触连接的情况不断增长，那我们的神经系统可能会因为不堪忍受持续不断的超负荷活动而瘫痪。因此，神经系统需要在增强某些突触连接的同时削弱其他不必要的连接，以便为以后的存储工作提供必要的空间。这种削弱的过程通常发生在睡眠期间。在清醒状态下增强突触连接，在睡眠中削弱不重要的突触连接，这两种效果相得益彰。这也是睡眠促进记忆的最主要原因之一。

总之，睡眠作为动物们普遍共有的一项生命活动，它的早期功能可能仅仅是为了帮助生命体节约能量。伴随着进化的进行，物种遇到新的机遇和挑战，“大脑”不断演化，睡眠也不断被赋予新的使命。对于人类而言，通过睡眠来保存能量可能已经不是那么必要了，恢复大脑的状态和帮助巩固记忆已经变成了睡眠的主要功能。或许，随着科技的进步，大脑的修复和记忆的巩固等功能今后可能也会不需要睡眠来执行。

打哈欠是提醒我们睡眠不足的第一个标志。如果一天一宿没有睡觉，人类的反应时间将会变长，眼皮变得越来越重，并开始犯困。这就是神经细胞急需休息的表现。

学龄前的孩子每天的睡眠时间须达到11个小时，小学生是10个小时，初中生是8个小时，高中生是7个小时。如果孩子睡眠时间过少，不利于神经细胞之间突触的形成，也不利于神经细胞的修复，更不利于记忆的保存。所以说，磨刀不误砍柴工，保证孩子的睡眠是学习的前提。

失眠是指神经系统对休息时间和质量不满足并影响工作状态和功能的一种主观体验。失眠就是人体神经系统的一种非正常状态。

接下来我们谈一谈人是如何从睡眠状态中苏醒过来的。在苏醒的那一刻，我们的神经系统需要完成一系列复杂的转换：神经细胞通过一晚上的休息逐渐恢复到正常状态，可以正常传递信息；抑制素被代谢完毕；汇集处理部与各个分部进行主通道接通，确认主意识、潜意识和暗意识正常；各个分部与感官组织进行辅通道接通，确认各个器官组织正常，例如，四肢是否有直觉，是否可以行动自如等。这些动作的目的只有一个，那就是完成神经系统的闭合，当神经系统完成闭合，这一系列确认都是从神经系统对信息的输入和输出来完成的，我们看见的事务、动动手脚等都是这种确认的一部分。

苏醒过来只分两种情形，一种是自然醒，一种是被唤醒。

神经系统处于睡眠状态时，部分神经细胞会收缩，随之而来的神经细胞之间的连接增大，致使这部分神经细胞中的递质传递受阻，信息传递也就停止运行，最后整个神经系统无法完成闭合，人就进入睡眠状态。而当神经细胞通过几个小时的休息，已经充分地补充了能量，这时完成新陈代谢、补充能量后的神经细胞慢慢膨胀，恢复到原来的样子。随之而来的神经细胞之间的连接缩小，致使这部分神经细胞之间的递质传递恢复正常，信息传递也就可以开始运行，这种由内而外的作用会导致汇集处理部与各个分部的连接主动接通，最后整个神经系统完成闭合，人就进入自然清醒状态，这就是自然醒。

我发现，岁数越大，自然醒的时间也越来越早。这种状况的产生可能是因为随着年龄的增长，突触连接逐渐减少，所以可以连接的神经细胞也在减少。在这种情形下，大脑需要修复的时间就短，睡眠也就自然减少。

神经系统处于睡眠状态时汇集处理部与各个分部的主通道连接关闭。被唤醒是因为外界刺激信息输入达到一定程度，在总和作用下，神经细胞发生应激反应，中断休眠状态，导致汇集处理部与各个分部主通道强行建立连接，汇集处理部与各个分部的信息传输和反馈不受限制，这个时候的神经系统在正常运行，神经细胞的连接也属于正常状态，此时的神经系统属于闭环系统，这就是被唤醒。被唤醒是由外而内的作用会导致汇集处理部与各个分部的连接主动接通，最后整个神经系统完成闭合，人就进入自然清醒状态。在睡觉的时候被梦惊醒也是一种被唤醒，只是这时唤醒的信息源来自神经系统内部而已。

大家可以回忆一下自己小的时候都是怎么被叫起床的。在我的印象中，我小的时候每天上学都不是自然醒的，而是被唤醒的，尤其是在冬天的时候，根本就不想起床，有时候为此还要挨打。但是我上学却很少迟到，那个时候叫醒我的，并不是闹钟，而是我的父母。

第二章　信息输入

———

不知道是什么时候，我们突然发现信息进化和人类神经系统的进化是同步在进行的，虽然我们关注得很少，但是信息的输入如此重要，以至于我们可能需要更多的关注。如果说感官组织在输入信息，那么本章的内容更多的是关注各个感官处理部所从事的暗意识的工作。这种暗意识最大的特点就是不被主意识察觉，默默地进行。

———

第一节 信息输入就是暗意识的世界

探索世界的关键不在于你知道多少，而在于你不知道多少。

“盲人摸象”的故事大家从小学就开始听，应该都很熟悉。故事的大概内容就是几个盲人摸到大象身上不同的部位，摸到大象尾巴的人认为大象的外形像蛇，摸到大象腿的人认为大象的外形像柱子，摸到大象肚子的人认为大象的外形像墙。这个故事给了我们这样的启发，那就是现在的我们不能保证对客观世界的观察也是全面的，那么也就是说，从客观的角度来看，对客观世界的认识我们和那些盲人没有什么区别。今天我们之所以用这个故事来开篇是为了让大家接受一个很浅显又很普遍的真理：跳出我们的现实思维来看，我们其实都是“盲人”，我们接收的信息都不是真实事务的全面信息。

因为生理的缺陷，盲人只能通过触摸的方式去认知现实，盲人的这种方式有极大的局限性，导致结论与现实相差甚远。

普通人在认知现实的时候，虽然没有生理缺陷，但因为经验和视界的局限，得出的结论其实也往往与现实相去甚远。井底之蛙的寓言故事，原来是指井底的青蛙认为天只有井口那么大，多比喻人见识短浅，带有贬义。我们这里引用这个寓言故事是把它定义为“井底效应”，不是贬义，指的是由于受到客观条件的限制，人们所能感知的世界是受限制的。

如果我告诉你我们的世界可以像一幅素描图一样随意变换颜色，你会不会相信？一直以来，天空是蓝色的，云朵是白色的，雪是白色的，阳光是金色的，彩虹是五颜六色的……这些看似平常的世界，如果我们用怀疑的眼光去看，这些真的是我们真实生活的世界吗？非也。现在我们已经可以用科技的手段使得天空除了是蓝色还可以是绿色，云朵除了是白色还可以是红色，雪除了是白色还可以是黄色……科技可以让真实世界像一幅水彩画一样随意更换颜色。

在我们的波形时空，波是一种普遍的存在，因为人类眼睛只能感觉到可见光，至于红外光、紫外光、微波、无线电波等都是不可见的，这些波只有通过仪器设备才可以观察到。如果我们给机器人装一对只能看到红外光、紫外光的眼睛，那么这个机器人看到的天空应该就不是蓝色的，可能是黑色的，因为它们看不到可见光。那么我们可以得出这样的结论：这个机器人能看到的世界首先取决于你给它装了一个什么样的眼睛，而不取决世界本来是什么颜色的。

受井底效应的影响，人生来就接触到感官中的世界，认为世界本该如此，但是请一定要认识到这只是站在我们人类自己的角度看待世界，所有输入信息都是经过感官组织接收的。如果有可能，我们换一种类型的接收器官，那么我们看到的世界又是不一样的。比如人类听到的声音的波长范围也是有限的，大概在20至2万赫兹左右，超出这个频率，我们就听不到了。但是昆虫类因具鼓膜器官，其可听范围一般要比人更移向高音侧，那么我们听到的世界跟昆虫听到的世界肯定不一样。这就是为什么在有的动物眼睛里世界不是五彩的，而是黑白的，因为它只有一双只能接收黑白信息的眼睛。

我们现在可以通过科技的力量慢慢认识到一些我们感官接触不到的

世界。例如利用红外线、紫外线、微波辐射的原理等探索宇宙。但这不是结束，这只是开始，还有很多很多未知领域等待我们去探索。

在我们这个世界，自然界大多数的生物如果想生存下去，核心是围绕着三件事情四处活动，那就是吸收、转化、积累和释放能量；接收、处理、存储和输出信息；繁衍后代。其中接收、处理、存储和输出信息就是由神经系统来完成的。信息输入是神经系统处理信息的第一步，在这里我们多花一点时间去了解什么是信息。

从宏观上讲，信息是对时空状态和变化的反映，是同一时空内事务之间相互联系和相互作用的表征，表现的是同一时空运动状态和变化的实质内容。所以，想要理解信息的概念，最核心需要理解的就是一个字——“变”。这个“变”字体现了信息的精髓。

如果我们把这个范围限定于人类社会，信息指人与人或神经系统之间传输和处理的对象，泛指人类社会传播的一切内容。人通过获得、识别自然界和社会的不同信息来区别不同事物，得以认识和改造世界。了解信息的主要目的是因为神经系统工作的对象就是信息。我们的神经系统每一天都在辛苦地工作，它们在忙啥呢？处理信息。信息在神经系统的表征就是生物电波和神经递质。

在研讨人类思想的道路上一直以来我们可能忽略了一个重要方向，那就是信息进化理论。我们可以想象一下，我们的电脑为什么可以一直升级？是因为我们要处理的信息越来越多、软件越来越大，需要存储的信息也越来越多。因为要处理的对象——信息在不断提出新要求，所以我们的电脑一直在不断升级换代。反过来看看我们人类，在没有语言的时代，神经系统无须预留这一部分区域处理语言信息；当语言出现时，神经系统就必须预留这一部分区域处理语言信息。因为在神经系统中这一部分区域是在专门处理语言信息，所以，其输出信息的质量会得到提高，伴随着整个人类的同类别输出信息质量的提高，我们有理由认为信息得到进化。这就是信息进化论基础，即人类的神经系统结构或功能的变化带来输出信息的升级。现在可以肯定地说，人类在数百万年前，人与人沟通的方式和大猩猩没有太大的区别，还只是会用叫声来传达信息。当人类在进化升级时，信息也在同步升级。

我们可不要忽略信息进化论，正是我们人类神经系统的模块进化理论与信息进化理论共同构成了人类意识的进化历史，二者缺一不可。大猩猩之所以不会说话除了有其自身身体内部结构的原因，也有外部的原因。

不知道大家对20世纪90年代还有没有印象？曾几何时，大街小巷的行人中，腰间的一个黑色小盒子里总会发出“滴-滴-”的声音，低头一看，一个小小的黄色电子显示屏上，会出现一个号码，于是，所属人立刻就近找一部电话按号码打过去。这就是曾经风靡一时的传呼机（BP机）。在那个时代，BP机可以说是身份的象征。

就在BP机风光无限时，手机悄然闯了进来，这可是对它生存的有力挑战。BP机所有的功能手机都具备，一切工作都可由手机来完成，而手机的功能却日新月异，除了打进打出电话外，发短信、计算、打游戏、上网、照相……不一而足，寻呼机越来越相形见绌……

于是，BP机很快就谢幕了，这既是个技术问题，也是个社会问题。BP机走入历史给我们带来什么样的思考呢？我们讲这个事例是为了说明从历史的进程来看，技术的进步使得产品升级流动起来。而如果我们从历史的长河中去发掘，我们似乎可以从人类的神经细胞中找到类似经历。

信息的范畴非常广，分类也特别多。为了更好地阐述观点，我们在这里只做一种分类，被神经系统输入信息可以分为两大类，一类是单一信息，一类是综合信息。

单一信息与综合信息是一对相对概念，它们之间没有特别明显的区分，只是为了以后我们更好地理解思维的过程所做的区分。我们将只有一个节点的简单信息称之为单一信息，例如“1”“A”“妈”“你”……多个单一信息的集合我们称之为综合信息。一个画面、一句话、一件事情等，这些都是综合信息。

我们举个例子，假设你有一个特大喜讯——要举办一个小型的生日会，这个消息你想用发手机短信的方式告诉你的朋友。你发出的短信通过手机信源编码转成了一个800比特的数据包，那么信息量就有800比特。然后把这800比特的数据包通过通信网络发送给了好几个朋友，很多人都收到了800比特的信息量。这里我们可以看到从数据的角度看1比特是单一信息，800比特是综合信息。从文字的角度看，“我”“过生日”“举办”“一个”“小型”“生日会”等是单一信息，“我过生日要举办一个小型的生日会”是综合信息。区分单一信息和综合信息的意义在于提升我们对思维的认识。例如，文字与你正在看的这本书的关系就是单一信息与综合信息的关系，相对于书，文字就是单一信息，书就是文字的集合。

人与动物的区别就是从对信息处理的量变开始的，其是一个从量变到质变的过程。这种变化并不是所有的量变就一定能引起质变，而是量变发展到一定程度时，引发质变。就像水从液态变为气态，加热提高温度只是引起质变的外部条件，水分子的主要热运动形式发生了改变才是引起质变的根本原因。

一直以来，我们都忽略了在神经系统中信息的重要性。我们来看一个汽车例子。同一部汽车，2.0升排量的发动机，假设你给这部车子加一个月的90号汽油到高速公路上跑跑，下个月再加98号汽油到高速公路上跑跑。然后比较一下有什么不同。同样的一部车，加的油不同，结果也会有一些不同。在神经系统中，信息就好比汽车里的汽油。信息输入的内容，其实对神经系统是有影响的，而且这种影响还很大。

为了便于沟通，我们集中明确几个概念。信息在不同的阶段，可以有不同的表现形式。信息在没有进入神经系统前我们统称为外界信息。信息在进入神经系统后我们统称为输入信息。信息被神经系统以生物电波或者神经递质的形式保存的，我们称之为既存信息。触点就是神经系统中感官细胞与外界接触的末端，包括内觉、视觉、听觉、触觉、嗅觉、味觉等系统中每一个感官细胞与外界所接触的每一个点，都可以叫作触点。

感觉可以理解为神经系统用生物电波或神经递质来诠释自己内部器官对外界所接收的信号。信息输入的过程包括生物电波形成、生物电波传输、分部暗意识处理、输入到汇集处理部形成主意识。信息输入涵盖了内觉信息、视觉信息、听觉信息、味觉信息、嗅觉信息、触觉信息的输入。

既然信息的核心是“变”，那么这种变化只要被感受器捕获，那就属于信息输入的范畴。由此我们一定要跳出原来的认识，例如，我们原来一直认为只有眼睛可以看世界，现在我们知道了信息的本质以后，通过特殊的装置和训练，我们也可以通过脸或者手等身体中的任何一个器官来“看”世界，只要这个器官具有感受细胞，就可以感受到外界信息的变化。

因为感觉过程中被感觉的信息经过了暗意识的处理，因此我们说信息输入不仅接收信息，也受到暗意识的影响，是暗意识对事物进行的初步理解和认识。

为什么我们能够感知到呢？

因为，我们身体上的每一个器官中的感知细胞都是外在世界信号的“接收器”，只要是在它接收的范围内的信号，经过某种刺激，器官就能将其接收，并转换成为生物电波信号，再经由自身的神经网络传输到大脑中的各个分部进行处理，在这个阶段形成暗意识。最后传输到我们思维的中心——“汇集处理部”中进行处理，形成主意识。在这个过程中，感官处理部处理信息都是在汇集处理部没有参与下进行的，所以我们才将这种各个分部处理信息的过程统称为暗意识。

如果我问你，你现在正在想什么，你知道吗？你可能会说：“我肯定知道我在想什么。”但是结果却是“未必”，你正在想什么，你正在思考什么，只有一小部分是你知道的，那就是主意识关注的内容。还有一部分是你似懂非懂、似知非知；或者是知道，但是不清晰，这就是潜意识；还有更大部分是连你自己也不知道，那就是暗意识。暗意识可以脱离于主意识独立存在。由于暗意识大部分产生于神经系统的各个分部，而非汇集处理部，所以在这一章我们所要阐述的重点内容主要围绕暗意识展开。

在我们人类还没学会思考世界之前的婴儿时期，神经系统就以特定方式开始“连接”并解读世界。婴儿能在听懂母语之前迅速获取并理解周围世界，这时的他们主意识还没有形成，但是我们不能说婴儿的大脑就是白板一块，他们的意识确实是存在的。如何在没有语言的情况下去领会这些成年人输送来的信息？如何从零开始去学习？如何开始关注？这些问题都指向一个方向，那就是在主意识形成之前，神经系统在干什么？例如，就算只有一两个月大，当你呼唤他时，他会有所反应。这说明婴儿必定是自己用一些意识去解决某些问题的，我们认为就是暗意识。因此，这样看来，暗意识是先于主意识而存在的。

如何理解暗意识对于我们以下的阐述展开很重要。大家都看过皮影戏，皮影戏是一种以兽皮或纸板做成的人物剪影以表演故事的民间戏剧。表演时，艺人们在白色幕布后面操纵，人物剪影通过灯光投影至幕布上。艺人可以一边操纵影人，一边用当地流行的曲调讲述故事，同时配以打击乐器和弦乐，有浓厚的乡土气息。皮影戏很精彩，虽然只有短短的几十分钟，但是背后倾注了艺人们大量的准备工作。我们一定要理解这种思想，那就是皮影戏能否成功上演的核心不是台上的几分钟，而是幕后大量的准备工作。

特别是活在现代社会，人们每时每刻都离不开各种各样的信息。手机、广播、电视、报纸、电脑等提供给你的信息，小到天气预报，大到世界局势，不管你愿不愿意，大量的信息不断塞进你的大脑，想想都可怕。每年世界上有几十万种新书出版上市，新增期刊近万种，发表的科技文献有几百万篇之多。另外，报纸、广播、电视和网络的普及，使信息数量激增。现代技术的应用也使信息的传播和更新速度加快，报纸每天出新的，电视24小时滚动播报新闻，手机消息随时刷新，大量的信息总使人目不暇接，眼花缭乱。我知道自己的胃的容量是有限的，当我们吃多了，胃会消化不良。那么，从理论上讲，大脑的容量也是有边界的，那么面对如此大信息的超量接收，人的大脑会不会患上“消化不良”呢?

答案是，我们的神经系统受到暗意识的调控就不会“消化不良”。

人的大脑接收信息、记忆力是非常巨大的，同时暗意识具备过滤信息的能力，将有用的信息输入到汇集处理部，将没有用的信息过滤掉。

因此，我们说暗意识具有巨大的初步处理信息的潜在能力。

暗意识最大的特点是其工作是在幕后进行的，从狭义的角度来看，它是由开环系统产生形成，我们的汇集处理部没有察觉。但是这种工作时时刻刻在进行，汇集处理部只是在时时刻刻“收割”这些处理部的工作成果。我们的视觉处理部、听觉处理部所做的这种暗意识活动最多，占用的空间也最多。我们所说的由开环系统产生形成是从各个子系统的角度来看的，因为汇集处理部就是一个闭环系统，对外界输入的信息可以做出反馈，而产生暗意识的各个分部却不能对输入信息进行反馈，只能加工形成暗意识以后输出到其他部门。这就是我们要关注的关键点，对外来说，暗意识作为意识的一部分是由神经系统这个大的闭环系统产生形成的；对内来说，暗意识是由各个分部这个开环系统产生形成的。

暗意识分为三大类：直通暗意识、自理暗意识和近途暗意识。

直通暗意识产生于信息输入之后，到达汇集处理部之前，由各个感官分部形成，构成了广义的信息输入的一部分。我们所有主意识得到的信息都是通过直通暗意识处理后输入到汇集处理部的，因此可以这样说，直通暗意识是主意识的前奏。我们看到的任何画面都是直通暗意识将视觉输入信息处理后传输到汇集部的结果。正是由于各个分部属于开环系统，因此，汇集处理部只能被动地接收各个分部传来的信息，各个分部只能是加工和处理信息然后向汇集处理部输出，不能直接对输入信息进行反馈。

自理暗意识产生于各个感官分部，其特点就是各个感官分部对信息自行处理，对主意识不构成任何影响。从我们一生下来开始，我们住过的每一个居所、到过的每一个地方、看过的每一本书、做过的每一个游戏等等，这些活动都会产生海量信息，而这些信息都会以输入信息的模式在神经系统里留下印迹。如果这些信息全部存储下来，会造成神经系统的崩溃，为此就需要各个感官处理部进行前期处理。这种前期处理的作用是不可替代的。同时在前期信息处理的过程中会留存一些不可磨灭的、微弱的印迹，这些印迹的积累会对每个人具有非常大的影响，注定了我们每个人是什么样的人，同时也在很大程度上决定了我们每个人为人处事和处理问题的方向。

近途暗意识是由于娴熟效应造成的结果，我们将不依靠主意识就可以执行的暗意识活动定义为娴熟效应。产生娴熟效应的核心原因跟突触连接有关。前面我们已经讲过双线机制理论，由于各个分部也是由神经细胞组成，并且其中的神经细胞分布情况大同小异，所以会形成主通道和辅通道的双线连接。而我们长期输入的信息比较固定，而输出信息也比较固定时，久而久之，就会形成一个相对固定的辅通道回路，这种辅通道回路形成后其通过的信息流直接运行，是不需要经过主意识去处理的，这样近途暗意识就形成了。前面小齐糊纸盒的例子中，我们就可以看到，通过长时间反复的练习，最终的结果就是，在小齐的神经系统中形成近途暗意识，即不通过主意识，信息输入和输出之间直接建立联系，做糊纸盒的工作。

我们关注近途暗意识，也是神经系统将同一类信息的反复输入和输出通过直接连接的方式，避开主意识参与的一系列行为，最终变成一种自动的惯常行为，这就是习惯形成的基础，这个过程被称为“近途化”。我们每天的生活很大一部分就是依靠这些近途暗意识支配，例如，每天早上起来用毛巾洗脸之前会习惯性地洗毛巾就是很简单的习惯，这一类习惯就不需要主意识去思考。

刚刚学会开车的新司机一上车就按部就班，教练怎么教的就怎么做，打开车门，系好安全带，调整好座位，把钥匙插进去，然后顺时针转动，调一调后视镜，查看有没有障碍物，接着把脚放在刹车上，挂上挡，脚从刹车上移开，同时控制速度并注意靠近的车辆。其中的每一步都倾注了我们主意识的大量时间和精力。

而开了十年车后的老司机，面对熟悉的汽车和习惯了的操作流程，每次开车系安全带、启动汽车、挂挡等这些操作几乎都不用去细想，也就是并没有经过主意识，这种惯常的开车必经的程序活动以习惯的形式发生了。在我们的城市里，每天都有数百万人开车上下班，他们能不假思索地完成这种复杂的活动，是因为当把车钥匙掏出来，他们的暗意识就开始工作，连接他们存储在神经系统中的近途暗意识，这一类有关的习惯直接会给执行处理部发出执行命令，一系列的动作都在主意识并不知情的情况下完成了。一旦习惯开始发挥作用，神经系统中的汇集处理部就会去进行其他的思维活动，这也是为什么我们可以一边开车一边观察周围情况的原因。

所以说，习惯之所以出现，是因为意识区块链模式的存在，各个分部可以独立地开展工作。如果让神经系统自由发挥，那么神经系统就会让几乎所有的惯常行为活动变成习惯，因为习惯能让神经系统提高工作效力。这种高效的工作模式还能让我们的汇集处理部腾出的精力和空间思考更多的事情。

现在看来，我们所感知的东西，都是在自己感官系统作用下采集的，神经系统中的感官处理部对输入信息的解读与破译形成暗意识，并输入到汇集处理部从而产生各种的感觉。

在讲这一感觉的变化，也就是人的主意识和暗意识对外在事物的一种二阶段处理过程的同时，我们也要注意各个分部的协同作用。协同作用指的是系统中不同的各体相互联系、相互配合达到一定效果的功能。在这里指神经系统中的各个子系统相互联系、相互配合达到一定效果的功能。大家可以去做这样一个游戏：游乐场里面一般都有一个人力的旋转木马，你可以拉着你的朋友去玩，一个人坐，一个人推，反复交叉多做几次，体会一下两者带给自己的体验。

各个分部将处理完毕的信息输送至汇集处理部是主意识形成之前的最后一步工作。汇集处理部在工作时采取唯一通道模式，而采取这种模式的方法就是控制主通道，确保信息进入汇集处理部不发生紊乱。当没有强烈刺激输入时，汇集处理部与各个分部的连接通道是关闭的，即“闸门”是关闭的。当汇集处理部预关注那个分部时就会与这个处理部建立通道连接，这时“闸门”就会打开，各个分部就会把信息发往汇集处理部。这就是我们神经系统的现状，无论外界有多少干扰，或者我们自己预想自己的大脑同时干几件事，最终发现都是徒劳的。因为我们发现，在同一时间，人的大脑只能想一件事情，或者是某一方面的事情。

我们再来说一个专有名词——信息失真。神经系统内部没有任何机制可以保证输入信息与经过各个分部处理后产生的新信息百分之百相同，因此出现差异就是必然，这就是信息失真。暗意识在处理信息过程中所做的工作就是处理感官组织接收的信息，由于主意识无法控制暗意识的运行，因此，暗意识会把信息处理到什么程度，我们无法掌控，由此造成的信息失真也就不可避免。

如果人的暗意识出了问题，或者不善于初步处理信息，以致在短时间内接收大量信息后直接输送给汇集处理部，而汇集处理部又来不及消化吸收，受繁杂信息干扰，人便会产生心理不适应现象，造成生理或病理改变。对于外界信息的输入，需要汇集处理部去综合、分析和判断，即“信息处理”。如果大量的信息输入汇集处理部而来不及分解处理，超过了神经系统的承受力，就会发生“信息消化不良”，造成大脑中枢神经功能紊乱，使信息利用者出现头昏脑涨、心悸恍惚、胸闷气短、精神抑郁或烦躁不安等症状，还会使思维及判断能力下降，消化功能紊乱，并可能殃及心血管系统，出现血压升高、心跳加快、心律不齐等情况，更为严重者可导致紧张性休克等疾病的发生。这些由暗意识处理信息能力的降低引起的结果，被称之为“暗意识障碍”。有时候我们会无缘无故地烦躁起来，这就是典型的暗意识障碍。关于这个问题，我们将在情绪的篇章里详细阐述。

暗意识对个人的影响最重要的一面体现在偏好上。偏好是人的暗意识中能够表现出来的比较稳定的特征，是由于某些神经细胞之间产生固定的突触而形成的。偏好具有自发性和随意性、自我中心的潜在价值取向、偏离“常规”的行为方式等。消费偏好也是如此，是由于某些神经细胞之间产生固定的突触而形成的，统称的表现为消费者对特定的商品、商店或商标产生特殊的信任，重复、习惯地前往一定的商店，或反复、习惯地购买同一商标或品牌的商品。这一类的偏好形成和我们前面讲到的习惯没有什么差别，这种类型的消费者常在潜意识和暗意识的支配下采取行动。

现代社会，在信息的传输过程中，科技起到推波助澜的作用，极大地方便了人们的信息交流。很多科技界的名人为此做出了大量的贡献，特别是开拓型的人物。例如任正非董事长，带领华为公司，为我们的无线移动通信技术的进步奉献了毕生的精力，值得我们学习。

第二节　痛并快乐着是我们的内觉

打破平衡的正是另一个平衡。

每天睡觉前我会拿起手机看一会儿短视频，有个视频让我心酸了很久。视频里，一个大男孩以优异的高考成绩被清华大学录取，清华大学的录取通知书设计得非常美，打开以后一个大学之门跃然纸上。那张珍贵的录取通知书背后藏着父子之间不能说的秘密。一年前，男孩的父亲被查出肝癌，为了不影响孩子备战高考，全家人决定一起瞒着儿子。而男孩在偶然看到父亲的诊断书之后，也决定瞒着父母自己已经知情的事实，并加倍努力学习。直到被清华大学录取，男孩才告诉父母，全家人都隐瞒的秘密，其实他早就知道了。男孩说："只有我能够承担起他们的责任的时候，才能算是回报。"夜晚总会降临，而太阳注定升起，我们更多的时候是在抱怨，殊不知别人承受的东西或许更多。

自然法则是我们这个时空内一切存在固有的基本规则。自然法则在我们这个时空广泛存在，例如物质是运动的，时空是平衡的，系统内的个体与个体、群体与群体是相互吸引的。

人体是一个有机的整体，这种整体观念就是具有统一性和完整性。我们之所以强调人体本身的统一性、完整性及其与自然界的相互关系，都是为了固定这样的认识，即人体是一个有机的整体。构成人体的各个组成部分之间在结构上不可分割，在功能上相互协调、互为补充、相互影响，处于一种平衡的状态。人体与自然界的联系也是密不可分的，自然界的变化随时影响着人体，人类在能动地适应自然和改造自然的过程中维持着正常的生命活动。这种机体自身整体性和内外环境统一性的思想即整体观念。

人体正常的生理活动一方面依靠各器官组织发挥自己的功能作用，另一方面则又要靠器官组织之间相辅相成的协同作用和相反相成的制约作用，才能维持其生理上的平衡。每个器官组织都有其各自不同的功能，但又是在整体活动下的分工合作、有机配合，这就是人体局部与整体的统一。在以前我们总认为，人体这样的一个平衡被打破以后，身体就出了问题，就会生病。现在这种认识可能需要再上一个台阶。

我们应该确认这样一个共识："打破平衡的正是另一个平衡。"

当人的身体出现问题时，内觉就会出现。内觉发自于人的自身，是引发内觉的刺激被内觉感受器官接收并发出传导至中枢神经、使人产生感知的过程。内觉是人类最原始的本能，基于神经系统是一个闭合的平衡系统，因此内觉是这个平衡系统的一部分，当这种平衡被打破时，内觉就产生了，它最基础的作用是感知信息，从而让神经系统做出反馈以保护人类免受伤害。例如，某人吃到变质的食物破坏了消化系统内原有的平衡，造成的结果就是肚子会痛，它提醒大脑对潜在的伤害做出反应，那么疼痛是提醒其这个食物对其身体不好，不要再吃了。

内觉是遍布人体内部的感受细胞为了保护自身建立的防御系统，这种防御是从神经系统的角度出发，去感受危险，从而让身体做出反馈。所以，内觉虽然属于神经系统的范畴，但是其主要的功能不是传输和处理信息，而是获取与身体状态的有关信息，然后促使身体做出反馈，就像人体内的免疫系统一样，内觉也是为了保护自己应运而生的。为了深入地了解内觉的形成过程，我们将内觉分为九感，包括痛、饿、渴、乏、酸、麻、晕、方向感、平衡感等。

内觉是人体作为一个有机整体自出生时就携带的初始机能，就像新买的手机本身带有操作系统一样。一个刚刚出生的婴儿，既没有思想，也不会说话，但是他有内觉，当他饿了、渴了、困了都会有反应，那就是哭，所以内觉是人的本能。就算没有意识，内觉也会存在。

疼痛是最常见的内觉之一。疼痛也是人的主观感觉，是与实际或潜在的组织损伤相关联的不愉快的感觉体验。我们不妨简单地定义，疼痛就是当受到伤害，或是将要受到伤害时，身体向大脑发出的反馈信号，好让人及时做出反应。既然疼痛是神经系统的感觉体验，那么就需要占据神经细胞资源，这种占据是不以人的意志为转移的，我们可以做的就是让其少占据资源，这样可以减少疼痛感。跟普通感觉神经细胞一样，痛觉神经细胞位于外周感觉神经中。它们的细胞体处在脊柱内通向外周神经的背根神经节中。正如我们之前提到的，痛觉感受器不是从特定的末梢，而是从任意神经末梢中感受疼痛的，比如感受触觉或者压觉的末梢中。

接下来，让我们看看身体中的痛觉通路。双线机制在疼痛的过程中是得到运行的，疼痛的信息达到了大脑时，一路信号传输至汇集处理部，另一路信号自脊髓向下传递到运动神经细胞。这些信号会使肌肉收缩，让手离开正在产生疼痛的地方。双线机制表明影响疼痛的神经主通道和输出通道的存在。

大脑也可以影响疼痛知觉。从受创部位传来的疼痛最终消失，或者减缓到较低强度，如果有意识地转移注意力，不去想疼痛，那么它也将不那么明显。疼痛信号可以激活某些神经系统通路，引起心率和血压上升、呼吸加快，并且出汗。这些反应的强度取决于疼痛的强度，而这些反应也可以被大脑抑制，止痛药就是利用这种抑制原理止痛的。思想、情绪和神经“线路”也会影响上行和下行疼痛通路。因此，生理的和心理的众多因素都会影响疼痛知觉。

饿很容易理解，就是身体内营养物质缺乏而引起的不适的感觉。其引发因素有胃排空后的收缩，血液中某种营养物质（如血糖浓度）的减少，被内觉处理部感知。内觉处理部再通过神经传导电信号和神经递质（饥饿激素），传到汇集处理部，使人产生饥饿感。

问大家一个简单的问题，大家都知道胃可以分泌大量胃酸来消化食物，胃酸的腐蚀性那么强大，那胃为什么没有把自己消化掉呢?

结论就是，我们的胃除了消化食物，也在“消化”胃自己，胃的表面有一层膜，会随同被消化的食物一起被消化。所以胃壁细胞经常更新，老细胞不断从表面脱落，新细胞取而代之。胃黏膜层随时都在更新。饥饿感就是来自我们的胃在消化自己时对神经细胞的刺激，这种刺激被传输到大脑后，饥饿感就会产生。

水乃生命之源，任何有生命的物种都需要水，地球上所有生物的诞生、成长、生存、进化及健康繁衍都离不开水，对生物而言，水是前提，一切生命都离不开水。

人体系统是一个平衡的系统，在人的身体中百分之七十是水，当水缺乏时，就会有渴的感觉产生。渴包括口渴与体渴。口渴与体渴含义不同，口渴是外在的表现，这种表现会被主意识察觉。当这种需求被主意识察觉后，只需喝少量的水即可解渴。而体渴是内在的饥渴，这种表现不会被主意识察觉，只有可能被暗意识察觉。当这种需求被暗意识察觉后，虽然主意识察觉不到，但是我们的身体会有一些反应，必须补充足量的水才能缓解。因此，身体是否缺水不能以口渴为衡量标准，为了保持身体平衡，平时我们应经常补充水分。

口渴是人体水分失衡后细胞脱水已经到了一定程度时，主意识发出的补水要求信号。口渴才喝水，就等于农田的泥土已经龟裂，这时农作物已经受到影响再去灌溉一样，不利于身体健康。人体在缺水的情况下，机体会本能地先通过自身调节，保持体内各个组织不缺水分，即在一定时间范围内不感到口渴。当人体感到口渴时，体内已出现“水荒”告急现象，缺水已使体内代谢和补偿功能失去平衡。

神经细胞缺水，最主要的结果就是幻觉的出现。为什么会出现这种情况呢？答案要到本书讲述神经细胞内容的第一章节中去寻找。在那一节中，我们讲到的神经细胞具有收缩性。神经细胞在正常情况下不缺水时是饱满的，这时期可以正常工作传递信息。当人体缺水时首当其冲的就是身体内的细胞缺水，这里的细胞也包括神经细胞。当神经细胞缺水时必然导致的结果就是收缩，神经细胞收缩以后，依据其收缩的程度不同，就会给信息的传递带来不同的影响。轻度缺水，可能的结果是身体内自行调节，对神经细胞的运行没有什么影响；中度缺水就会带来一定的影响，例如反应迟钝等；重度缺水对神经细胞的影响是致命的，它会造成人体出现幻觉和昏厥。因为细胞极度收缩以后，神经递质就不能完成以前固定模式的传输，有可能出现无序的随意流动，所以才会产生幻觉。

乏就是累了。人体细胞经过一天的运行，不管从能量消耗的角度，还是从废弃物排放的角度，都会出现新陈代谢方面的问题。当这些问题出现的时候，唯一解决办法就是休息，让细胞得以恢复原状。神经细胞也是一样，经过一天的运转，消耗了很多能量，特别需要说明的是，神经细胞还产生了很多神经递质，这些神经递质需要大量的能量，同时也产生了一些废弃物，这个时候就需要补充能量，消纳废弃物。所以这时人就会产生疲惫感，神经系统的工作效率会大大降低。神经系统采取的办法就是休息，让神经细胞补充能量，消纳废弃物，为下一次正常运行提供物质保障。

酸的感觉太过于痛苦，以至于找不到什么词可以来形容这种感觉。因为不管是痛也好，痒也好，随着时间的推移会发生变化，但是酸是一种持续的状态，这种状态用“痛不欲生”来形容都不为过。

麻的感觉每一个人都应该体验过了，坐久了，或者一个姿势保持久了就会有麻的感觉；重重的击打神经也会产生麻的感觉。

方向感的本质是对方位的认识，是人体对物体所处方向认识的一种思维活动，如对东西南北、前后左右等方向的感觉。很多人方向感并不很明显。

任何事物的运动都是对空间占有的转移，这种变化的信息被神经系统接收就是人对空间的认识。当你到一个陌生的地方或城市，如果没有了方向感，那么你会从心理上感觉无所适从，这种无助感是与以前生活在自己所在的地方产生的熟悉感相对应的。这个时候的方向感更取决于对一个空间的第一认识，也就是要具备良好的方向感能力。

我们都有过乘船出行的经历，由于水面有波浪，使得船只来回摇晃。当我们再次踏上陆地后，就会有站不稳和轻飘飘的感觉，好像还在船上一样，这种摇晃的感觉通常会持续一会儿或更久。这种感觉跟我们在原地转圈，转的时间久了以后突然停下来的感觉差不多。这种状况的出现就是由于失去平衡感造成的。

大多数时候我们闭着眼睛也能够走路就是平衡感的功劳。平衡感信息的生成来自人身体内部的某个维持平衡小的分部产生的暗意识。这种类型的小分部还有很多，虽然只是一个很小的分部，但是有时候作用却很大。有时候这些暗意识需要主意识去调整，例如，你坐在停稳的火车上，透过窗户看到旁边另一列火车开动了，那么恍惚间你会觉得是自己乘坐的火车在后退。而事实上，你所乘坐的火车还待在那里，并没有动。这就是典型的暗意识处理信息的结果。在整个过程中，你视觉处理部接收到的输入信息是周围很大一部分物体在运动，根据以往的既存信息，你乘坐的火车就是在后退。所以说，暗意识处理信息依赖的是既存信息和既有的渠道。此外，随着人类年龄的增长，身体的平衡感受器系统逐渐老化，肌肉的力量和灵活性降低，老年人会更容易失去平衡，容易摔跤。

第三节　不要完全相信你看到的一切

不要百分之百相信你所看到的一切，因为有时所见非所实。

根据研显究示，大分部人

不道知的是，中汉国字的

序顺并不一影定响阅读

这是从社交媒体上截取下来的一段文字，大家用十秒钟看完以后会肯定地回答，在第一眼看上去的时候，它是没有什么问题，意思表达非常明确，读者也非常正确完整地获得了信息。但是大家仔细观察以后，会发现其文字颠倒、逻辑不通。

这个案例告诉我们以下两点：

（1）视觉信息输入不是点对点直接输入。

（2）信息到达汇集处理部前有其他组织提前参与和处理了被输入的信息。

通过这个小小的试验，大家是不是慢慢地体会到暗意识的强大了？我们之所以能够不假思索地快速读懂上面这一小段话的意思都是拜暗意识所赐。暗意识在主意识之前就已经做好前期的处理工作，所以主意识才能这么快速地读取信息。但是如果要对上面的文字进行纠错，我们不可能依赖暗意识，必须得依靠主意识。

视觉是可见光作用于神经细胞，使其感受细胞兴奋，其信息经视觉处理部加工后输送至汇集处理部产生知觉的过程。通过视觉，人和动物感知外界物体的大小、明暗、颜色、动静，获得对机体生存具有重要意义的各种信息，人类的大多数外界信息是经视觉获得，视觉是人和动物最重要的感觉。

可以这样理解：视觉系统分四部分。

（1）折光系统（角膜、房水、晶状体和玻璃体）。折光系统的作用就是将可见光的部分的光通过折光系统在视网膜上成像。

（2）视网膜（感光细胞）。视网膜的作用就是将可见光转化为生物电波信号。

（3）视神经。视神经的作用就是将生物电波信号传入视觉处理部。

（4）视觉处理部。视觉处理部的作用就是将生物电波信号进行加工并将加工后的生物电波信号传入汇集处理部。

以上这些，生物课上大家已经学习过，我们就不重复了，我们重点关注的是视觉处理部对信息的前期处理。

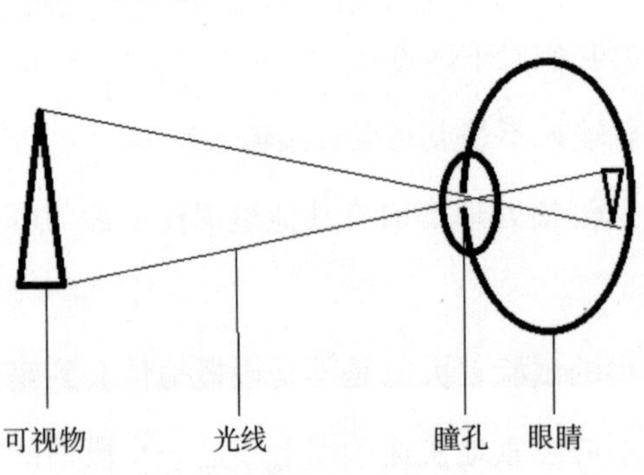

图2–3–1

通过图2-3-1，我们可以肯定地说，视神经将外界世界信息传入视觉处理部时的信号还是倒立的，但是，我们汇集处理部得到的信号却不是倒立的。结论只有一个，那就是信息在视觉处理部被纠正过。

现在我们可以确认，汇集处理部收到的视觉输入信息全部来自视觉处理部处理后的结果。因此我们可以这样推论，汇集处理部收到的视觉输入信息全部都是二手信息，我们看到的世界或许原本并不是这样的。

那么暗意识做了哪些工作呢?

我们可以来回顾前面那一小段话，这些信息在达到汇集处理部之前就被暗意识处理过了，这种暗意识的处理在我们身上无时无刻地发生。我们以前没有关注，并不代表其不存在。

最近看了一本书——大卫·伊格曼的《大脑的故事》，深受触动，书中一个案例可以很好地诠释暗意识所做的工作：

加利福尼亚大学的阿莉莎·布鲁尔（Alyssa Brewer）很想了解大脑的适应能力。为此，她给受试者戴上了将世界左右颠倒的棱镜双目镜，研究他们的视觉系统会怎么应对。

在一个美丽的春日，我戴上了棱镜双目镜，世界就翻转了——本来在右边的东西，出现在了我的左边，左边的东西则出现在了右边。当我判断阿莉莎站在哪儿的时候，听觉系统告诉我一个位置，视觉系统却告诉我另一个位置。我的感觉不再匹配。当我伸手去拿东西，我看到自己手的位置，跟肌肉告诉我的不一样。戴了两分钟棱镜双目镜之后，我汗流浃背，头晕目眩。

尽管我的眼睛照常发挥着作用，接收着来自外部世界的信息，可这些视觉数据跟其他数据并不吻合。这给我的大脑带来了艰巨的工作负担，就好像我正在从头学习怎样“看”一样。不过，我也知道，戴着棱镜双目镜看世界不会一直这么艰难。另一位参与者布赖恩·巴顿（Brian Barton）同样戴着棱镜双目镜，而且戴了整整一个星期。布赖恩似乎并不像我一样濒临呕吐边缘。为比较我们的适应程度，我邀请他参加烘焙比赛。比赛要求我们把鸡蛋打进碗里，倒入杯里和原料一起搅匀，接着把面糊倒进蛋糕模具，再把模具放进烤箱。

我俩的竞争，压根不叫比赛：拿出烤箱时，布赖恩的蛋糕看起来很正常，而我的面糊不是黏在台面上，就是倒在了烤盘各处。布赖恩可以不怎么费力地在他的世界里穿梭，我却变成了一个废物，做每一个动作都要费尽心思。

戴上棱镜双目镜，让我体验到了平常隐藏在视觉处理过程背后的努力。那天早些时候，戴上棱镜双目镜之前，我的大脑能够利用它多年来的经验应对世界。但仅仅翻转了一种感官输入，它就没辙了。

为进步到布赖恩的熟练程度，我知道自己还需要再这样跟世界多互动几天：伸出手去拿物体，顺着声音的方向走，关注自己四肢的位置。等完成足够多的练习，在感官之间持续的交叉参照之下，我的大脑就能得到充分训练，在过去的7天，布赖恩的大脑就是如此。通过训练，我的神经网络会弄清楚不同的数据该怎样跟其他数据匹配起来并进入大脑。

布鲁尔报告说，戴几天棱镜双目镜，人们就能培养起一种新的内在左右感，知道如何区分新的左边和旧的左边，新的右边和旧的右边。戴一个星期，他们可以像布赖恩那样正常行动，同时丧失对新旧左右的概念。他们的世界空间地图改变了。戴上两个星期，他们可以流利地读写、走路、伸手拿东西，就跟没戴棱镜双目镜的人一样。在这短短的一段时间内，他们驾驭了颠倒的视觉输入。

大脑并不真正关心输入的细节，它只专注于弄清楚该怎样最有效地在世界里行动，得到它需要的东西。处理低水平信号的一切辛苦工作，大脑都帮你做好了。如果你有机会戴戴棱镜双目镜，不妨试试看。它揭示了大脑要付出多大的努力，才能看似毫不费力地生成视觉。

这个案例揭示了一个隐藏很深的客观事实，那就是暗意识其实做很多很多工作，只是以前我们没有关注到而已。

图2-3-2（摘自网络截图）

大家盯着图2-3-2中心的四个点看二十秒钟，然后快速查看天花板并眨眼。你看见什么了？显而易见你在天花板上看见的图像和书本上的图像并不是完全一样的。通过这个例子我们就可以知道，你在天花板上看见的图像就是暗意识处理后的结果。暗意识的这种处理行为，主意识是无法干涉的。

当我们碰到一个物体时，我们的主意识只花了很短的时间就接收到了这个物体的外形等特征信息。然而，就在这很短的时间里暗意识却做了大量的工作，这些工作虽然主意识没有参与，但视觉处理部大量的神经细胞却参与其中，蕴含着这些神经细胞的精致而复杂的暗意识活动，当这些暗意识活动持续半秒后主意识才会接收到这些来自暗意识加工后的信息。

每天只要是在清醒的时间，大量的外界信息会刺激我们的感受器官，但被我们的主意识关注或接收的信息只占其中很小的一部分。例如，每天早上，我们去上学或者去上班时一般都是坐同一路公交车，经过同样的道路，路过同样的建筑物，但是我们从来没有关注过公交车的车牌号、道路旁边种了多少棵树、建筑物的高度等等。

在任何时候，只要我心念一转，就可以意识到颜色、味道和感觉，想起一段忘却的记忆、一份情感、一种技巧、一个错误，甚至想到“意识”的多种含义。如果我犯了错误，又会变得具有“自我意识”。也就是说，我的情绪、策略、错误和悔恨都会进入我的有意识的脑中。然而，在大多数时候，诞生主意识的汇集处理部其实际空间是十分有限的。可以这样看，我们的汇集处理部同一时刻只可能有一组信息处于运行状态，尽管这种状态可能是由几个子成分组成的“信息组块”。就像我坐在桌前全神贯注地写这本书的时候，我的视觉处理部充斥着大量输入信息，有电脑里面的信息、手机里面的照片、办公室墙上的国画以及它们的形状和颜色。同时，我开了电脑音乐，听觉处理部内充斥着音乐，然而在我专注于写作的时候，所有这些干扰都只停留在无意识的背景中，大多数信息没有被输送至汇集处理部，这就是暗意识的功劳。

这里我们要引入一个名词——趋向惯性，就是神经细胞在长期处理相同类型信息过程中产生的维持状态的性质。视觉处理部长期处理视觉输入神经传输来的相同的信息就会形成趋向惯性，这种趋向惯性和突触有关，因为长期处理相同的信息，那么突触连接也会变得更牢固，所以当再次遇见相同的信息时产生惯性是一种自然状态，就像我们前面看见的情况一样。眼睛视网膜在成像的时候是倒立的图像，那么，视觉信息传输到汇集处理部的时候为什么不是倒立的呢？这就是我们的视觉处理部每天对同一类信息的前期处理的结果最终形成的固定模式。

暗意识在视觉处理部的工作还有很多。例如，你知道为什么会有“夫妻相”吗？其实，我们每一个人在找对象的时候都会遵循一个规律，就是会喜欢和自己长得比较像的异性。长有四方脸的人往往更喜欢有四方脸的异性，长有圆脸的人往往更喜欢有圆脸的异性。造成这种显现大多数就是拜暗意识所赐，因为我们从小到大，经常会照镜子，这样我们自己的外形信息会输入到我们的神经系统内。虽然你自己的主意识感觉不到，但是可以肯定的是，对于自己的面貌外形，自己是非常喜欢的，这种喜欢日积月累，根深蒂固，潜移默化地在影响着我们的暗意识。长大以后，当我们碰到一个和自己长得有些类似的人，其喜欢是发自内心的暗意识，这种喜欢不受主意识控制。

关于“视界”，即眼睛接收光刺激的时空界面，通常用来界定我们的眼睛所能观察得到的范围。

有时间大家一定要去看看《红楼梦》，这本书是文化史上的丰碑。我请大家不带任何目标和偏见地去看《红楼梦》，看完以后，大家来回答这样一个问题：你喜欢或者关注红楼梦里面的什么内容？服装、美食、建筑、诗词歌赋、音乐、某个人物、凄美的爱情故事？这个问题如果我问10个人，就会有10个答案。

这个例子告诉我们，暗意识在人们认识一种事物时起到的作用，往往有选择性地偏好。我们要阐明的就是，这种遴选机制，在信息输入过程中，需要加工处理的信息太多，如果每一个信息我们都不加处理地照单全收，那么我们的神经系统就会崩溃，所以诞生了信息的遴选机制。这种遴选机制就是由暗意识完成的，只是我们不知道而已，正所谓萝卜青菜各有所爱。同样的经典，每个人有可能喜欢不同的部分和细节，当然也有人可能完全不喜欢。这都是极其正常的，不应该因为自己的喜好，就认为别人的看法是绝对错误的。

虽然我们目前还无法用仪器测出暗意识是如何遴选的，但是我们可以通过遴选的结果判定，暗意识的遴选机制存在以下两个基本的原则。

首先是喜新厌旧原则，这一原则造成的原因应该来自神经系统的结构和功能。试想，我们每天接触的信息如果都是一样的，那么，在我们的神经系统内部需要用来存储的空间就相对减少，这时尚未利用的存储空间就有存储信息的需求；再加上我们前面讲过的近途暗意识的存在，当有熟悉的信息输入后就被近途暗意识分流，所以不管是主意识还是暗意识对于新信息的输入会投入更多的精力，对于非常熟悉的输入信息就会做分流处理。从这几个方面我们可以知道，喜新厌旧是在自然状态情况下发生的，也是必然的。

其次是既存偏向原则，存在这一原则是因为在神经系统内部以及存储了相关信息，当外部信息输入时，不管从处理的角度出发还是从存储的角度出发，都会受到既存信息的影响。我们来看一下图2–3–3，其可以用来解释既存偏向原则。大家观察过后体会一下，中间的长横线是否是平行线？然后可以用直尺比较一下。这说明暗意识中既存偏向原则在起作用。

图2–3–3

视商强调的是衡量一个人视觉能力的标准，这里的视觉能力既包括视觉器官接收光波的能力，也包括视觉处理部处理视觉信息形成暗意识的能力。为了解释清楚视商的内涵，我们用书法和绘画来做示范。

有人喜欢毛笔字、有人喜欢钢笔字，有人喜欢中国画，有人喜欢油画。那么书法和绘画到底好在哪里？为什么那么多人喜欢呢？还有一个问题是，为什么有时我们自己去参观书画展的时候，听见别人说这个书法好，那个画画得好，可是我们却一头雾水，怎么也看不出其好在哪里。到底书法和绘画的魅力何在？它们可以给我们带来什么？这是一个仁者见仁、智者见智的问题，没有一个统一的说法，也不可能达成共识。毕竟人的审美观不同，判断力也不同。在这里，我只是从哲学的角度谈谈视商对个人欣赏作品的影响。

从哲学的角度看神经系统的观察分三个层次：

（1）暗意识起决定作用的观察阶段。

暗意识的观察本质上就是外行瞧瞧热闹，就像当你看到一幅画时，判断它好不好的标准是第一次看见的感觉——喜欢不喜欢。暗意识的欣赏主要满足于赏心悦目的需求，属于比较初级的欣赏。

我们用中国的毛笔书法来举例，前提假设你并不是书法家，看见两幅毛笔字，一幅是写得非常工整的正楷字，一幅是非常潦草的草书。那么从第一观感上说，你就会喜欢那副正楷字，因为正楷字你既看得懂，也看着舒服；而那副草书给你的第一感觉不会太好，因为你既看不懂，看着也不舒服。这两幅书法作品在你第一次看见时的感觉就是暗意识在起作用，喜不喜欢，感觉舒不舒服都是与生俱来的，暗意识在你不知道的情况下已经处理过了这些信息，不会受到主意识的左右，因此我们才称它为暗意识的观察。

（2）潜意识起决定作用的观察阶段。

潜意识的观察就是对于以前见过的其他的书法，所以对书法有所了解，存有类似的信息，当你再次见到书法作品时就会有所比较，知道哪个比较好一点。潜意识的观察主要满足于熟悉的需求，是再次体验级的欣赏，这个时候如果你看见草书就不会觉得看着不舒服了。潜意识的欣赏属于中级阶段的欣赏。

（3）主意识起决定作用的观察阶段。

要对一个书法作品进行全面领略，从而获得完美的艺术享受，就必须进入主意识的欣赏，这种欣赏的前提是主意识要事先做功课，必须自己去写、去练习，去了解书法的难点到底在哪里，自己有哪些不足，并对书法有自己深刻的见解。当真正认识书法并彻底喜欢上书法以后，当再次看到一幅好的作品时，景象是输入信息和既存信息的共鸣，然后才能体会意境之美。因此，主意识的欣赏属于高级阶段的欣赏，主要包括理智方面的欣赏。

第四节 你不知道的听觉层次

不一样的层次、不一样的结果。

以下两句话，每句话的前后句虽除主语外文字都一样，但表达的意思却南辕北辙。

（1）国足谁也赢不了，国乒谁也赢不了。

（2）冬天能穿多少穿多少，夏天能穿多少穿多少。

我们先来了解一下听觉。听觉就是听觉器官在声波的作用下产生的对声音特性的感觉。其适宜刺激物是声波。声波是由物体的振动所激起的空气的周期性压缩和稀疏。听觉器官是耳。听感受器是内耳蜗管里基底膜上由听觉细胞组成的器官。物体发出的声音通过空气的传播，经外耳、中耳和内耳的传导系统，引起耳蜗内基底膜的振动，并由此激起听觉细胞的兴奋，螺旋器产生生物电波。生物电波沿着听觉神经传到听觉处理部，听觉处理部将处理后的信息传入汇集处理部产生听觉。

可以这样理解：听觉系统分四部分。

（1）振动系统。振动系统的作用就是将声源的振动引起鼓膜的振动。（2）螺旋器。螺旋器的作用就是将振动信号转化为生物电波信号。（3）听神经。听神经的作用就是将生物电波信号传入听觉处理部。（4）听觉处理部。听觉处理部的作用就是将生物电波信号进行加工并将加工后的生物电波信号传入汇集处理部。

声波有频率、振幅和波形的特性，由此决定听觉的音高（音调）、音响（音强）和音色（音质）三种不同的效应。人类听觉的一个重要特点，是听觉系统边界限束是一个很宽的动态范围。就声波的振动频率这个参数而言，人能听到的纯音为16赫兹到2万赫兹之间。对声波振幅（音强）的感觉，最低可为0分贝，最高可达到120分贝。每一个人听觉系统边界限束的个体差异较大，受年龄、环境等多种因素的影响。音乐听觉比较灵敏的人，能在钢琴的两个相邻键之间分辨出20～30个中间音来。人和动物根据物体的声音及其变化，可以辨别发声物体的性质及其方向和距离等。

我们注意到这样的现象，一般听力有障碍的人，都会出现语言障碍。这要从听觉的作用说起，听觉最重要的作用是接收声波刺激，输入听觉信息；同时听觉还兼有监测和校正自身发声的作用。听力障碍就不能接收言语信号，更没有自身言语反馈，所以它不能对自己发出的声音进行纠正，结果就是既聋又哑。

这就是我们在前面讲到的闭环系统问题的具体体现。听觉器官、神经系统与发声器官共同组成了一个系统，如果这个系统中的某一个环节出了问题，那么这个系统就无法完成闭环，系统的功能也就无法实现。所以，尽管聋人发音的结构是正常的，但是其中的一个环节断开了，造成没有反馈机制，对自己的发音没有校正，就会“哑”。

生物电波沿着听觉神经传到听觉处理部，听觉处理部自行处理信息的过程中形成暗意识。关于听觉处理部形成的暗意识我们会予以更多的关注，因为暗意识属于有效沟通的必要部分，汇集处理部的信息源很大一部分就来自这里。这一类暗意识对我们日常的工作、生活和学习起着非常重要的作用，潜移默化地影响着我们的思维。

人们常说：人之所以长了两个耳朵、一张嘴是因为我们要多听少说。倾听不是简单地理解为用耳朵来听，如果暗意识不加处理，那么我们每天从耳朵输入的信息就会让大脑崩溃，因为信息量太大了。因此，从这个角度出发，暗意识算得上是一门“艺术”。倾听不是被动地接收信息，它是主动处理信息的过程。

这里的“主动”是我们倾听时听觉处理部不仅仅是接收信息，也在输出信息。我们都错误地认为倾听就是神经系统在被动地接收信息，其实不然，倾听时听觉处理部除了在处理信息形成暗意识以外，还在向汇集处理部和其他分部输出信息，只是我们没有仔细地去发现而已。因为我们主意识并没有发觉暗意识。

这里需要特别说明的是，我们之所以要大家保持倾听，是从现实出发。因为主通道和存储空间的限制，我们的心又不能一心二用，所以在听别人讲话的时候，如果同时自己又说了很多话，那么这些输出就会占用神经系统的空间资源和通道资源，也就会降低倾听能力。

想要进行成功的沟通，我们必须要舍弃一些东西，那就是舍弃自己被倾听、被了解的需求，即使在最不情愿的时候。不过舍弃就有收获，别人完全地表达了自己，把心里的想法和烦恼都清理干净了，而我们的倾听能回馈给别人心灵上的安慰。别人作为回报，就更愿意听我们说话了，也急切地想了解我们。

倾听不仅仅是用耳朵来听说话者的言辞，还需要一个人全身心地去感受对方的谈话过程中表达的言语信息和非言语信息，这就需要利用到潜意识和暗意识的部分功能。初级的倾听是指凭助听觉器官接收言语信息，进而通过思维活动达到认知、理解的全过程；中级的倾听包括文字交流等方式。其主体者是听者，而倾诉的主体者是诉说者，两者一唱一和有排解矛盾或者宣泄感情等优点。高级的倾听是融合，包括主意识、潜意识以及暗意识都与输入信息高度融合，从思想上达成一致和感情的交融。

我认识一个上小学的男孩子，在学校看到另一个小同学表演“动耳朵”才艺之后，就回家问妈妈自己的耳朵为什么不会动。这位妈妈思索了一下，回答儿子说：“不可能，耳朵怎么可能会动？”男孩因为是亲眼看见自己的同学耳朵前后煽动的，所以他相信自己的耳朵一定也可以动。于是，男孩子回家对着镜子开始观察自己的耳朵，先是用咬牙带动耳朵的方法，不行；然后用脸带动耳朵的方法，不行。几十分钟后，小孩子的耳朵果然会动了一点点，因为小孩子赫然发现，耳朵原来是被头皮控制着的。接下来的时间，男孩子每天都对着镜子练习，一个月以后，他已经可以自如地煽动自己的耳朵了。我们讲这个故事的主要目的是让大家体会专心做事的重要性。如果我们每天抽出一点时间练习倾听，那么收获将会大大超出我们的想象。如果我们仔细听清楚了上司的要求，就可以一次性成功地把事情做好，这样我们晋升的机会就大了；如果我们倾听了前人的教诲，就不会走那么多弯路，也不会走错方向；如果我们听清了客户的需要，就可以按照他们的要求完成任务，不用反复地琢磨，可以节省时间做其他有意义的事。练习倾听，可以给我们带来很多的好处。因此，我们要保持高度的敏感，随着对方说话的重点，切换我们的思维意识。

作为有效沟通的一部分，倾听是第一位的，越是善于倾听的人，与他人关系就越融洽。我们大多数人都会把倾听看成是对对方的一种尊重，你能耐心倾听对方的谈话，等于在向对方输出这样一个信息——“你是一个值得我尊敬的人”，这种潜移默化的信息传送，对方是可以感觉得到的，他给予的回报就会更积极、对你的印象就会加分。就像平常我们在生活中会发现，越是“大人物”“名人”，在交际中越不会摆出傲慢的姿态，而是恭听他人哪怕是初次见面者的谈话，使对方对其的好感油然而生。他们这种愿意耐心倾听他人谈话的谦恭姿态，对于交际中想赢得好感的人是一个有益的启迪。所以，如果想得到更多人的尊重，我们就必须要学会善于利用我们的耳朵，做个懂得倾听的人，成为别人的一个忠实的听众；相反，如果别人说话时，我们不用心听，或者也抢着说，就会使对方失去说话的兴趣，敬而远之，以后也不愿意再和我们打交道了，慢慢地，我们也就变成了孤家寡人。

在我们的听觉处理部形成的暗意识都对我们产生了哪些影响呢？其实有很多，只是我们没有察觉到而已，例如，我们喜欢听某一类声音就是暗意识在起作用。如果要你现在就回答你最喜欢的歌是哪一首，第一时间你会想到哪一首歌？

我们在日常生活中会碰到这样的烦恼——代沟冲突。四几十岁的父亲与十几岁的儿子之间的代沟无法用语言来形容。有时这种矛盾会到了不可调和的地步，儿子觉得嘻哈音乐非常好听，每天都在唱，可是这在父亲看来就是糟粕，没有任何美感可言。父亲非常喜欢交响乐，可是在儿子看来，交响乐乏味无趣，不可理喻。再比如孩子的一些新奇服装、潮流发型或是网络语言，让不了解时代特点和时代观念的父母很难理解、接受，以至于他们会横加阻止等等。

听商强调的是衡量一个人听觉能力的标准，这里的听觉能力既包括听觉器官接收声波的能力，也包括听觉处理部处理听觉信息形成暗意识的能力。清楚了听商的内涵以后，我们可以用听音乐来做个示范。听音乐的时候，有的人喜欢注重歌词的华美、煽情。有的人则对曲调颇有喜好，有“好的旋律歌曲已成功一半”的说法。音乐的魅力何在？音乐能给我们带来什么？这是一个仁者见仁、智者见智的问题，没有一个统一的说法，也不可能达成共识。毕竟人的审美不同，判断力也不同。在这里，我只谈谈我个人的一点看法，仅供参考。

作为门外汉对于音乐知之甚少，但是这不妨碍我从思想的角度来分析神经系统是如何欣赏音乐的。神经系统欣赏音乐有三个阶段：

（1）暗意识的欣赏。

暗意识的欣赏就是一开始听到时的感觉——喜欢不喜欢，好不好听。暗意识的欣赏主要满足于悦耳（即好听）的基本需求，属于比较初级的欣赏。

例如，流行音乐在我们这个社会可以说无处不在，每天都可以接触得到。很多人都喜欢听流行歌曲，但是受众的群体也不太一样。年轻人充满活力，大都比较喜欢摇滚、流行、R&B等，年纪大一点的人大都喜欢爵士、古典等舒缓一点的音乐。这些音乐我们第一次听到时的感觉就是暗意识在起作用，喜不喜欢，感觉舒不舒服都是与生俱来的，暗意识在我们不知道的情况下已经处理过了这些信息，不会受到主意识的左右，因此我们才称它为暗意识的欣赏。年轻人喜欢流行音乐无可厚非，虽然它没有经过主意识的细致分析，但是这种快餐文化可以满足人们的暗意识对音乐的需求，这种需求是不需要理由的。不过有一点可以肯定，暗意识的存储空间有限，因此，暗意识的欣赏其结果是来得快去得也快。我们平常所说的快餐文化就是这一类型的代表。

（2）潜意识的欣赏。

潜意识的欣赏就是对于以前听过的音乐再次听到时的感觉。潜意识的欣赏主要满足于熟悉的需求，是再次体验级的欣赏。潜意识的欣赏属于中级阶段的欣赏，主要包括感情方面的欣赏。

有些音乐，我们听过一次以后还会想再次听，大家听到的流行经典就是这一类音乐。可以确认的是，人们喜欢音乐，很大一部分原因是音乐能与人的心情巧妙地结合形成默契，在不同心情下选择不同的音乐可以缓解内心的压力。一般情况下，我们高兴的时候会选择欢快一点的音乐。但是如果我们心情不好的时候，无论选择多么优美、多么欢快的音乐也不会感觉得到音乐之美，因为潜意识之中它就不能和听音乐的人达成默契。

（3）主意识的欣赏。

要对一个音乐作品进行全面的领略，从而获得完美的艺术享受，就必须进入主意识的欣赏，这种欣赏的前提是主意识要事先做功课，了解它、喜欢它，接下来是输入信息和既存信息的共鸣，然后才能体会意境之美。因此，主意识的欣赏属于高级阶段的欣赏，主要包括理智方面的欣赏。

我们重点来谈一下京剧。在100年前的中国，京剧家喻户晓，听的人很多，喜欢的人也有很多。然而时至今日，喜欢的人却日渐稀少，特别是年轻人喜欢的就更少。诚然，在一百年前，娱乐方式和娱乐设施匮乏，但这只是京剧受欢迎的原因之一，其流行的本质还是因为京剧本身！其实，现在大多数人不知道京剧到底美在哪里，是因为他们没有用主意识去欣赏，没有提前做功课，对于一个几乎一无所知的事物，自然谈不到欣赏了。

京剧之美，美在变奏；京剧之美，美在合韵。因此，京剧博大精深，典雅端正，却并不是叽叽歪歪、曲高和寡。京剧节奏从无定数，忽而四三拍，忽而四四拍，忽而二一拍，这种随时的变奏带来的好处就是调动观众的参与感，当你听到的东西和你自己想的东西合韵时，那种满足感是无法用语言来形容的。其次，欣赏京剧必须提前做一些功课，比如了解剧情背景，掌握一些基础知识，要有一定的文化底蕴，最终达到当你听到的东西和自己心里想的东西合拍后共鸣时，你就可以享受到京剧之美了。观京剧你可以感其神，听京剧你可以品其韵。总之，如果你说不喜欢京剧，那么，只有一个原因——那就是你还没有做好准备。

第五节　你闻到抽象的融合味了吗

无论你的鼻子有多么灵敏也闻不到自己嘴巴的味道。

我们小的时候，常常会被爸爸妈妈念叨："你是属狗的吧，有好吃的时候钻天打洞。"可以肯定的是，狗拥有大多数动物所没有的灵敏鼻子，嗅觉能力特别强大。狗具有强大的嗅觉能力是长期进化的结果，原因可能是为了寻找食物。

嗅觉本来是人类非常重要的一个功能，例如利用嗅觉"预警"，寻找食物，排除有毒有害的食物或者感受到周围环境的状况，甚至是危险的靠近等等。在寻找食物的过程中，闻到喜欢的味道便可以寻找到更多更好的食物吃；为了避开危险，嗅觉会让我们感到"厌恶"，比如食物腐烂就会发出难闻的味道，嗅觉会让我们远离这些食物。但是长期以来，我们利用嗅觉寻找食物，排除有毒有害的食物或者感受到周围环境的状况越来越少，甚至就从没用过，这些功能就慢慢地退化了。在挤占效应的作用下，人类的嗅觉功能慢慢变弱。

人类通过生活经验很早就正确地认识到，气味是人的嗅感受器对不同化学物质刺激的反应。进入我们鼻腔的是气态的物质，因而有气味的化学物质一般都是小分子，在常温下一般是气态或有较强的挥发性。人的嗅神经始于鼻腔的嗅黏膜。嗅觉神经细胞既是嗅觉的一级传入神经细胞，又是嗅感受器的接收神经细胞。嗅神经细胞从嗅觉处理部出发向下延伸至嗅黏膜。

可以这样理解：嗅觉系统分两个分部。

（1）嗅神经细胞。嗅神经的作用就是将信号转化为生物电波信号并将生物电波信号传入嗅觉处理部。

（2）嗅觉处理部。嗅觉处理部的作用就是将生物电波信号进行加工形成暗意识，并将加工后的生物电波信号传入汇集处理部。在这里主要形成关于嗅觉信息的暗意识，这种经过暗意识处理后的信息才是汇集处理部嗅觉信息的源头。暗意识虽然不被我们的主意识察觉，但是其时时刻刻伴随着我们每一个人。

如果你觉得嗅觉这个看起来似乎对现代人不那么重要的感观是可有可无的，那么你就大错特错了。如果可有可无，那么，我们的神经系统就不需要耗费如此庞大的资源来保障这种功能。在神经系统中，众多的资源参与形成嗅觉功能足以说明在人的进化历史中，它曾扮演过举足轻重的角色，同时也表明嗅觉的重要性和复杂性，只是我们尚未充分发掘和利用这一功能而已。

嗅觉的重要性我们可以做一个测试体会一下。如果捏着鼻子吃一种食物，我们的舌尖可以受到刺激，可以略微感受到食物的味道，但是却猜不到这是哪一种食物。这是因为鼻子的呼吸被堵，食物分子没有办法刺激鼻子的感官细胞，神经系统也就收不到来自食物气味方面的信息，于是就失去了分辨能力。这就是为什么我们在感冒期间吃什么食物都不香的原因。

嗅觉刺激可以引发我们的意识活动，使我们领略到食物的美味。同时，在自主神经系统调节下可以引发内脏反应，例如，因为物体的香味引发的流涎反应。外界气味分子接触到嗅觉感受细胞，引发一系列的酶级联反应，实现传导。嗅觉是一种远感，即是说它是通过长距离感受化学刺激的感觉。相比之下，味觉是一种近感。嗅觉是一种可以在一定距离内，感受挥发性气味物质的刺激的感觉。同样一个人，在不同的情况下，对同一种气味的嗅觉敏锐度也有很大的差异。气味通过嗅觉对人的身体产生影响，不同的气味对人体的影响不同，人体受到了不同气味的影响，人体的生命能量场就会发生不同的变化，人的生命能量场发生了不同的变化，人思考问题的方法和思考问题的能力就会发生改变，思考力的改变就会影响这个人对同一“人事”做不同的决策行为和做出不同的决策结果。

人类文明史虽然已历数千年，但对于气味的科学本质，依然没有完全解开。气味，就时时刻刻在我们身边，影响着我们的身体和心理。不同类型的气味，对人生命能量场的影响不相同。我们在日常社交的生活中总会提到一个名词——“气场”，其实很大一部分就是利用“气味”的能量场，在与他人进行交流时，能够在无形无色之中增强自己与他人交流的掌控力，也能够在无形无色中削弱他人的气场掌控力。

在人类的感觉系统中，嗅觉有一个特殊的地方，就是界限不清晰，具有模糊性的特点。例如，我们仔细地闻是可以分辨一些气味的微妙差别，但是却很难用语言把这差别表达出来。有时候我们在公园里散步，突然闻到一股鲜花盛开的香味，但是我们却很难用准确的词语来形容这种香味，是“芳香”“清香”“甜香”“幽香”，还是“醇香”？都可以，又都不准确。所以给人的感觉就是比较模糊，虽不至于相互混淆，但也没有确切指向。在我们意识中，往往只分辨得出花香或草香，再进一步也不过说出香味来源，譬如在中国十大名茶中，“西湖龙井”茶和“庐山云雾”茶的香味，如果我们不是专业人士就很难分辨得出来，在区别它们的时候我们一般是加上形容强弱浓淡程度的定语罢了。古往今来，很少有文章具体地把嗅觉讲得很详细，远远不及描述视觉或者听觉那么美妙。我们在第一章的时候就讲明了区块进化论的观点，从区块进化论的角度来看，嗅觉处理部这个模块在人类的早期起到了至关重要的作用，但是随着时间的推移，社会的进步，嗅觉就显得没有那么重要。因此，很多原本是嗅觉处理部的神经细胞被其他分部占用，嗅觉处理部的功能也就越来越萎缩。至此，人类的嗅觉功能就成为现在我们看到的样子。这不是人类自身的问题，是人类进化过程中的自然选择，如果把从感觉到意识视为一个延续的过程，那么对于气味的判断，应该形成于人类较早阶段，也就是说，主要停留为一种感觉的阶段，而没有开发嗅觉处理部形成更多的功能。

年轻人在恋爱中了解对方的手段更多的是通过触觉、听觉、视觉来完成的，因为那些看得见、听得着、摸得着的信息都是通过这样的渠道获得的。虽然嗅觉在恋爱中的作用，远不及触觉、听觉、视觉的功效大，但是嗅觉的感受性对异性伴侣的选择的产生有着不可否认的功能，有时甚至起关键性的作用。

每个人都有着固有的自带体味，这些气味自己常常闻不到，只有旁人才能够感受。除了固有的生理气息，由于生活环境、职业性质、工作条件的不同，人体往往会被外来的气味所掩盖，如吸烟者具有烟叶味；医务工作者身上有股药味；农民有股泥土气味等等。当然，这些外来气味，可通过洗涤去除，还原人体本来气息。如果不加以清洗去除，只要味道不是太浓，其本人也是无法察觉的，而外人常常能明显地感受到。女性使用的带有芳香的化妆品是比较常见的外来气味，这种香味可以吸引他人，而她本人并不理解她自己身上的香味有多么神奇。对于嗅觉，一般来说，女性比男性更为敏感，并且，女性身上固有的生理气味，也比男性的浓烈，其强度还会随身体内周期性的变化而改变。因此，女性更善于，也更需要使用香水。

从我的家到办公室走路大约需要30分钟，我每天晚上会从公园散步至办公室加班。在散步时经常会遇到这样的情形：一位女士匆匆从身边走过，迎面扑来一股比较浓烈的芳香，由于是在户外，所以扩散开来很好闻。于是，就会感到一种说不出来的舒服，令人心旷神怡。

然而，不良的气味也会成为爱情的障碍，因口臭、狐臭而使爱情告吹的大有人在，一些化妆品厂家和广告商，正是根据这一现象大做文章。在我们这个多元的世界，人与人的爱好各不相同，有人喜欢幽雅、清淡，有人偏重浓郁、强烈。萝卜白菜各有所爱，我们不能说谁的爱好就是高尚的，谁的爱好就是低俗的。不同时代、不同种族、不同个体对于体味的偏爱呈不同的。文明社会里的人，喜欢用香水、香粉来掩盖身体上自然的生理气味似乎是常见现象。

最近总是看到某某茶厂的虚假广告宣称自己是中国十大名茶，上网查询才知道，我们国家只在1959年搞过一次国家级的十大名茶评选活动，评选出来的中国十大名茶分别是西湖龙井茶、洞庭碧螺春、黄山毛峰、庐山云雾茶、六安瓜片、君山银针、信阳毛尖、武夷岩茶、安溪铁观音、祁门红茶。但是在我们周围的现实生活中，其他的各种报社、杂志等评选的十大名茶是数不胜数、不计其数，弄得消费者是一头雾水。

我们再来说一下茶叶的香味，茶香本质上就是茶叶里面的化学物质在适当的工艺下挥发出来的结果。茶叶根据树种、茶类、制作方式的区别分为九大香型：（1）毫香型，能够明显看到茶毫的茶，冲泡时所散发的香味，就叫毫香；（2）嫩香型，茶叶的一种鲜嫩香气，只要是用新鲜的嫩叶制成的茶都会有嫩香味；（3）清香型，加工过程中，人工干预较少，杀青、揉捻、发酵、烘焙不是很重的茶均会产生清香；（4）花香型，在茶叶加工过程中，会使很多茶产生仿佛鲜花的香味，比如人们口中的各种兰花香、玉兰花香、栀子花香、桂花香、玫瑰花香等。有这种特征的茶，都属于花香型；（5）果香型，有一些茶叶中会散发出水果的香气，如桃子香、雪梨香、柑橘香、桂圆香、苹果香等；（6）甜香型，甜香型也多存在于一些重发酵和烘焙的茶中，一般包括清甜香、甜花香、甜果香、蜜糖香、焦糖香等；（7）火香型，如果制茶选用的原叶成熟度比较高，在后期烘焙时需要的温度也会较高，烘焙时间较长，所以会留下独特的火香气，如米糕香、高火香、锅巴香等；（8）陈醇型，黑茶独特的发酵工艺使其茶味有别于其他茶的香气，并且存放的时间越长，这种陈味会越来越醇厚；（9）松烟香型，在茶叶干燥的工序中，使用松柴一类熏制而成的茶叶，都会带有松烟香。

在茶友的世界里，茶香没有定式的结论，也没有具体的描述，唯一的共识是“虚无缥缈、似是而非”。这就是我们所说的主意识和暗意识的作用，因为嗅觉处理部对这种香味的认定加入了主意识和暗意识的处理因素，所以问一百个人茶叶的香味具体用什么来形容，那么得到的答案可能是一百种。这就是人与人之间主意识和暗意识的差异造成的。

嗅觉的退化，对于人类而言，引发了一系列功能的退化，会有影响食欲、情绪及警示危险信号等重要功能的退化。例如，嗅觉障碍患者发生意外的概率比嗅觉正常者就高得多。因此，嗅觉障碍会严重影响人的生活质量，甚至因为感觉不到危险有毒气体的刺激味道而危及生命。最直接的体现常常是当家人对很多气味有感觉的时候，自己却感觉不到，比如感受不到令人讨厌的臭味，如卫生间的异味，或者燃气泄漏的异味也感觉不明显，以及令人愉悦的各种香味，比如香水、饭菜等的味道感受不到……

嗅觉除了常指动物的嗅觉以为，还具有一定的抽象含义，如直觉、政治嗅觉敏锐等，泛指人们对某些事物或政治的敏感程度，与动物嗅觉上的概念没有关系。这个时候的嗅觉指的是判断情况不靠环境直接刺激，而是靠经验来反馈。日常生活中用的词语，比如“嗅觉敏锐”；在某个领域有敏锐判断能力的人，就说其有这方面的“嗅觉”。通常所说的“嗅觉敏锐”，就是指通过正确的判断，捷足先登。

嗅觉是人类尚未开发的神经系统的重要功能，大部分人的嗅觉得到的锻炼是很少的。实际上，嗅觉能形成一个人记忆中最强有力的部分，但是它显然被严重忽略了。如果我们能够找到适当的方法去开发嗅觉系统，当被忽略的器官得到完善时，思维能力能够得到极大的锻炼。

第六节　舌尖上的舞蹈

有时候你品尝的不是美食，而是欣赏美食在你舌尖上的舞蹈。

中国地大物博，各种美食简直多到数都数不过来，别说外国人了，就是本乡本土的中国人也不敢说吃遍了中国美食。但是就是有些外国人不信邪，汤姆就是其中的一位吃货，来到中国之前，曾经放出豪言，说要花一年的时间把中国美食吃个遍。于是千里迢迢来到中国吃街头巷尾的美食，结果5年过去了，他还没有离开四川。

不知道你有没有注意到，3岁以下的小孩子总是喜欢吃手指，有事没事就喜欢把手塞到嘴里。然后我们就看到宝宝啃手指，口水都流了下来。我们大人认为手指很不卫生，更多的时候是在阻止孩子吃手，那么宝宝为什么会吃手？

其实，婴儿早期口唇接触到任何物体都会引起吸吮反射，吸吮手指的比例非常高，这是正常生理现象。1～2个月的宝宝还不能主动把手张开，不会把指头分开放到嘴里。所以这时期的宝宝吃手的表现是吮拳，宝宝会把攥着的小拳头放在嘴边吸吮，有时大半个拳头都可以放到嘴里。3个月左右的宝宝开始学着吮吸手指，经常是大拇指．或者把拇指和食指同时放到嘴里。这些复杂动作的完成是婴儿智力发展的一个信号，是婴儿进入手指功能分化和手眼协调准备阶段的标志之一。在婴儿期，这种吸吮手指现象可不是病态。婴儿最早认识世界就是从嘴开始的，他们通过吃手指找回吃母乳的熟悉感，这样吸吮手指可以增加他们的舒适度，尤其是在婴儿期，很多孩子都会习惯咬着手指睡觉。另外，孩子啃手指还可以提高自身的免疫抵抗力。

通过这个事例我们可以体会到味觉在人的启蒙阶段占据的位置，可以说，人类探索世界是从用嘴开始的。

味觉是指食物在人的口腔内对味觉器官化学感受系统的刺激并产生的一种感觉。最基本的味觉有五种：甜、酸、苦、咸、鲜。我们平常尝到的各种味道，大多数都是这五种味觉混合的结果。舌面的不同部位对这五种基本味觉刺激的感受性是不同的，舌尖对甜、舌边前部对咸、舌边后部对酸、舌根对苦最敏感。这里需要说明的是，体感味道不是味觉，例如辣、麻、涩等。体感味道就是指可以被体感细胞接收的信息。

味觉的感受性和机体的生理状况也有密切的联系。例如，饥饿时对甜和咸的感受性比较高，对酸和苦的感受性比较低；吃饱后就相反了，对酸和苦的感受性提高了，对甜和咸的感受性降低了。因此，饿的时候吃东西香，饱了以后吃什么都不觉得香了。

味觉的感受性和嗅觉有密切的联系，在失去嗅觉的情况下，如感冒的时候，吃什么东西都没有味道，可见香和味是密不可分的。

关于味觉，还需要补充一下。产生味觉的东西，必须是可以一定程度溶解于唾液的物质，不然是无法被味觉细胞所识别的，也就是说，可以尝出味道的物质都是可部分溶于水的，如塑料是无味道的。

味觉产生的过程：呈味物质刺激口腔内的味觉感受体，分布于味蕾中的味细胞接收信号后，经传入神经输入到味觉处理部形成暗意识，最后通过神经系统汇集处理部的分析形成主意识，从而产生味觉。不同的味觉产生不同的味觉感受体，味觉感受体与呈味物质之间的作用力也不相同。

口腔内感受味觉的主要是味蕾，其次是自由神经末梢，婴儿的味蕾有一万个左右，成人的味蕾大约有几千个，味蕾数量与年龄成反比，年龄越大味蕾数量越少，对呈味物质的敏感性也越低。味蕾大部分分布在舌头表面的乳状突起中，尤其是舌黏膜皱褶处的乳状突起中最密集。味蕾一般由一百左右个味觉细胞构成，大约两周左右更换一次，味觉细胞表面有许多味觉感受分子，不同物质能与不同的味觉感受分子结合而呈现不同的味道。人的味觉从呈味物质刺激到感受到滋味用时非常短，比味觉、听觉、触觉都快。

苦味是由含有化学物质的液体刺激引起的感觉。味觉的感受器是味蕾，味蕾呈卵圆形，主要由味细胞和支持细胞组成，味细胞顶部有微绒毛向味孔方向伸展，与唾液接触，细胞基部有神经纤维支配。味觉的形成机理是：味觉细胞接收到刺激后将其转化为生物电信号传输至味觉处理部产生苦味感知，经过味觉处理部处理过的信息最后传输至核心处理部。

能够被苦味味觉细胞识别的物质主要是生物碱和含氮长链有机化学物，大部分的生物碱被证明对人类机体是有毒的，所以，苦味其实是有毒物质的标识，大脑厌恶这种感觉是为了让机体避免摄入这种毒物。对于原始人类来说，这是一种重要的保护生命的机制。相比于甜味和鲜味味觉细胞，苦味味觉细胞可以识别的物质比前两者多得多，并且物质被识别的最低浓度也低得多。这反映出机体对有毒物质的严格控制，特别是儿童和孕妇，对苦味更加敏感。

酸味是由酸性物质刺激舌黏膜而引起的味感。例如，我们吃到的柠檬就是因为其含有酸性物质刺激舌黏膜而引起的味觉感受。

辣味刺激的部位在舌根部的表皮，产生一种灼痛的感觉，严格讲属痛觉和温度觉，辣味物质的结构中具有起定味作用的亲水基因和起助味作用的疏水基因，而且辣味物质属于刺激性物质，可促进食欲、帮助消化。

辣可以说是一种味道，但辣不是一种味觉，因为它不被味觉细胞所识别，它是由体感神经细胞所识别，而体感神经元在身体各部分都有分别，包括体表和胃，所以吃辣时胃往往觉得暖暖的。辣椒的辣是由含有的辣椒素产生的，当我们吃辣的时候，会感觉热和疼痛，接着大脑采取出汗的方式来降温，这也是吃辣容易出汗的原因，另一方面大脑会分泌内啡肽来镇痛，同时内啡肽也会让我们产生快感，这是吃辣会觉得爽的原因。

甜，通常是指那种由糖引起的令人愉快的感觉。某些蛋白质和一些其他非糖类特殊物质也会引起甜味。甜通常与连接到羰基上的醛基和酮基有关。甜味是通过多种G蛋白耦合受体来获得的，这些感受器耦合了味蕾上存在的G蛋白味导素。

能够被甜味味觉细胞识别的物质主要是糖类。糖是机体赖以生存的能量物质，在食物匮乏的原始环境，糖是一种稀缺品和高能量物质，糖对于提高生存率是有重要意义的。但在现在能量过剩的时代，过量的糖可能会加重身体的负担，对健康不好。

鲜味是一种非常可口的味道。

味蕾的敏感性因人而异，比如说酒，有的人认为它好喝，有些人认为它不好喝。不同的人喝同一瓶酒，味道也不同。根据人的敏感程度，葡萄酒可能是甜的，也可能是苦的。所以对每个人来说，味道是不同的。

味蕾具有可塑性，以前不喝酒的人经过长期刺激，也有可能慢慢变得喜欢喝酒了。

人类进化出味觉的主要目的是为了什么呢？试想，如果人类没有了味觉是否可以生存下去？答案是可以，很多生物没有味觉，也可以进食和生存。原始的味觉起到的作用更多的是反映人体需求和输入食物的信息，不同的味觉对人的生命活动起的信号的作用是不同的：甜味是人的身体需要补充热量和食物成熟的信号；酸味是新陈代谢加速和食物变质的信号；咸味是帮助保持体液平衡和食物含盐量的信号；苦味是保护人体不受有害物质危害的信号；而鲜味则是蛋白质来源和食物美味的信号。

我们现在可以认定，在原始的人类社会，味觉的重要性不在于品尝美食，而是拒绝。

作为人体吸收外界物质的重要渠道，味觉其实是检查器。当经这个检查器觉得口感不好时，我们可以拒绝进食；当消化不良、肠胃功能出现问题时，我们就会关闭味觉功能让胃口不开，食而无味，不愿多吃，这是人体的自我保护功能在起作用。而食物吃进口中，当我们感觉到它们的味道不错时，味道马上又会转化为一种化学信号，各种消化酶闻讯后便开始分泌并在胃肠道消化吸收各种营养素。假如食物鲜美，我们吃起来津津有味，肠胃就能提高吸收率，所以味觉不仅仅让我们体验到美味的饮食，同时也具有促进消化吸收的生理意义。

食物好吃和难吃只是表象，其更深层的意义是好吃的食物大多代表对身体有益，难吃的大多代表对身体有害。已经有大量的研究表明，苦味与有毒物质有关，鲜味与蛋白质有关，甜味与糖类有关，酸味与食物腐败程度有关，咸味与钠离子浓度有关。

这些现象是生物经过漫长演化的结果，那些对有毒物质厌恶的，对营养物质喜欢的生物个体的生存和繁衍能力更高，所以被保留了下来，反之生物更容易被淘汰。经过无数代以后，这些性状使被保留下来成了现在这个样子。所以，在原始环境中的生活，即使没有营养和有毒物质的知识，但根据自己的口味去寻找食物，依然不会有太大的问题。

很多人认为食物的味道只是来自舌头，实际上食物的味道是大脑的味觉处理部经过分析后形成的暗意识时才有感。所以，味道和味觉不是同一个概念，味道包含味觉，味觉是味道的主要部分。例如，当我们感冒鼻塞时，食物的味道会大打折扣；闻一会儿苹果，再吃香蕉，可以吃出苹果的味道。

另外，身体对食物的需求状态也会影响到食物的味道，如当人饥饿时，吃什么都好吃；当人某一种营养缺乏时，如很久没吃肉了，重新吃肉时味道也会更好。味道对于生物生存和繁衍有着非常重要的作用，嗅觉可以远程探测化学物质，而味觉是近程探测，其中嗅觉的基因在哺乳类动物中是最大的基因家族，足以说明其重要性。

举个例子：一个同学过生日，好几个同学来到餐厅一起为这个同学过生日。他们点了一桌子的美味佳肴，这场美食大餐给他们的味觉带来了特殊的体验，触发了他们大脑中味觉处理部的感受模式。例如，有一种感受模式，由咖啡的香甜味激活；还有一种感受模式，由美味的鳜鱼的味道激活。在味觉处理部的相关神经细胞连接网络里，所有这些感受模式集群彼此连接，相互关联，直到某些连接方式因娴熟效应最终固定下来形成近途暗意识。反复的味觉刺激让主意识被激活的神经细胞会建立起更有力的连接，同时被刺激的神经细胞突触更加紧密地连接在一起，留存的神经递质也就保留得更稳固。因此，对美食的记忆更让人记忆犹新。

半年以后，他们其中某人在某个饭局中再次吃到了臭鳜鱼，味道就跟在那次生日聚会上吃到的一样。这就像是一把特殊的钥匙，打开了记忆的大门，连接了相关的整个记忆网络。一点点的记忆全都涌现在他眼前，突然之间，他的主意识回到了那段记忆里。虽然我们并不是总能意识到这一点，虽然关于臭鳜鱼的记忆或许并不如其期待的那么丰富。但是他的回忆里充满了幸福感。

我们来说酒这个饮品，可以说没有一个孩子天生喜欢饮酒，这说明酒对人体来说并不是一个好的饮品。而且，所有含有酒精的饮品口感都不好，度数越高越难以入口。最近，在世界著名医学杂志《柳叶刀》上，全球疾病负担研究组研究发现：喝酒不能带来任何健康效果，适量饮酒有益的说法，根本就不存在！那么，“一无是处”的酒是如何登上大雅之堂的？说出来你可能不相信，就是暗意识的作用。

味商强调的是衡量一个人味觉能力的标准，这里的味觉能力既包括味觉器官感受味道的能力，也包括味觉处理部处理味觉信息形成暗意识的能力。为了解释清楚味商的内涵，我用一个案例来详细演绎我们的味商标准。

我去饭店的时候经常喜欢点一道菜——炒土豆丝。虽然我自己也在家里做，但是觉得就是没有饭店做得好吃。那么，饭店的炒土豆丝到底好在哪里呢？为什么我自己做不出那个味道呢？苦思冥想以后，我得到了一个答案——饭店的厨师是经过了千锤百炼的。我们前面已经反复说过了，任何事情都经不住反复琢磨，当一个人的全部精力都用于做某一件事情的时候，终将会出成果。能否从普通的食物中，欣赏出其原有的独特味道，这就是对美食有研究和没有研究的人存在差别的地方。味商高的人深悟美食之道，懂得在发觉食物与自然、食物与文化、食物与社会、食物与健康、食物与烹调、食物与艺术等关系上阐述独特的见解和论述。虽然我们平常可能不太关注那些精辟的论述，但是这些味商高的人展示出饮食思想的科学性与先进性，强调饮食之道法自然，养生与食疗休戚与共，生存与享受水乳交融，并把文化融入饮食之中，最后得到的是天人合一的美妙享受。我们讲了这么多关于意识的内容，通过对意识的了解，我们可以知道，饮食之美的最佳境界就是“合”。这种“合”，既能满足人的生理需要，又能满足人的心理需要；这种“合”，既能体现人的文化修养，又能体现人的道德水准；这种“合”，既能引起人的主意识共鸣，又能引起人的暗意识共鸣。

在实操的过程中，我们判断饮食之美中的“合”的方向有九个，简称九合，达到这九合的标准我们应该就可以认定它是符合美学规律的美食：人设之合强调的是谁来做；食材之合说的是选食材的重要性；器具之合讲的是用什么工具来做；火候之合讲究的是制作美食过程中的火候；内外之合道出了美食里外的区别；搭配之合诉诸各种食材的调和；性味之合追求的是调味之美；时令之合反映的是环境对美食的影响；身心之合关注的是美食对人体的平衡。总之，合而不过是为佳。

第七节 身临其境是什么感觉

长大以才明白失去比得到更让人心安。

皮肤触觉感受器接触外界刺激产生的感觉，称为触觉。用一句诗来形容触觉——“不识庐山真面目，只缘身在此山中”。皮肤表面散布着触点，触点的大小不尽相同，分布不规则，一般情况下手指最多，其次是头部，背部和小腿最少，所以手指的触觉最灵敏，而小腿和背部的触觉则比较迟钝。

触觉是我们全身感觉细胞最多的一个感觉系统，它遍布我们全身的每一寸皮肤，包括内脏、骨骼、关节等部位，它们在人体各个不同的部位负责传输各种感觉刺激给触觉处理部形成暗意识，再由触觉处理部将处理好的信息送到汇集处理部形成主意识。也正是因为触觉细胞遍布全身里里外外，所以我们才能够清楚地感受到冷热、疼痛、肿胀、轻抚或者重压。例如，夏天喝冷饮，我们能够清楚地感受到冰凉的感觉由食道慢慢流向胃部；当身体的某个部位受伤时，我们能够清楚地知道伤痛的具体位置；当有小虫子爬进耳朵里时，耳道内部会感到痒甚至能感觉到虫子在耳朵内部慢慢爬动；初冬的早晨我们走在马路上，一阵冷风袭来，当皮肤感受到冷风时，汗毛瞬间竖起……这些都是感觉系统传递给我们的信息。

触觉系统和免疫系统一样是人类的保护系统，这种保护体现在反馈回路接收的信息。很多人都体验过打麻药的感觉，如果你注射的不是全身麻醉药，当麻药生效时，你的身体中某一部分就失去知觉，这里所说的失去知觉主要包括内觉和触觉。

皮肤深层存在触觉小体，椎体里存在敏感的神经细胞，当神经细胞感受到触摸带来的压迫，就会马上发出一个微小的电流信号，电流信号就会随神经纤维到达触觉处理部，信息经由触觉处理部处理后传输至核心处理部，核心处理部就能感受到这次触摸，马上分辨出触摸的程度以及信号的位置。

触觉系统的作用是：

（1）触觉具有识别功能，它让我们神经系统认识世界。

（2）触觉具有保护功能，它保护着器官远离机械伤害和辐射损伤，抵挡外界的危险物质。

（3）通过触觉，可以诊断疾病。

（4）触觉还能使我们的心理保持稳定，身体保持健康。

（5）触觉可以用来表达安慰、爱意，通过触摸可以辨别情绪。

人的手指的肌肤真是很奇妙。在方寸之地，表皮和真皮中竟然遍布了密密麻麻的血管和神经组织。神经感受器就有好几种：拉伸感受器、湿度感受器、压力感受器、温度感受器、疼痛感受器，还有用来感受温度、疼痛的游离神经末梢。所以，当我们用手去触摸人或物时，得到的感觉是四五种信号通过神经传导，先到脊髓、脑干和丘脑，再传到大脑皮层综合并处理之后的信号总汇。触觉是胎儿在子宫中第一个开始发挥作用的器官，大约在妊娠八周时，胎儿的触觉就开始形成了；皮肤里有着不同的感应器，有的负责监测震动、有的负责监测拉扯，每一种都各司其职。

触觉处理部形成的暗意识在我们不知情的情况下影响着我们。有时，广告商会利用我们对最差形象的恐惧来激发我们的不安全感，我们甚至没有意识到这种形象的存在。例如，洗发水广告在我们的暗意识和潜意识里植入了我们对头皮屑的烦恼；除螨仪器广告在我们的暗意识和潜意识里植入了我们对脸上有螨虫的恐惧。

我们这个社会上有一类人，他们有着成年人的年龄，但是精神上还没有“断奶”。他们高度以自我为中心，既不懂得社会规则，也不通人情世故，缺乏独立性，缺乏责任感。他们有个共同的名字——“巨婴”。造成“巨婴”的原因无外乎就是长辈的溺爱与袒护。他们几乎从未和朋友出去玩过，因为父母规定“天黑之前必须回家”，支教、实习、旅行等活动更是想都别想。他们从小到大没洗过衣服，甚至都没进过厨房，因为爸妈觉得孩子要“不沾烟火气”；高中假期，同龄人或出去旅行，或做兼职赚外快时，他们只能宅在家里学习、看书、写东西。

后果显而易见，其自理能力、决策力、行动力都远远落后于同龄人：上大学后，因为不会装手机卡急到掉泪；军训时不会打包行李哭了一路；连如何到马路对面坐公交都需要问路人……

这里重点要说的就是父母，因为这些孩子的父母缺少这样的认识——给孩子的最好的东西不是优越的物质生活条件，而是让他自己长大。长大是一个过程，孩子只有自己亲自去体验这个过程才能明白其中的意味。而现在的父母正在做的事情就是残忍地剥夺了孩子自己长大的机会，剥夺了孩子亲自去体会的机会。钱只是一个通用移动硬盘，起到的只是记载信息的功能，本身无可厚非，如果父母有能力用正当方法赚钱并把这些钱用于提高孩子的物质和文化生活当然是好事。但是，如果父母把钱用在不该用的地方，结果就天壤之别。作为父母，一定要清醒地认识到，给孩子过于丰厚的物质享受等同于害孩子。孩子会在不知不觉中对物质产生依赖感，一旦这样的习惯形成而想要摆脱如同登天一样难。父母应该给孩子有节制的物质生活，以培养孩子各方面能力为标准，才是对孩子真正的爱。

一名在某新一线城市读大学的大一女生发的帖子火了，她希望母亲给自己每月4500元的生活费，却遭母亲拒绝。她觉得自己很委屈，觉得一个月2000元的生活费根本不够花。

我们的“天之骄子”什么时候成为现在这个样子我们不得而知，但是有一点可以肯定的是，现在的新媒体起到了推波助澜的作用。打开我们的电视，翻开我们的书籍，浏览我们的网络，我们发现这样一个现象充斥在我们的周围，那就是年纪轻轻就豪宅配豪车，以前从来都不知道的富人生活，现在通过媒体，让我们的青少年感受得更多了，了解得也更多了。通过这种了解，在我们青少年的神经系统中形成了这样的突触连接，那就是对美好生活的憧憬。本来这种愿望也无可厚非，但是当这种愿望变成一种固定的记忆充斥大脑时就是一种灾难。试想，如果我们的年轻人每天都在做着高富帅、白富美的美梦，而现实又是如此残酷时，那么，社会问题就会一个一个地涌现。

现实生活中有很多人可能没有电视里演得那么好，但是生活也很幸福。房子虽然不是豪宅但是足够温暖，车子虽然不是豪车但是可以代步，每个月有固定收入，父母有养老金可以自理，没什么后顾之忧。生活没有压力，按部就班即可，需要做的仅仅是努力工作。但是，当看到那些充斥着各种“土豪”生活的短视频时，心中却躁动不安了起来：为什么他们可以过着那样的生活？为什么自己不行？于是各种负面情绪充斥着自己，随之而来的不是更加努力地工作，而是期待这些完全不现实的东西带来的负面情绪。所以，幸福感下降，不满于现状，眼高手低，不努力工作，因为现有的工作根本无法达到富人的生活层次，于是，大多数人被自己打败了。本来幸福的生活，却因为这些乱七八糟的东西，改变了。改变的不仅是对生活的态度，还有三观。罪魁祸首就是新媒体渲染的那些不好的东西，改变了价值观，毁了世界观，颠覆了人生观，让生活的幸福感下降。

在日常生活中好像九商中的触商相对使用得较少，但是并不意味着它不重要。触商体现的是一个人的触觉处理部接收和处理信息的能力。触商高的人往往反应比较敏捷，对外界事物的探索能力以及动手能力都要高于常人。

一个从小触商高的人长大成年后常常表现得进退有节、亲疏分明，能够给人明确的交往信息，人际关系经常能够处得很好，因为触觉信息输入优于他人。通常他们会为自己设立好目标，并准确地规划、平稳地履行计划，即信息输出也会很顺畅。不管是工作或生活上的任何事情，触商高的人都能客观分析并勇敢表达实际状况，因此会比较容易取得他人的理解和认同，从不会因为个人或他人的不良情绪而严重影响事情的进展。因为触商高的人通常对事物的感受能力比较敏锐、客观，能够设身处地地为对方着想并公平地看待自己和他人。此外，触商高的人也会比较容易拥有健康的身体和强壮的体格，因为他们的触觉神经网络更发达、更健全、工作效率更高，因此能够使各种营养和能量均匀地分布在身体的每一个部位，所以不论是皮肤的防御能力，还是内脏的消化、运行、吸收、代谢等功能都能拥有良好的状态，进而会因为身体健康而精神轻松，能够因为信息辨别准确而自信地应对一切事物。在学习能力方面，触商高的人无论学什么都能坚持且做到足够专注，学习和工作效率也都比较高。同时，他们还能够以一种平和的心态去展示或表现自己的优点和缺点，凡事都能做到就事论事，并客观地去对待身边的人和事。当触商高的人在工作或学习中遇到较大的困难时，他们总能够理智地分析自我和外在环境条件等因素，并做出调整或者重新选择和发展新的工作重点或方向。触商高的人往往被身边的人夸赞情商高，他们通常都很乐观、开朗、自信，能够很好地控制自己的情绪，遇事保持冷静且清晰的头脑，脸上常常挂着美丽又自信的笑容，这样的人周围的人见了都会忍不住想要接近，因此可以更容易取得他人的信任。

第八节 潜意识的崛起

模糊经验的集合就是直觉。

从小到大，大家都是从考试的“枪林弹雨”中一路走过来的“战士”。做选择题的时候，大家有没有碰到这种情形：对于部分选择题尤其是英语听力，有一题自己不会，但是直觉告诉自己应该选C，于是就选了C。做完卷子检查的时候又模棱两可，觉得自己做错了，最后把答案改成B。而最终的正确答案就是C。那么问题来了，当我们发现自己的直觉大多都是对的，我们是否应该相信自己的直觉呢？

什么是直觉呢？如果你很难理解直觉，那么我可以告诉你直觉的本质可以理解为潜意识的一部分，由潜意识产生的感觉被主意识关注的感知就是直觉。因此直觉不是猜测，直觉来自日常的信息积累。

我们前面已经了解了潜意识。潜意识来自汇集处理部中神经递质的弥散传递。对于这一类的信息，我们的汇集处理部是有感知的，但是很模糊、不清晰。因此模糊、不清晰、不被主意识关注就是潜意识的特点。

潜意识是我们在生活中每天都会经历的事情，很多时候，我们总是用潜意识处理问题和进行交流，大部分的时间里，总是会认为这就是一种模模糊糊的东西，很多人在脑海里完全都没有认知，所以就导致很多时候对潜意识有了错误的认识。在人类心理活动中，不能主意识认知的意识活动主要为暗意识，主意识有认知但是不清晰的意识活动才可以称为潜意识。潜意识是人们已经感知但并未达到主意识认知状态的心理活动过程。很多时候，在我们还没有做出选择之前，潜意识就已经选择完毕了，只是我们的主意识还没有意识到。

潜意识与暗意识最大的区别是，潜意识的大致内容，主意识或汇集处理是有所察觉的，只是对其内容不是非常清楚，所以，潜意识只存在于汇集处理部。而对于暗意识，因为产生于各个分部而独立存在，所以汇集处理部对暗意识完全没有任何察觉。

潜意识反映在我们生活中的方方面面，那些输入信息没有被主意识关注都会在我们的潜意识得到真实反映。这些信息又会潜移默化地影响我们，在我们的潜意识中种种的思想和观念，造就了现在的我们。基于潜意识来自日常生活中的点点滴滴，如果我们想要未来有所不同，我们一定要现在就改变自己的潜意识。潜意识的运作依靠的是模糊记忆，是在人的神经系统中的汇集处理部由于神经递质的弥散传递产生的一种意识活动。

从能量级别上说，主意识所需要的能量级别肯定要高于潜意识，因此，在主意识活动的时候需要汇集处理部集中精力才可以运行。而潜意识是发生在不经意之间，所以潜意识需要的能量级别肯定要低。由于潜意识主要是在处理那些已经输入，又不被主意识关注的信息，所以在神经系统中的能量级相对较低。

主意识能否跟潜意识进行交流或者说我们是不是可以和潜意识进行对话？答案是肯定的。因为潜意识存储的都是不太明确和不清晰的信息，因此主意识想要与潜意识进行沟通首先要构建所求事物的意向。信息读取以后要在汇集处理部进行成像，在这个过程中描绘想象图景，然后才可以对潜意识读取的信息进行放大后处理，最后将构建的主意识信息形态进行输出。这就是主意识与潜意识进行交流的基础模型。主意识与潜意识的交流是受主意识控制的受控交流。

潜意识可以用来做很多事情，解决我们的很多问题，因此潜意识需要我们去开发，去探索。有时候潜意识会依照我们心中所想的画面，构成真实事物。潜意识无法分辨事情是真还是假，一旦被主意识接收，它终究要变成主意识认可的事实。只要主意识有明确画面进入潜意识，潜意识就立即想尽办法把这个画面转为事实。只要我们给予潜意识一个画面，它就会努力将它实质化。

“直觉”的感知，并没有什么专一的感觉器官，是由于神经递质在通过弥散的方式传递的过程中被汇集处理感知的活动过程。由于神经递质携带电荷，在神经细胞之间传递时也会发出生物电波信号，这种生物电波信号虽然没有主意识那么强烈，但是同样会触发信息传递，因此会被神经系统察觉和保存。所以潜意识的感受一般都不像主意识的感觉那样清晰，而是带有模糊的性质，同时缺乏准确的定位。

比如，在一次聚会上，你和某个人见过面，当时双方既没有一对一地直接聊天，也没有打过招呼，那么你的主意识不会去关注这个人，也没有将这个人放在心里去刻意记住他，这事就过去了。一年后，在另外一个聚会上，你又碰见了他，你也不知道这个人叫什么名字，但是直觉告诉你这个人你曾经见过，因为你对他有一点点印象。这种直觉就是潜意识，特征非常明显，就是信息输入时没有被主意识关注，但是信息确实输入过，只是其传递时没有通过主通道进入主意识，而是通过弥散的方式进行的传播，因此，我们的神经系统中会有痕迹，会被保存一些信息。但是，如果让我们的主意识去调取，又调取不出来，因为这些信息太过于模糊。我们也可以把潜意识称之为“模糊意识”。

实际上没有任何一个自然现象是不带电的。同理，生物的生命活动就不可能没有电效应。潜意识也是如此，由于潜意识是由体积相对来说比较小、能量级别相对比较低的神经递质在运行过程中产生的，这就注定了其在神经系统中的地位。从受汇集处理部关注度来说，它不如主意识；从覆盖的范围来说，它不如暗意识。

直觉是人体内神经系统中通过弥散方式传播的神经递质带来的一种特殊传递方式的产物。人的直觉正是在一种弥散状态下构成的模糊感知。既然人的直觉来自人的神经系统的潜意识，那么直觉都包括了哪些方面的感知呢？人的直觉的表现形式主要包括如下几个方面：

（1）意识与物质的客观事态关系。

（2）陌生的地方，熟悉的景色，类似于在哪里见过。

（3）对人或物所产生的行动状态提前的预知。

（4）常会发生正确的预感事态。

（5）由人体的不同感觉征兆，而产生的预感结果。

（6）事物在发生之前，就能够预知事物演变的最终答案。

（7）由事物的变化状态就能够知道事物的最终结局。

（8）根据人体的不同反应程度，就可预知到未来的事态变化。

（9）曾经看到过，听到过。

人的直觉实质就是神经系统存储了一些模糊信息，这些模糊信息又对事物的发展结果产生一种提前性的影响，让人的主意识有似曾相识或者就是这样的感觉。直觉给人的感觉就是，心里面好像总觉得像是什么似的，也觉得有什么事似的，感觉到要有什么征兆出现似的等，说不清楚，道不明白。就像你预感着天快要下雨或是下雪了等。其实这种直觉大多数就是来自平时日常信息的积累，这种信息积累是潜移默化地在影响着我们，因为这些信息没有被主意识关注，所以我们的神经系统也不可能花费精力去记忆。但是没有记忆并不代表这些信息不存在，我们神经系统就采取了潜意识的模式去存储了一些信息。这些被存储的信息具有模糊、不清晰等特点。

人的直觉和心灵感应不一样，亲人之间的心灵感应来自对亲人的粒子纠缠作用，只有自己的亲人才会形成相互的心灵感应。从物理学的角度来看，将两个同一物质的粒子分开放并置于相隔很远的距离，一旦触动或激发一端的粒子时，则另一端的粒子就会产生联动的状态响应。这就是粒子的纠缠作用。

直觉的特征：人的弥散记忆被主意识关注，按照常理，弥散记忆很难被主意识关注，但是任何事情都不能排除超出常规现象的产生。况且汇集处理部有一个信号放大的功能，当心里总是想着是否将要发生什么事似的，或心中总是忐忑不安地难以静下心来的时候，汇集处理部就相当于反复在读取一类信息，这种反复读取并呈现的过程中信号就会被放大。有的时候，汇集处理部在读取信息的时候还通过自言自语的方式将信息输出，当听觉系统将这些信息再次输入的时候，这些信息也可能被放大，从而被主意识关注。

既然我们认识到直觉的存在，我们就应该想一想如何利用好直觉，让其为我们服务。

首先，基于潜意识形成的结果，我们可以充分利用自己拥有的直觉的力量。

通常我们遇到一些左右为难或者拿不准的事情，但是又需要做决定的时候，很多人会说“相信你的直觉”。虽然有的时候这并不正确，但是我要告诉大家的是，潜意识虽然模糊、不清晰，可它是我们几年或者几十年以来经验的积累，这种积累虽不能说百分之百正确，无可置疑的是，它可以提高我们判断的准确性。在我们没有确定性的答案的时候，直觉就是最好的选择。我们不是要渲染直觉的效果，而是从实际出发。因为直觉是由潜意识形成的结果，我们的潜意识在汇集处理部中产生，这种产生并不是无的放矢，没有任何根据地瞎运行，而是模糊信息的积累。大家想一想，如果一支钢笔用了几十年，那么当我们拿起别的钢笔写字和拿着这支每天都在用的钢笔写字，感觉上会有什么区别？虽然主意识可能没有去关注，但是那种握旧钢笔写字熟悉的手感和用新钢笔写字别扭的手感完全不同。

其次，我们已经确认直觉是最好的选择，那么我们什么时候应该相信直觉，什么时候又应该改变行动方向呢？

解决之道可能就在“潜意识”领域之中，这时我们应该运用潜意识来支配我们的行为。“原知”的事情跟着潜意识走。什么是“原知”？就是日积月累形成的，非常熟练，力所能及，出于本性的事情。对事务的感觉，做过许多遍的事，要动感情去做的事，都属于“原知”的范畴。当我们几乎不用思考就能回答问题时，用直觉判断往往更能起到积极的作用。

新鲜和复杂的事情由主意识进行理性思考。什么样的事最好不用直觉？就是那些需要仔细推敲、组成复杂、影响因素较多、处理结果比较重要的事情。例如重大决定、重大的投资理财事项、年度工作报告、生疏的技能等不熟悉、不能简单判断的事情，还是用主意识进行逻辑思维深思熟虑后再做决定更加靠谱。因为任何事情都有利弊两方面，只有通过主意识把它们拉出来分析透彻以后再做决定，才能取得好的效果。

我们平常所说的第六感不属于直觉的范围。如果是这样说，第六感属于关联的范围，那么亲人之间就会存在一种相同的基因条件，在特殊的情况下，人体的基因粒子就会产生相关的联动形态，也可以称为纠缠理论。人体基因粒子，也就是人体基因细胞中的最小粒子结构，可能会发生与量子纠缠一样的情形。

第九节　主意识之伤

幻觉是计划外驱动的错行世界。

下面是一个很值得思考的案例，不知大家是否感同身受：

当你妈出去的时候看见你在玩手机，回来的时候看见你还在玩手机，那她肯定觉得你一天都在玩手机；

当你妈出去的时候看见你在学习，回来的时候看见你在玩手机，那她会觉得你在她出去的一瞬间就开始玩手机，这一天都在玩手机；

当你妈出去的时候看见你在玩手机，回来的时候看见你在学习，那她肯定觉得你一天都在玩手机，只是在她回来的那一刻才开始学习；

当你妈出去的时候看见你在学习，回来的时候看见你还在学习，那她也不会觉得你一天都在学习。

以上这个案例的发生就是由母亲的幻觉导致的。

幻觉本质上就是失去约束的意识。幻觉与主意识一样都产生于汇集处理部，它们的区别就是，主意识受汇集处理部控制，当神经系统没有进入休眠状态时主意识无法约束信息处理时就会形成幻觉。可以肯定地说，幻觉的产生一般情况下都是神经系统中的某一类神经细胞存在特殊状况才导致的信息传输和处理出了问题的结果。我们每个人经常会有幻觉出现，虽然我们的主意识无法控制幻觉，但是因为产生在同一个地方，因此幻觉与主意识是水火不相容的两种思维活动，即只要是主意识在正常运行时就不会出现幻觉，当幻觉出现时主意识肯定不在正常运行的状态。

基于幻觉产生是主意识缺位造成的结果，我们可以看到幻觉具有三个主要特点：

第一，幻觉是一种非正常感受，由于缺乏相应的外界输入信息的刺激或者外界输入了错误的信息，所以从客观角度来看，这种感受是汇集处理部自行处理既存信息和外界输入的错误造成的虚幻感觉，但从感受者自身体验的角度来看，它们却身在其中，加上主意识的缺位，因此感受者自身并不感到虚幻和错误。当感受者自身感到虚幻和错误时，说明主意识已经接管神经系统，感受者的精神状态已经恢复正常。

第二，虽然幻觉源于主观体验，但是其没有客观现实根源。因为不管汇集处理部读取的是既存信息还是外界的输入信息，都是被错误处理的信息，所以幻觉都是不真实的。

第三，与主意识相比，幻觉的思维活动要比主意识的慢，也比主意识的少。由于各种原因导致神经系统处在不健全的状态，所以这个时候的信息处理从速度上来说要比正常的时候慢，从处理信息的数量角度来说要比正常的时候少，所以很多幻觉是不符合逻辑的。

幻觉不要求以客观现实中存在的事物为基础。提到幻觉，有一部科幻电影非常受大家欢迎——《流浪地球》，票房很高，其实影片里的大多数情节也是有一些科学依据的，并不全是幻想。这部电影成功的原因之一，除了宏大的场景以外，其丰富的想象力是关键，它让我们深陷到作者勾画的幻觉世界中，真正感受到保护环境对于我们每一个人来说都是责任。

我们可以这样认为，幻觉是计划外驱动的错行世界。因为神经系统出了意外，破坏了某些平衡才会导致知觉缺陷和幻觉的产生。幻觉是神经系统处理后的错误信息，其实质内容与真实世界相互矛盾和严重偏离，正是这种意外产生的错误意识才构成了我们虚无缥缈的幻觉。

所有感官都是产生幻觉的信息源头，包括各个分部处理的暗意识也是如此，为汇集处理部传输产出幻觉的信息源，只是这些信息在输入的时候可能出现错误。其中，视觉处理部传入的信息造成的幻觉是最普遍的。严重眼病或大脑视神经通道受损者会发生视幻觉，说明幻觉与神经细胞的工作状态存在联系。嗅觉处理部传入的信息造成的幻觉产生的原因可能与心理疾病有关，也可能与嗅觉系统受损或异常有关，还可能与大脑受伤、脑部肿瘤、中风、偏头痛等有关。一般情况下，这种幻觉只产生于单个鼻孔内，而且在大多数情况下，幻觉会随着时间的流逝而渐渐消失。触觉处理部传入的信息造成的幻觉会产生有东西在皮肤上蠕动的感觉，其产生的机制可能是大脑接收到的感官信息发生混淆所致。

幻觉的产生还有一种情形，就是信息传输的通道可能发生错乱，比如神经细胞在收缩以后神经递质无法通过原有的途径进行传输，导致信息的传递失真，这时汇集处理部收到的信息就是错误的信息，从而导致幻觉发生。

在大城市上班其实挺累的，早上挤地铁要排队，到了单位乘电梯要排队，中午去食堂打饭要排队，好不容易到了周末，想去郊区放松放松，旅旅游，没想到更夸张，连上厕所都要排队。感觉自己的一生是在排队中度过的，好像全世界都在和自己作对一样。前几天晚上我要参加一个晚宴，因为是周末，所以我觉得不会堵车，开车去应该没有问题。没想到刚刚上高速就堵车了，汽车还没人走路快，一直在慢慢地爬行。刚开始我走的是最里侧的快车道，总是感觉旁边外侧车道的队伍速度比最里侧的快车道的快点，于是我换到了外侧车道，这时候我又感觉自己的队伍又比原来的慢点，来来回回我换了好几次车道。但事实上，这么频繁地更换车道，我发现我也没有比旁边没有更换车道的公交车快多少。

其实这一切都可能与一种叫作“幻觉”的神经活动有关，幻觉的核心内涵是没有相应的客观刺激时汇集处理部自行出现的知觉体验。换言之，幻觉是汇集处理部的一种主观体验，主体的感受与知觉相似。幻觉也可以理解为是一种非正常的知觉障碍。幻觉与错觉不同之处在于前者没有客观刺激存在。由于其感受常常逼真生动，可引起愤怒、忧伤、惊恐、逃避乃至产生攻击别人的情绪或行为反应。企图说服出现幻觉体验的人不相信幻觉有时是徒劳的。幻觉偶然也能见于正常人。例如，在似睡非睡的时候，出现幻听或幻视，称为入睡前幻觉；将醒而又倦睡时出现的幻觉，称为睡醒前幻觉。幻觉也能通过暗示方式产生。

产生幻觉的原因可能只有三个：其一是神经细胞的变化致使信息在神经细胞之间产生错误传输造成的；其二是通道的变化致使信息在神经细胞之间产生错误传输造成的；其三是空间的需要。

神经细胞的变化是指神经细胞具有收缩性。神经细胞在正常情况下不缺水时是饱满的，这时期可以正常工作传递信息。当人体缺水时首当其冲的就是身体内的细胞缺水，这里的细胞也包括神经细胞。当神经细胞缺水时必然导致的结果就是收缩，神经细胞收缩以后，依据其收缩的程度不同，就会给信息的传递带来不同的影响。轻度缺水，可能的结果是身体内自行调节，对神经细胞的运行没有什么影响；中度缺水就会带来一定的影响，例如反应迟钝等；重度缺水对神经细胞的影响是致命的，它会造成人体出现幻觉和昏厥。因为细胞极度收缩以后，神经递质就不能完成以前固定模式的传输，有可能出现无序的随意流动，所以才会产生幻觉。例如，我们在沙漠中缺水就会导致幻觉的出现。

通道的变化指的是主意识在思维活动的过程中，与分部建立的通道由于非主动控制的原因发生变化，导致输入的信息错乱产生了幻觉。例如，正常人在殷切盼望、强烈期待、高度紧张的情绪影响下，就可能出现某种断片儿而瞬逝的幻觉，如一个母亲突然失去自己的孩子，悲痛万分，有时幻听到孩子在同她讲话等。这种幻觉就是因为外因导致通道的变化致使信息在神经细胞之间产生错误传输造成的。这种幻觉往往是临时性原因造成的结果，持续时间不会太长，等待神经系统正常运行以后就会恢复原状。

空间的需要指的是汇集处理部在无信息输入、无信息可以处理时就会存在对信息的需求，当这种需求被错误的信息大量占据时，幻想就有可能产生。

前几天看见一则新闻报道，有一位小伙子在玩游戏的时候产生了幻觉，然后离家出走，在山上生活了12天，几乎变成了一个“野人”。因游戏过度产生幻觉，小伙子被警方发现的时候，精神也是不正常的状态。根据记者进一步调查，发现这位小伙子叫作小林，今年20岁。因为小林是家中的独生子，父母对他非常溺爱，在日常生活中需要什么就会给什么。平时，小林和外界的交流也不多，经常沉溺在自己的游戏世界当中，他的父母都知道他非常爱玩游戏，但没想到已经沉迷得这么厉害。根据小林的朋友透露，小林一共有六部手机，还有一台手提电脑，其在每部手机和手提电脑上都安装了好几款的暴力游戏。

看完这个新闻以后，我一直在想，到底电子游戏对我们的孩子产生了哪些危害？电子游戏唯一的作用就是刺激感官神经、满足孩子们的幻觉享受，除此之外别无益处。但是它的危害却举不胜举，主要包括以下几点：

第一，危害来自对神经系统的伤害。我们前面已经讲过神经系统的结构、神经细胞的运行机制、突触的传递模式。基于神经细胞的可塑性比较强，长期接触电子产品和电子游戏会对突触的形成产生不好的影响，养成的思维习惯与社会脱节，对其将来的人生都是非常不利的。青少年在玩网络游戏时，没有得到正确的引导和看护，而且网络游戏中大多以暴力为主题，这很大程度会影响青少年的思想发育趋向暴力。更严重的是，因为长时间接触电子游戏，神经系统会出现问题，产生幻觉，而这种幻觉会给青少年带来巨大的伤害，影响青少年正常生长、发育。

第二，如果青少年过早地接触网络游戏、大量的电子产品，其所放射出来的射线，很容易会导致青少年过早地近视，对眼睛的伤害较大，严重的话，还会导致失明。

第三，过早地让青少年或者儿童接触网络游戏可能会影响到孩子的骨骼发育，因为长时间使用电子产品，青少年会处于一个低头的姿势过长时间，这样很容易会造成青少年的颈部肌肉疲劳，同时可能还会造成颈部肌肉的劳损甚至会改变骨骼的生长。慢慢地，就会在青少年的发育期间引发出颈椎类的疾病。

第四，青少年过早接触网络游戏，终日沉溺在网络游戏中，会让青少年的语言沟通能力降低，电子产品会取代孩子与家长之间的互动，慢慢地，青少年就会远离外界，从而沉浸在自己的网络世界当中，这对于孩子的发育有很大的危害，严重的话，可能会让青少年患上心理孤独症，或者自闭症。

既然电子游戏有这么多的危害，那么为什么还有那么多的人喜欢呢？这就是我们上面说到的空间的需要产生的幻觉。如果一个人无事可做，那么空虚的神经系统需要信息来填补，这时如果让其接触电子游戏，有如干柴碰到烈火，瞬间可以燃烧。如果长时间接触电子游戏，还容易使得相关的突触形成固定的连接，神经系统中的存储处理部被这些虚幻的信息填满，这就是网瘾形成的原因。如果网瘾一旦形成，就很难戒掉。就像戒毒一样，身体上的毒瘾戒掉很容易做到，但是由于突触连接固定模式形成心理上的瘾以后，是很难戒掉的。

我们自己也常常有各种幻想，幻想彩票中几个亿怎么花，幻想各种不切实际的豪宅、豪车生活……在这些幻想中，除了有一小部分理想和希望通过一定的努力，是有可能达到的，大部分都会成为“想想而已”。哲理需要说明的是，其实这就是想象，并不是幻觉。

第三章　记忆

记忆是思维的基石，没有记忆任何思维活动都没有意义。我们想建构这样一种记忆模型来解释记忆的基本原理，那就是差异化留存模型。我们希望通过这种模型，打开记忆之门，深入揭示记忆之谜。

第一节 生长的记忆

记忆不决定谁对谁错，只决定谁留下了。

游乐场里面的三维立体针雕游戏大家可以去玩一下，这是一个强大的“复印机”，可以克隆出的造型更是千姿百态，玩法很简单，效果很惊艳。扑进去以后背面就可以“复制”一个克隆后的自己，这种三维立体针雕游戏可以营造一种奇幻动感的交互体验。通过身体动作与设备进行互动，可以产生各种生动的图形。

通过观察三维立体针雕，我们想一个问题，那就是关联性在这个游戏中的作用。结论是很明显的，就是施力点与被克隆出来的图形之间具有直接的关联。在这个游戏中，如果我们将每一根针都推到尽头，背面就不会出现任何图形，如果想要背面出图形就必须差异化地向施力点施加不同的力道，使得每一针与其他针出现反差，只有这样才可以形成图案，如图3-1-1。这就是针雕效应，针雕效应指的是在同一系统中的各体的改变使得与其他各体存在差异，当这种差异相互关联形成新形态的效应。因此，可以说差异化关联是针雕效应形成的灵魂。

图3-1-1

我一直在思考是否可以将上面这个游戏里面的哲理和思想引申到神经系统中来。我们试想这样一个问题，如果输入信息与大脑中的每一个神经细胞都有联系，那么造成的直接后果就是所有的输入信息都一样，就像在三维立体针雕这个游戏中，如果我们将每一根针都推到尽头，背面就不会出现任何图形一样，信息在人的神经系统中没有差异，也就失去了留存的意义。相反，如果不同的输入信息刺激不同的神经细胞产生神经递质，这些神经递质在不同的突触连接处留下不同的印迹，突出差异化关联的特性，那么信息存储就会特别明显而有意义。这就是针雕效应在记忆活动中起到的基础作用。

记忆是神经系统对信息的保存，它是人类思维的基础。记忆塑造着我们的留存印迹、与世界的关系、行为、梦想、情感、知识，所以可以毫不夸张地说，没有记忆就没有思维。

人类思维的本质说到底就是对信息的处理，这个信息包括输入信息和既存信息。如果没有记忆，任何输入信息就会变成一个流动的存在，而无法进行持续地加工和处理，我们将无法维持正常的行动，寸步难行会让我们失去对现实的把握，我们也记不起自己是谁。在神经系统的运行过程中，记忆是最基础的部分，是和思维、情绪、执行等其他心理活动联系最密切的功能。输入信息我们知道来自外界的输入，那么既存信息存在哪里？如何存储？如何读取？这就是我们这一章要解决的问题。

在前面一章我们已经讲过了，信息在神经系统中的表征只有两个，一个是生物电波，一个是神经递质。因为记忆就是信息在神经系统的停留，由此我们可以推论，记忆在神经系统中的表现形式也只有两个，一个是生物电波，一个是神经递质，那么记忆也只可能有两种，那就是电波和粒子记忆。由于从物理学的角度来看生物电波无法长期保存，只能是维持一个非常短暂的时间，但是它可以表征一个连续的事务；而神经递质是微小的粒子，它可以长期保存，但是它不能表征一个连续的事务，它可以通过神经网络的连接，利用差异化留存来表征一个整体的事务。所以，我们可以回忆一下自己熟记过的信息，就会发现短期的瞬时记忆可以是一段连续的信息，而长期记忆并不是一段持续连续的信息，而只能是一点一点地拼凑起来的信息。

生物学告诉我们，人的身体是流动的存在。每半年左右，血液中的细胞就会彻底地更换一轮，皮肤细胞每个月都在更新。大概只需要7年左右，人体内的所有原子可能被其他原子替代，这些都是科学结论，大家无须怀疑。那么接下来问题来了，既然人体内的所有原子都可能被替换，为什么记忆没有被磨灭呢？

答案可能让人难以置信——记忆会生长。

如果我们已经定义记忆在神经系统中的表现形式只有两个，一个是生物电波，一个是神经递质，显然生物电波不会生长，而只有神经递质却是活性物质，可以随着神经细胞的生长以及新递质的分泌而生长，其携带电荷的本性造就了信息的留存，所以我们才说粒子记忆是生长出来的。

在了解了神经系统和神经细胞的结构以及神经细胞传递信息的方式以后，我们得知，参与处理信息的就是神经细胞，那么存储信息的空间有哪些呢？从解剖学的角度来看，存储信息主要有两个地方，一是神经细胞内部，一是神经细胞连接部（突触）。

先说生物电波的存储。首先，由于细胞质的存在，生物电波通过神经细胞时需要一个过程，这需要时间；其次，神经细胞将生物电能转为化学能进行再次传递时也需要时间。这些时间虽然非常短，但还是有一个短暂的过程，所以神经细胞具有短期保存生物电波的功能。这种思维电波的存储只能是暂时性的，时间非常短，做不到长期保存。

我们再来说神经递质的存储，神经细胞的连接处——突触具有存储神经递质（带电荷的生物粒子）的功能。我们说意识的世界就是带电的世界，在探索记忆原理的道路上我们发现，记忆与生物电密切关联，神经系统正是利用了神经递质携带生物电荷的这个基本特征存储信息。

大家看过树葡萄吗？可以到网上去下载几张树葡萄的照片，看完以后大家再闭上眼睛想象一下我们所说的突触。

我们先来说累积效应。在这里，累积效应指的是在一定范围内，伴随着数量的增加，形成聚集效果，并带来根本性的改变的模式。相同的生物电波反复刺激神经细胞，使得神经细胞释放神经递质，这些被释放的神经递质很大一部分被下一神经细胞接收从而完成信息传输的任务。需要指出的并不是所有的神经递质都被下一神经细胞接收，每次传输可能都会有一小部分留在突触间隙内，这种留存随着时间和频率的增加会慢慢累积，导致累积效应显现，最后在突触间隙内形成比较牢固的依附。这种依附就像树葡萄一样，生长在神经细胞的连接处。因为这些留下的神经递质携带电荷，因此这些留存的神经递质也就成了信息的载体，保存在突触间隙内形成粒子记忆的一部分。大家都在溶洞里看过石钟乳吧，有时候我真的觉得不可思议，它竟然是滴水滴出来的。泉水向下滴的过程中，水都流走了，但是水里面的钙质会留存一点点，每次一点点，经过几万年的积累就形成了石钟乳，这就是累积效应的结果。

由于在神经系统内神经细胞又是呈树状的结构进行分部，这些神经递质像不像长在细胞膜上的一颗颗小小的“树葡萄”？所以说，粒子记忆是“长出来的”。这种粒子因为自身携带电荷，所以天生具有吸引力，可以依附在细胞膜上比较长的时间。因此，粒子记忆可以保存的时间相对比较长。

人类在日常的生活和工作中会接触到千头万绪的信息，面对每天接收的如此巨量的信息，任何一个单个神经细胞的突触都没有如此大的空间进行存储。因此，聪明的大脑采取了针雕效应原则，即在一定范围内，在突触之间差异化点状留存，利用反差进行存储的方式。可以想象一下，在密集的突触连接中间，有的突触间隙内存有大量神经递质，有的突触间隙内存有少量神经递质，有的突触间隙内没有神经递质，这就是差异化留存。这种留存模式跟我们前面讲到的立体针雕是不是很相似？这种方式的好处就是，综合信息以差异化留存的方式进行区分和存储，不会出现混乱。

基于累积效应和针雕效应的共同作用，我们的记忆就从生物电波转化为粒子记忆。这是一种质的飞跃，这种转变使得我们人类可以将短期记忆转化为长期记忆，从物理模式转化为化学模式，信息的载体从流动状态转化为固定状态。由于神经递质也携带生物电荷，因此，将来需要读取信息时，神经系统的相关通道和神经细胞允许将化学模式还原为物理模式，即允许信息的载体从固定状态还原成流动状态，由神经递质还原成生物电波。正是这种还原功能的存在，记忆才变得可读取，才变得有意义，否则只能存储不能读取，记忆就没有存在的必要。

粒子记忆有一个非常重要的特性是需要我们必须关注的，那就是地壳效应。地壳效应原意是指由于地球内部原因引起的组成地球物质的地壳进行机械运动带来的效果。地壳运动是由内应力引起地壳结构改变、地壳内部物质变位的构造运动，它可以引起岩石圈的演变，促使大陆、洋底的增生和消亡；并形成海沟和山脉；旧的板块不断被挤得消失，新的板块不断诞生。大家可以去看看相关的纪录片，看看太平洋板块是如何被挤到欧陆板块下面去的。我们引用这个事例是为了说明在神经系统中，存放粒子记忆的存储处理部也存在着地壳效应，旧的粒子记忆因为不经常使用或者自然代谢不断消失，新的粒子记忆不断诞生予以替代。这就是我们所说的记忆在生长的原因。

这里我们要说两个很重要的神经系统关于记忆的运行机制，一个是先占机制，一个是挂钩机制。

记忆是如何做到不混乱的呢？答案就是先占机制。这个机制可以保证信息的存储不会发生混乱。我们来看看这个效应是如何形成的。

信息输入以后，经过反复刺激，突触间隙内的神经递质存在留存，关于留存的量，受边界限束的影响，不可能无限大。

当达到一定数量的时候，就存不下了。所以某一突触间隙存储空间采用的是先占机制，谁先“占据”谁用。就像树葡萄，如果在树的表皮已经长出了葡萄，空间被占用，那么这已经有葡萄的同一个地方同一时间就不会再长出另一个葡萄，这就是先占机制。只有当一个葡萄成熟脱落以后，新的葡萄才会长出来。

先占机制的作用就是保证先存的信息可以牢牢占据记忆空间，当再有输入信息需要存储时，只能另寻空间。这种机制可以很好地维护存储秩序，保证存储处理部的正常运行。我们都知道，神经系统首要目标就是让其自身处于有秩序的运行环境中，当信息流进入存储处理部后无法保证有秩序存储，那么即无法存入，更谈不上读取。因此，先占机制可以保证信息存储按照一定的规则有序地进行，而不会相互打扰。这种机制既是神经系统的必然选择，也是自然法则的作用产生的结果。

记忆挂钩机制是关于信息读取的一个非常重要的记忆原理。所谓挂钩机制，就是既存信息是经过相关通道存入存储处理部的，这种存储必须与汇集处理部或者各个分部建立连接通道，通过这种连接通道，这些既存信息可以存入也可以被读取，主要表现为既存信息已经被读取或者可能会被读取。我们一定要有这样一个基本共识：面对所有的输入信息，我们仅仅是集中注意力，实际上并不能让我们记住事情，即使是最简单的细节和事情，也需要运用挂钩机制才可能记得住。也就是说，我们的神经系统必须确保这些被存储的信息将来有可以被读出的渠道，否则一切都是虚无。当人们对输入信息没有“已经读取”或者“可能会被读取”的期待时，即使我们集中注意在信息上面，一秒后也可能就会忘掉了。这个重要的机制虽然在读取阶段才体现，可却是记忆过程中的重要节点。需要特别指出的是，这种挂钩机制中的期待值变成“可能会被读取”的时候，人们对信息存储的效率会提高。

我们是如何知道自己的记忆在生长的呢？是因为我们可以通过科学实验得知我们的记忆一直在变化，这和我们以前的印象大相径庭。以前我们一直认为，信息如果被我们记住就是记住了，它不会改变。而现在我们已经知道了记忆存储的原理，那么作为记忆的载体，神经递质并不是一成不变，从空间上看，它会流动；从数量上说，会增加和减少；从结构上说，如果其吸附力不够，突触连接有可能断开并与其他神经细胞连接等。这些不确定的因素共同决定了，存储记忆的空间并不是一个非常稳固的结构，存储记忆的载体也不是一个非常稳固的定式。在这种情形下，记忆就存在变化的可能，事实上，我们的记忆就以其出色的灵活性而闻名。

记忆联结着人的心理活动，是人们学习、工作和生活的基本机能，把抽象无序转变成形象有序的过程是记忆的关键。在这个过程中，记忆做不到百分之百准确，这点我们是可以自己预期的，因为我们前面讲过了三维立体针雕效应，那么存储的信息只能是一个大概轮廓，不可能百分之百一样。记忆的神奇就体现在这里，它脱离客观世界，保存着记录客观世界的信息，又与客观不完全相同。所以，确切地说，我们的记忆来自客观世界，但记得并不是那么精准。我们记住的大部分事情非常粗略，同时不区分考虑其重要程度，只考虑其被读取的频繁程度。

虽然我们的记忆是不准确的，但是我们对于自己的记忆却充满了自信，这可能是因为，记忆的信息就存在神经系统内部，汇集处理部读取信息的通道是准确的，这种对通道的认识决定了自信心是与准确性相平行的认识，所以我们每个人对自己记忆的信心程度都非常高。

我们已经知道，记忆不可能保持一成不变，那么记忆都会出现哪些变化呢？我们的结论是，我们的记忆有的会加强，有的会减弱，有的会被修改，有的会被遗忘。记忆如何被存储、读取、加强、失去，是我们这一章要讨论的内容。

我们经常说，凡是走过的路，都会留下印迹。时间就像一块橡皮擦，可以轻易地慢慢抹去我们曾经那些有心无心的印迹，但它却不能擦去那些一直在生长着的记忆。信息输入大脑后也会如此，凡是通过必留痕迹，留与不留往往不取决于意志。有些信息想忘掉却耿耿于怀忘不掉，有些事情想记住却总也记不住，这是一种矛盾的客观存在。

神经系统的记忆失去是一个漫长和渐进的过程，这是符合逻辑的一种推理。记忆随着时间而消逝，去年发生的事情在大脑中留存的记忆比上周发生的事情留存的记忆更弱，这是正常的逻辑。

本节最后一个问题——记忆的将来。

大家如果觉得自己的电脑因为使用了很多年，速度变得很慢，想换一台新的电脑，该如何处理呢？肯定是去买一台新电脑，然后把旧电脑上的有用的软件和数据都拷贝过来。同时还要做的就是，原有的一些网络链接继续把它链接上。最终实现的目标是，原来自己经常使用的东西继续使用，原来电脑中存储的文件继续保存，原来有的网络链接继续链接，可能还增加一些新的功能。注意到了没有？在这个更换电脑的过程中，除了硬件更换了以外，其他的一切如旧。这就是我们想要说明的哲学思想。

我们要感谢科学家们辛勤的付出，因为他们使得我们社会的发展取得了长足的进步，我们更应该铭记那些为人类做出突出贡献的科学家，例如屠呦呦教授，用自己的聪明才智挽救了数千万人的生命。

第二节 记忆的分类

粒子记忆才是真的记忆。

曾看过一篇文章——“小时候曾经玩过的游戏你还记得哪些”，看完以后心里酸得想掉眼泪。儿时的回忆慢慢开始侵蚀大脑，微甜的快乐一点一滴涌入，让我想起了好多陌生又熟悉的伙伴。除了感慨万千，想说的太多太多，可话到嘴边又不知道说什么。那么，我就介绍一下我儿时玩的游戏吧。

斗鸡——把一条腿抬起来，放到另一条大腿上，用手抱着抬起的脚，单腿在地上蹦。玩的时候大家都用抬起的那条腿的膝盖去攻击别人，可以进行单挑独斗，也可以进行集体项目，以脚落地为输。

翻绳子——用一根绳，将绳系成圈状，套于手指上，一人先以手指编成一种花样，另一人用手指接过来，翻成另一种花样，相互交替编翻，通过手指的穿插、交错、缠绕等手法，使绳变换成各种形状，直到一方不能再编翻下去为止。

拍四角——男孩子们在下课后喜欢拍四角玩。四角是用废旧课本折成的小正方形纸块，有正反之分。其是两人胜负游戏，玩的时候，先由两人剪刀石头布决出先后顺序，输者将自己折好的一个四角扔到地上，再由胜者用力将自己手里的四角向地上的四角摔去，不论是将其砸翻到另一面，还是掀翻到另一面，都算获得胜利，然后败者的四角归赢方所有。否则，改由另一方拍摔四角，依次轮流，最后看谁手里赢取的四角多，多者获胜，而获胜者会感到非常自豪。

打弹子——弹球有不同材质，最高档的是玻璃的，中间有彩色图案，中档的是轴承钢珠，最低档的是泥巴搓的，玩法基本雷同。常见玩法是两人互相对局，右手轻握玻璃球，用大拇指使劲前挑，弹出手中的玻璃球，击中前方另一人的玻璃球为胜。如果未能击中，则换由另一方击球，直至有一方击中取胜为止，而胜者则赢得这枚被击中的玻璃球。还有种玩法是，在地上挖1～5个小洞，然后从起点将玻璃球滚向指定洞内，以最先完成规定洞数者赢。

还有很多很多，就不一一列举了。现在想起那些充满游戏的童年还历历在目。

我为什么可以记住30年前发生的事情呢？经过这么长的时间，这些记忆为什么没有消失呢？记忆是可以看成是通往过去的时空隧道，它帮助我们保存往昔的信息，让我们可以从过往中汲取力量以充实今日的自我，又让我们将现在的信息留存以作为未来的参照。

有时候我们会非常困惑，对事物的记忆有些通过一次感知后就能达到，而大部分内容则需要通过反复感知才能形成记忆。为什么有时候想记却记不住，想忘却忘不掉？如果能使新的输入信息与人已有的知识结构形成联系，那么记忆是否会变得更简单？

前面我们已经知道，信息通过突触在神经细胞之间传递有三种方式：直通型突触传递、囊泡型突触传递、弥散型突触传递。现在我们也知道，信息在神经系统中的保存模式，那么我们可以得出结论，信息在神经系统中的保存形式也只有三种，那就是电波记忆、专注记忆、弥散记忆。

这三种类型的记忆有着明显的区别，涵盖存储信息的部位、存储的形式和维持的时间长短都不尽相同。

其中电波记忆保存形式为生物电波，包括感官记忆、瞬时记忆。电波记忆属于短时记忆，具有信息鲜明、具体、片段性、清晰、动摇性、可变性和保存时间很短等特点。

专注记忆和弥散记忆属于长时记忆，因为其保存形式为神经递质，所以可以统称为粒子记忆。专注记忆包括高端记忆和普通记忆。弥散记忆包括汇集弥散记忆和分部弥散记忆。

在知晓记忆形成的原理以后，通过上面的分类，以及我们对信息存储的载体的了解可以得知，电波记忆是生物电波在传输过程中形成的，粒子记忆属于通过神经递质生长留存后诞生的。

人类的神经系统在一出生时属于尚未组网完成的系统，婴儿出生时脑中大约有一千多亿个神经细胞，但是只有很少一部分的神经细胞是相互连接的，大部分神经细胞相互并不连接。正是没有形成连接，神经递质无法留存，所以3岁以下的孩子很少有长期记忆，更多的只有一些电波记忆。

在接下来的数年间，这些神经细胞之间的连接会急剧且过量地增加，突触大量的形成，最后构成一个巨大的神经网络。3岁左右时，大脑内的神经连接达到顶峰，大约是成人的两倍。虽然儿童的神经连接比较多，但是由于其突触刚刚形成，分泌的神经递质不足，所以也很难形成粒子记忆（长时记忆），但会迅速地增加，达到很高的水平。但是这个时候的孩子还是电波记忆大于粒子记忆，所以我们会发现，孩子们学习很快，但是忘记得也快。

感官记忆是人视觉、听觉、触觉等感官系统所接收到并保存在感官接收端的电波记忆，其维持时间较短，以毫秒或秒计算。例如，我们看见的世界，在眼睛里的接收端细胞里可以留下非常短时间的记忆；还有我们可以记起某人刚刚所说的话，即使我们当时并没有刻意去听。感官记忆最大的特点是时间短、覆盖快。

我们可以做一个小实验：在黑暗的环境中，我们盯住一个光线比较亮的光源看1分钟，例如盯住非常明亮的一根长条状的日光灯管看1分钟，观看完毕后立即用双手按住眼睛，持续按住30秒，这时我们的眼睛就可以看到与刚刚的日光灯一模一样的影像，这就是感官记忆。

瞬时记忆是指那些保存在汇集处理部和各个分部的临时电波记忆，能够维持几秒至几分钟。

例如，你听到别人在谈论关于你非常熟悉的领域的事情，那些语言信息就好像萦绕在你脑海的回声，即使在你并未刻意注意的时候也存在。当你尝试足够快地提取它时，你会发现它仍在那里。这就是我们所说的瞬时记忆。和感官记忆相比，瞬时记忆拥有更长的时间进程（几秒至几分钟）和更为有限的容量，一般需要脑内不断复述才能维持。

例如，你向别人要手机号码，别人将手机号报给你，你用很短的时间默记下来，这个时候粒子记忆还没有形成，只能用电波记忆记下来，这种记忆就是瞬时记忆，这种瞬时记忆如果不能快速转变成为粒子记忆的话很快就会忘记。

我们再来看一个例子：假如你在电视机前观看一场你最喜欢并十分关注的篮球比赛决赛，比赛到最后关键时刻时，你妈妈进入你的房间并对你说："你的房间太乱、太脏了，你看看姐姐的房间多么干净……"最后她说，"你能不能自己把房间收拾一下？"但是你并没有注意听。突然间，妈妈非常生气，你听到她大声地说："我的话你一个字都没有听进去！”机智的你当然不会承认，而是装模作样地转过身，相当确切地提取出你妈妈说的最后一句话，然后说：“我当然听到了，你说让我自己收拾一下房间，我马上去收拾。”这最后一句话就是你的瞬时记忆，其实你妈妈前面所讲的话你一句也没有记住。

想测试自己的瞬时记忆很简单，让别人报一串数字给你，看看自己短时间内能记住多少位。6位、7位、8位还是9位？一般人都可以记住六七位，经过训练和利用一定的记忆方法则可以记住更多。

专注记忆保存形式为通过出胞作用产生的神经递质，这一类记忆包括高端记忆和普通记忆。专注记忆带有明显的目的性和有意识产生，在记忆过程中需要做一定的意志努力才能形成。专注记忆具有稳定和保存时间很长等特点，包括那些我们可以通过有意识的过程而接触（或访问）的知识；有关个人和世界的认知等既存信息。

专注记忆过程是在主意识有目的的支配下进行的。记忆的目的性决定了记忆过程是对记忆内容的一个积极主动的编排过程。这种编排包括“记忆什么”和“怎样记忆”。“记忆什么”确定记忆的方向和内容，“怎样记忆”是采取什么方法才能更好地记住所要记忆的内容。专注记忆带有极大的选择性。一般来讲，进入专注记忆的内容有两个特点：一是作用于人们感觉器官的刺激具有重大意义或引人注意。如人们对新异的事物会过目不忘；二是符合人的需要、兴趣以及能产生较深刻情绪体验的内容。如参加高考时的情境，到大学报到第一天的情境等。

通过我们前面的阐述，现在我们已经知道，神经系统中的汇集处理部或其他感官处理部也是由神经细胞构成的分层排列网状连接结构。汇集处理部或其他感官处理部内海量的神经细胞相连就会形成海量的突触，这些突触是存储信息的空间，最终构成神经系统中庞大的存储空间。

高端记忆是指那些保存在汇集处理部和各个分部附近能够维持很长时间的专注记忆。这部分记忆的特点是存储和提取的速度快，使用频率特别高，存储空间小等。

现在我们来看下面两个问题：

（1）1+1=?

（2）58*96=?

以上两个问题，第一个问题，你会不假思索地告诉我答案，可是第二个问题，你却不能立刻给出答案，需要去想，找到计算方法以后才能算出结果。

为什么会这样呢？那有没有可能是因为人的大脑中存在两个系统，系统1负责运行简单的运算，系统2负责复杂的运算呢？我们的理解是否定的，不是因为有两个系统在处理这个问题，而是记忆的不同造成的结果。"1+1=2"这样的简单信息被我们存在汇集处理部附近形成高端记忆，当需要使用时，立即可以调出使用。而像类似于"58*96=？"这样的情形，我们却无法大量存储，我们只能存储运算规则，在使用的时候调取运算规则进行运算得出结果。

为了应对我们所面对的海量信息，人类的大脑采取了一个非常聪明的办法，就是高端记忆。高端记忆主要就是保存在汇集处理部，它的最大好处是可以就近随时读取，缺点是因存储空间有限，所以能存储的信息量就相对较少。面对这个矛盾，大脑解决问题的办法就是在这里存储简单或者经常用到的信息。例如我们的母语，例如爸爸和妈妈的样子等等，这就是保存在汇集处理部附近的高端记忆。

我们知道，汇集处理部也是由无数神经细胞组成的，这些神经细胞也是相互连接的，在神经细胞相互连接的突触形成大量存储空间，神经递质就可以存储在这里。由这些神经递质作为载体，承担存储高端记忆的功能，确保汇集处理部可以随用随取，快速且便捷。这里保存着我们每天都会用到的一些信息，例如语言、工作或学习方法。因为在汇集处理部，神经细胞是分层网状结构，因此，越是使用频率高的高端记忆，距离汇集处理部核心应该越近。

下面是某网站统计的在日常生活中，使用频率最高的前一百个汉字，大家想想看是不是用得比较多：

1 的	2 一	3 国	4 在	5 人	6 了	7 有	8 中	9 是	10 年
11 和	12 大	13 业	14 不	15 为	16 发	17 会	18 工	19 经	20 上
21 地	22 市	23 要	24 个	25 产	26 这	27 出	28 行	29 作	30 生
31 家	32 以	33 成	34 到	35 日	36 民	37 来	38 我	39 部	40 对
41 进	42 多	43 全	44 建	45 他	46 公	47 开	48 们	49 场	50 展
51 时	52 理	53 新	54 方	55 主	56 企	57 资	58 实	59 学	60 报
61 制	62 政	63 济	64 用	65 同	66 于	67 法	68 高	69 长	70 现
71 本	72 月	73 定	74 化	75 加	76 动	77 合	78 品	79 重	80 关
81 机	82 分	83 力	84 自	85 外	86 者	87 区	88 能	89 设	90 后
91 就	92 等	93 体	94 下	95 万	96 元	97 社	98 过	99 前	100 面

以上这一百个汉字就是我们日常用到的最多的汉字，这些汉字或者以这些汉字组成的词语就存储在我们的汇集处理部，方便我们思考时直接调取。因为我们每天都在使用和读取这些寄存信息，所以我们说，这类的记忆属于高端记忆。

普通记忆是指那些保存在存储处理部，能够维持较长时间的专注记忆。这部分记忆的特点是存储和提取的速度相对比较慢，汇集处理部读取时需要通过检索才能读取出来，使用频率相对比较低，存储空间大。普通记忆还有一个重要特点，就是读取信息的时候大多数要借助各个分部的力量才能在汇集处理部成像。

例如，你是否记得自己初中一年级的同桌是谁？他叫什么名字？或者经过十年以后，你还可以想得起几个同班同学的名字？能超过50个吗？这些记忆平时用到得不多，所以如果想回忆这些，就需要去存储处理部检索才能读取。其客观表现就是，我们用到这些信息的时候需要花时间和精力去想。

人的一生接触的事情非常多，想记住的事情也非常多。但是大脑的存储空间有限，同时最主要的问题是，信息存储后需要读取，通往汇集处理部的连接通道更是紧张。为了解决记忆信息量太大以及连接通道更是紧张的问题，我们的神经系统采取了非常聪明的普通记忆的模型——树状结构。这种树状结构首先是呼应神经系统的结构，因为我们的神经细胞也是这种树状结构；其次，这样的结构也是自然法则的产物。

我们是怎么知道树状结构存在的呢？

我们做一个小实验。现在我们开始回忆自己小学的课桌的样子，你的回忆主线是老家——小学——教室——课桌。我们会发现，在我们的存储处理部关于某一方面或者某一类型的信息是存放在一起的。当我们要去读取这些信息时，采取的路径是一样的。同时因为这些关联信息存在一起，所以，当我们进入这一片信息丛林时，顺带我们会读取很多关联信息。所以，最后你的回忆不会只读取桌子的信息，你可能想起了你的老师、你的同学，还有你们母校的画面，这就是树状存储结构造成的结果。

普通记忆的一个巨大作用就是，它可以长时间保存信息，为自己的未来制订计划，奠定基础。只有能记住，制定的计划才有意义，同时只有记住，才能检验计划实施的情况。事实上，制定计划也是人类和动物最主要的区别之一。我们注意到，黑猩猩会使用一些工具，也会拿着细棍子到处去掏蚂蚁吃，这说明黑猩猩具有一定的记忆，对近期的事情有一个预期。但是，这个量级与我们人类差得太远，我们人类甚至可以规划我们的一生。我们人类中的大多数人目前所做的事情都是为了在未来取得规划好的结果。上学是为了将来找到好工作，工作是为了取得报酬养活自己和几十年后退休时不至于饿死。这就是我们和动物的本质区别之一，我们可以防患于未然。

弥散记忆是指没有预定目的，在记忆过程中也不需要做一定的意志努力，自然而然发生的记忆。弥散记忆保存形式为通过渗透作用产生的神经递质，包括汇集弥散记忆与分部弥散记忆。弥散记忆具有信息暗淡、模糊、存储空间大等特点。

如看过的电影、戏剧，听别人讲过的故事以及我们所经历过的某些事，感知它们时，主意识并没有记忆的意图，但这些内容以后能重新出现在脑海里，对这些内容的记忆就是弥散记忆。

弥散记忆的内容是构成经验的重要部分，对心理活动及行为也有明显的影响。弥散中所经历的事情，在我们有意识地面临某些情境、处理某些问题时，能作为已有经验起帮助作用。在日常生活中，人们所处的环境，所接触的人，所做的工作，会使人受到潜移默化的影响，在心理、行为上发生变化。如一个民族的文化传统，会在无形中影响整个民族的心理，使其带有本民族文化的特点。

弥散记忆带有极大的选择性。一般来讲，进入弥散记忆的内容有两个特点：一是作用于人们感觉器官的刺激不是太大或不太引人注意。如人们对周围环境的记忆；二是人们关注度不高的内容。弥散记忆对人们知识经验的获得有积极作用，现在学生学习压力这么大，尽量使学生通过这种方式积极愉快地学习不失为一种好的方法。由于弥散记忆不能保证学生获得系统的文化科学知识，因此，在教学过程中，大量的记忆内容应通过专注记忆来获得，弥散记忆只是辅助记忆。在日常工作、学习和生活中，弥散记忆包括那些我们无法通过有主意识和暗意识的过程而接触的知识，例如一些运动和认知技能。

常见的汇集弥散记忆就是存储于汇集处理部，主要表现为通过利用渗透作用保存于汇集处理部内的突触的神经递质来存储信息的一种记忆模式。汇集弥散记忆的形成与潜意识存在必然的联系，相辅相成，我们所说的潜意识形成的记忆就是汇集弥散记忆，例如我们经历的“熟悉”“直觉”就有汇集弥散记忆参与的功劳。我们通常都会有这样的感觉，就是一些事情我们并没有花时间和精力刻意地去记住它，但是因为我们经常看见或听到它，再或者是事情发生的时间不太长，所以它经常陪伴我们。例如，我们每天上班所经过的路两边有很多建筑物（商店、学校、医院、写字楼、宾馆、公园、路边摊等），这些建筑物也好，景观也罢，我们并没有花时间和精力刻意地去记住它，但是因为我们经常看见或听到它，所以我们非常熟悉它，成为我们记忆的一部分。还有熟悉的声音、熟悉的味道、熟悉的气味等。

有时候我们也会有这样的感觉，就是一些事情我们经历过，而并没有花时间和精力刻意地去记住它，同时我们不是经常看见或听到它，但是当再次遇见这类事情时，我们会有似曾相识的感觉。例如，十年前二十几岁的妮可来到庐山名胜风景区旅游，花了两天的时间走马观花地看了一遍，没有刻意去关注什么东西或景点，回去以后其实她能记住的东西很少。十年后当妮可再次来到庐山景区时，她发现这里好像来过，那里也好像来过，这就是我们所说的有印象。

常见的分部弥散记忆是暗意识的一部分。这一部分记忆是主意识根本不知道的记忆，哪一天突然从脑海里蹦出来的记忆。有时候我们的大脑里会蹦出稀奇古怪的想法，这些想法不可能是从天而降的，应该就是分部弥散记忆的功劳。分部弥散记忆存储于各个分部，主要表现为通过利用渗透作用保存于各个分部内的突触的神经递质来存储信息的一种记忆模式。分部弥散记忆的最大特点就是不被主意识控制，这一部分记忆的读取不是依靠主意识主动去读取，而是在总和作用条件成熟时自行输送到汇集处理部。

我经常会有这样的体验，有时遇到一个场景，会觉得这个地方自己在做梦的时候梦到过，虽然我从来没有到过这个地方，不仅仅场景熟悉，事情经过好像也与梦里的幻境相似，这就是分部弥散记忆在作祟。虽然弥散每个人有着各自不同的梦中情形。

对于小时候的弥散记忆，很大一部分是会默默地存在我们的脑子里的。但是由于这些记忆是我们无法通过主意识的过程将其读取出来的，即不能浮现于汇集处理部产生主意识。所以，它即便一直都存在我们的神经系统内也不能被主意识察觉。但是这类弥散记忆是很容易被唤醒的，例如我们小时候就学会了骑自行车，中间有十几年没再骑过自行车。过了十几年当再次碰到自行车时，不需要其他人介绍任何骑车技巧，只要一车在手立马就能蹬着飞骑起来。

第三节　信息是如何留存的

记忆的基础来自反复刺激。

关于记忆存入我们从一个浪漫的爱情故事开始讲起。小齐与妮可是相恋多年的情侣，妮可一直抱怨小齐是一个不懂浪漫的人。为了获得爱人的倾心，小齐冥思苦想，想出了一个轰动全城的求婚方式——大楼亮灯组字求婚。有了这个想法之后，他就选中城市的地标建筑——财富中心大楼。小齐自己设计文字图形，设计好了以后就挨家挨户去拜托大家，请求大家予以配合准时亮灯和熄灯。业主们被小齐的真诚打动了，都同意配合。求婚的日子到了，小齐先让妮可的朋友把妮可骗到财富中心大楼下，当夜幕拉开，“妮可嫁给我！”五个大字亮了起来。而彼时的小齐手捧鲜花，单膝下跪，在大楼璀璨的灯光下，向相恋多年的女友妮可浪漫求婚：“妮可，你说我不够浪漫，都没有好好地向你求过婚，现在，我在全城人的见证下，请你嫁给我，我一定会给你幸福！”“我愿意！”在众人的欢呼声中，一对恋人幸福相拥。

从此，王子和公主过上了幸福美满的生活。讲爱情故事可不是我的初衷，我的主要目的是让大家了解大楼亮灯组字的原理对我们的启发。

我们已知信息输入到神经系统内不是一个点状信息，而是连续的综合信息。有一点可以肯定，就是一个神经细胞或者一个突触不可能存储信息量非常大的综合信息，那大脑采用什么办法来解决这个问题呢？答案就是前面我们所讲到的针雕效应。

人与人的大脑差别不是很大，成年人大脑有大约1 000多亿个神经细胞。我们假设平均每个神经细胞存在1 000个突触。那么理论上大约就有1 000 000亿个突触可以用于存储信息。从总量来说，存储空间还是很大的。

记忆的存入过程就是，神经系统通过对输入信息进行处理并在神经系统中留下一定印迹的过程。

感官记忆是人视觉、听觉、触觉等感官系统所接收到并保存在感官接收端的电波记忆，现在看来也是采用了触点针雕效应进行存储信息的。这一类记忆在生物学和神经学中就已经研究得十分成熟了，我们就不详细地介绍了。

瞬时记忆是指那些保存在汇集处理部和各个分部的临时电波记忆，能够维持几秒至几分钟，其存入也很好理解。我们来看这样一个案例：一周前的某个联谊会上，有个女孩吃饭的时候坐在一个男孩身边。他们做了简单的交流，她告诉男孩叫什么名字，在哪工作，男孩也把信息都告诉了她，但是双方没有留下联系方式。因为挨着坐，男孩发现她戴的头花很漂亮。过了一周，男孩突然想起这个事情，但是他明明记得他一周前有看到同桌吃饭的女生戴着一个头花，可是现在却不能想起她戴的头花是什么颜色。为什么？因为即使他们坐得很近，男孩也的确看到了，也确实记住了，只不过，关于那个头花的记忆可能只在他神经系统里存在了几秒钟。这就是瞬时记忆。瞬时记忆属于电波记忆，这种生物电波只会在神经系统中闪现式留存一下，便如海浪拍过沙滩以后就消失了一样。当然，他现在同样也想不起她的名字了。他清晰地记得她的名字在他的脑海里回荡了不止1秒钟。可是由于他没有把她的名字转化为粒子记忆，所以光凭电波，他的神经系统根本无法长时间保存这些记忆。并且，随后他的注意力完全被新端上的东坡肉给吸引了，即原有的电波记忆被其他的电波记忆覆盖。所以，他现在无论如何也回忆不起她的名字了，因为她名字在他的神经系统中真的只回荡了几秒钟。这便是瞬时记忆的特点，无法长期保存，一旦没有转化成长期记忆，便会如海浪一般，消失得无影无踪。

电波记忆因为其产生和传输比较便捷，所以来得快去得也快。难点问题是，粒子记忆是如何存入的呢？接下来我们重点来讲粒子记忆是如何存入的。

有了孩子的父母们想一想，你能回忆起孩子最先开始叫的是妈妈还是爸爸吗？为了孩子能叫一声爸爸或者妈妈，我们的爸爸和妈妈们对着自己的孩子喊了多少声“爸爸”“妈妈”？在喊了无数声“爸爸”“妈妈”，成千上万次地反反复复刺激孩子的神经，孩子终于记下了“爸爸”“妈妈”，并开始模仿叫“爸爸”“妈妈”的时候，年轻的爸爸妈妈们激动得手舞足蹈。虽然这个时候的孩子还只能是通过模仿进行反馈，在神经系统内部只能形成短暂的电波记忆，但是不妨碍我们的下一代迈出第一步，这关键的第一步为后面打下了一个良好的基础。

这件事告诉我们一个最浅显的道理——记忆的基础来自反复刺激。

现在我们还是回来说“1”和“2”。小的时候，大人在教我们的时候，我们得到的是生物电波，但是任何事情都架不住无数次地反复重播。在无数次生物电波反复刺激神经细胞的情况下，神经细胞的突触慢慢产生了神经递质，由于是反复刺激后神经递质的留存，所以这样电波信息存入大脑转变为粒子记忆。这个信息已经存入我们的汇集处理部成为高端记忆。当再次看见“1”和“2”时，这时通过视觉处理部输入到汇集处理部的生物电波信号就会与汇集处理部内既存“1”和“2”的神经递质的固有频率因频率相同而产生共振，两只生物电波频率相近，相位相同，那么波幅就会叠加，这样就产生了思维意识活动。

在玩健身器材的时候，大家可以观察一下飞轮游戏。为了使静止的飞轮转动起来，一开始健身者必须使很大的力气，一圈一圈反复地推。当达到某一临界点后，飞轮的重力和惯性会成为推动力的一部分。这时，如果在摩擦力很小的情况下，健身者无须再费更大的力气，飞轮依旧会快速转动，而且不停地转动，这就是飞轮效应，即万事开头难，等事情走上正轨以后，也就容易多了。粒子记忆也一样，我们的幼童走出这一步需要用两三年的时间，但是只要一走上正轨，就可以发现，他们在飞速地进步。这也就是为什么小孩子刚开始学说话的时候可以使用的词汇很少，但是过了一段时间以后词汇量就飞速增长的原因。

当你想记住某一类事情的时候，你需要集中注意力，而且只集中在这一件事情上。重复、重复再重复地产生神经信号刺激，当你产生的神经信号刺激达到一定程度的时候，你也就无须再费更大的力气去记忆了，因为这个时候的神经递质的量已经足够帮助你记住这件事情了。飞轮效应就是这样在记忆的存储过程中得到运用。神经细胞产生大量的神经递质以后，按照我们先前所说的累积效应，伴随着数量的增加，形成聚集效果，并带来根本性改变的模式。相同的生物电波反复刺激神经细胞，使得神经细胞释放神经递质，这些被释放的神经递质在正常的情况下很大一部分被下一神经细胞接收从而完成信息传输的任务。但是也有特殊情况的发生，那就是因为神经递质携带电荷，具有吸引力，当遇到另一种力量时就会被吸附住，不往下传递了。神经细胞每次通过出胞作用分泌的神经递质会很多，不可能百分之百全部被下一神经细胞接收，可能都会有一小部分留在突触间隙内，但是由于刺激反复存在，神经递质会源源不断地被输出。假设神经递质每次会留下一点点，这种留存随着时间和频率的增加会慢慢累积，导致累积效应显现，最后在突触间隙内形成比较牢固的依附。这种依附就像生长在神经细胞的连接处一样。因为这些留下的神经递质携带电荷，因此这些留存的神经递质也就成了信息的载体，保存在突触间隙内形成粒子记忆的一部分。

累积效应在记忆中起到的作用和溶洞里的石钟乳的形成原理是一样的。因为我们以前没有关注，所以没有察觉到神经系统的神奇。我们知道其原理以后，回过头来仔细想一想，经过数百万年的流动，滴水都可以形成巨大的石钟乳，人类神经系统的进化当然也会取得长足的进步，记忆就是这种进步的结果。

现在看来，反复刺激是记忆的基础，只有反复刺激才能使得神经细胞分泌神经递质，只有反复刺激才能使神经递质大量出胞传输，只有反复刺激才能使神经递质在突触间隙间留存形成记忆。那是不是反复刺激一定就会产生长期记忆呢？显然不是，接下来我们要讨论信息存在哪里。高端记忆不用说了，就存在汇集处理部。因为汇集处理部是分层网状结构，每一层都有大量相同类型的神经细胞，这些神经细胞承上启下，相互连接，当外界输入信息想要进入汇集处理部时，会经过这一区域，所以，这一部分的高端记忆就像我们身边随手用的工具，拿也方便，放也方便。而普通记忆却不同，需要我们的存储处理部进行大量的工作。

前面讲到反复刺激只是基础，接下来一道程序是存在哪里。我们一定要有这样的共识，那就是存储空间虽然很大，但是存储和读取信息的通道却是极其稀缺的资源。和神经细胞相比，通道的数量简直可以忽略不计。既然通道是稀缺的，那么最好的办法就是采取树状网络连接结构，这样扩散开来可以实现存储空间数量级的飞跃。接下来是关于通过哪个通道进行存储的问题，前面我们已经提到过通过通道控制可以实现，就像我们在电脑中存储文件一样，先建立根一级的通道，进入这个通道以后再建立次级通道，进入次级通道以后再建立再次级通道，以此类推就形成一个巨大的树状网络连接结构。

既存信息的存在到底会促进还是阻碍一个人的记忆，取决于它们一起合作进行回忆时的效果。影响合作记忆效果的有两种因素，一是同伴之间缺少凝聚力就意味着“记忆削减”因素的存在；同时也有“记忆增强”因素，这得益于同伴之间交互回忆的方式。交互回忆以每人提出一条信息来引导记忆网络进行搜索的方式，填补了对方的记忆缝隙，像团队合作一样建构了整个故事。这方面内容我们将在关联记忆中阐述。

压力效应是指由于外在或内在的压力导致神经系统运行效率提高的现象。这种效应主要由压力引起，我们可以大胆推测，这种压力应该跟神经系统中生物电波的电压成正比。

我们许多人都相信，在愉快、轻松、无压力的环境下学习，记忆和学习效果会更好。但可能事与愿违，正是感觉到学习很难，非常吃力的时候，记忆和学习效果会更好，记忆才会更长久、更牢固。这也是跟学习压力有关系，当学习压力大时，因学习产生的信息流在神经系统中的表现就是，生物电波的电压更高，这样更容易产生神经递质，也就是粒子记忆更容易产生。再有一个就是专注度，因为受通道的影响，越是集中精力，越可以提高生物电波的电压。所以，想要快速学习一项新事务，最有效的办法是把注意力完全放在这项事务上，给自己一点压力，坚持不懈地一遍遍练习，直到记住为止。

古希腊哲学家赫拉克利特曾经说过“人不能两次踏进同一条河流”。这句话相当于说，事物没有稳定存在的状态，永远处于变化之中，并且没有相对静止的时候，我们可以把其称为流动效应。任何事物无时无刻不在发生变化，不可能有片刻的静止和稳定。在神经系统中的信息流也面临这个问题，我们的回忆会改变我们的记忆。我们回忆的内容必定基于已有的记忆，那么为什么说回忆会改变记忆？相比于原有的记忆来说，对某个内容回忆一次，本来的效果应该是强化这部分内容。但是，在我们读取既存信息经过汇集处理部的处理再次存入，这个再次存入的信息是经过汇集处理部加工后的信息，它不可能与原来的既存信息完全相同，经过改变的信息再次存入，所以我们的回忆会改变记忆。

举个例子，当你10岁的时候，有一年过生日收到爸爸给你买的一架飞机，你对这次生日记忆犹新，相比而言，你对其他生日的记忆就要淡许多。大约12岁的时候，太空飞船开始兴起，你想起爸爸当年送你的玩具的记忆已经不太清晰了，是不是也送过太空飞船？你不太确定再过3年以后，你已经彻底想不起飞机了，想到的就是太空飞船。在这个回忆的过程中，其本质上就是在构建过去，至少是自己能想起来的那一部分，当这里面加入一些新的信息，这些新信息也就连带被编入信息组合中被存下来。不仅如此，哪怕回忆的内容发生错误，我们的记忆也会随之歪曲，因为我们的主意识没有办法准确识别和比较、判断原有的既存信息与新信息之间的差别。

如此便可得出一个有趣的观点：我们成为怎样的人，恰恰是由于我们选择了什么样的记忆。

第四节　关联怎样帮助我们记忆

拴在一起是最高效的关联。

我们来做一个小实验，体会一下关联记忆的效果。下面一串数字，你看看自己需要花多长时间记住它。

4910170191013049101.

你用了多长时间？然后过几分钟后你是否就忘记了？

如果我把这一组数字拆分成49、101、70、19、101、30、49、101。然后我告诉你这是一个老兵与祖国的故事：1949年10月1日，我与祖国母亲分离，经过70年，到了2019年10月1日，我们还没有团聚，试问我们是否还要再等30年，到2049年10月1日才会相聚？

这样的话，你就很容易记住那一串看起来有点复杂的数字，并且并不会像之前一样很快忘记。所以，我们可以知道一个现象，那就是单一信息可以记得很快，关联信息才可以记得长、记得牢。

关于记忆的方法有很多，需要讲的也有很多，在这里我们只讲一种——关联记忆，其他的方面大家可以以此类推。

为什么讲关联记忆呢？因为这与我们存储处理部的结构有关系。

所谓的关联记忆，就是把两个或更多有关系的事物使用关联的方法联系在一起，然后存在一起，从而实现牢固记忆的目的。关联记忆用来描述在进行记忆任务时把事物和信息组合成片的行为。关联记忆的核心思想指的是我们运用更高层的思维意识活动来对外界信息进行分解组合后记忆的能力。通过运用神奇的联系能力，我们的大脑能够积极或主动地将分散的信息整理成组群存储在同一区域。

这是一种提高记忆力比较高效的方法，我们可以将需要记住的东西联系在一起。就好比在家里，我们专门用一个抽屉来放针线，这时别人送了一个尚未完成的小刺绣，如果我们随便放在一个地方，可能过几天就忘记了，但如果放在那个放针线的专用抽屉里，通过针线把它们联系在一起来记住它们，那下次我们会很容易找到它。简单来说就是，当我们要记住一些东西的时候，我们该尝试让这些东西之间建立一种联系，通过推断这些联系，让我们能够不断加深记忆，并想起与其关联的记忆内容。

关联记忆利用了神经系统中两个非常重要的特征：

其一，树状关联结构，只有这种树状结构才能实现将分散的信息整理成组群存储在同一区域的目的。

其二，既存优先机制，因为已经存在既存信息，因此不管是从信息存入的角度还是从信息读取的角度来说，都会变得更容易一些，也方便一些。

如果你理解不了，你就把关联记忆想象成一棵大果树，既存信息就是这棵大树上的果实，关联就是附近的果实紧密联系。在信息存储的过程中把输入信息放到一个已经存储好了的更广泛的情景中去，使之形成一个更大、更完整的信息链，那么这种关联的方法会更有利于记忆。例如，你想记住某个成语，当你知道这个成语背后的历史故事的时候，这种关联就会让你记得更快，知道得更多、更详细，你对这段历史的理解就更深刻。这也就是我们这本书引用这么多故事的原因。我们的小学课本也是这么做的。

如果我们能把更多的概念和信息组合成块来进行记忆，我们的工作记忆就会越来越强大。随着我们年龄的增长、经历的增加、对外界理解的加深，我们会愈加善于进行“关联记忆”。

例如，最近华为公司比较“热”，大脑中对“华为”这个词所代表和包含信息的记忆，可以看作记忆过程中的一个单元，你只需要记住这一个词，而不是记住跟“华为”有关的无数孤立的不同碎片信息：手机、5G、鸿蒙系统、芯片、任正非等。

大家去植物园的时候有没有云里雾里的感觉？植物的种类太多，根本记不下来，但是如果你采取关联记忆的方法，将植物与相关的记忆分类关联，并来回切换识别植物的种类，这样既可以提高你对同一种类植物的归纳能力，又能改善你对不同种类植物的记忆能力。以此类推，以后再遇到新的植物样本时，你分门别类的能力和记忆能力都会更强。

在学习的过程中，如果只是对输入信息进行机械式的重复，在当时确实可以达到记忆的目标，但是过不了多久，你就会发现自己能记住的东西不多。在信息输入以后你要是能够分解信息，分解的目的就是把输入信息分成几个更简单一点的信息，然后把这些分解后的信息与既存信息相关联，在读取信息的时候要用自己的语言把新知识表达出来。能把新知识和已知关联起来并强化诠释这两者之间的关联，就能牢固地掌握新知识与旧知识间的关联，就有助于记忆。

集聚效应原本是一个经济学名词，是指各种产业和经济活动在空间上集中产生的经济效果以及吸引经济活动向一定地区靠近的向心力，是导致城市形成和不断扩大的基本因素。集聚效应是一种常见的经济现象，如产业的集聚效应，最典型的例子当数中国的制造业，例如某个县城鞋子的产量占据了全世界生产量的百分之二十，“格兰仕”微波炉的产量占据了全世界生产量的百分之五十，再例如小家电、小食品、制衣、高铁列车等行业都各自聚集在特定的地区，形成一种地区集中化的制造业布局。我们要给勤劳的劳动者点一个大大的“赞”，正是由于他们的辛勤付出，才使得我们的制造占据着一个个世界制造中心；占据了美国硅谷，聚集了几十家全球IT巨头和数不清的中小型高科技公司。

回过头来我们再来关注神经系统，信息的存储过程中也存在着集聚效应，并且通过这种效应，我们可以在某种程度上提高信息存储的效率，同时也因为集聚效应的存在方便神经系统读取信息，因此，在神经系统内部集聚效应起到至关重要的作用。

关联近存原则是关联记忆在信息存储的时候遵循的重要原则，其表现形式就是相关联的信息一般会存在同一区域，这样既方便存入也方便读取。

但是，关联记忆也会出现一些问题，例如存储在同一区域的信息要一起进行回忆的时候极有可能出现许多问题。当记忆被共享的时候，我们可能会混淆记忆、歪曲记忆，甚至制造出完整而复杂的虚假记忆。

第五节　我们怎样读取信息

没有记忆的读取，任何记忆都没有意义。

小的时候，我老家的不远处有一条小河，我记得河水清极了，清得一眼就可望到河底五颜六色、圆润光滑的鹅卵石。春天的清晨，朝阳为小河镀上一层金辉；夏天的傍晚，彩霞为小河披上一层红纱；深秋的夜晚，弯月像一只银色的小船在河水中穿行；隆冬的午后，亮晶晶的小雪花满天开放，给小河披上了银沙。春夏秋冬的小河都美得让人窒息。而这些美景并不是我最关注的内容，最让我好奇的是，小河的源头在何处。长大了，我有时候会再去看看小河，在河边漫步，景色依旧，但是我关注的问题不再是小河的源头，而是思想的源头。

如果我们可以将信息流想象成河流，那么它们有没有什么共同之处呢？结论就是因流动而存在。河流内是水在流动，没有水的河流不能称之为河流；神经系统内是信息在流动，或者更具体一点讲，就是生物电波和神经递质在流动。只有流动起来，我们才可以确认神经系统是有生命力的。如果没有信息流动，那么神经系统就失去了存在的意义。

前面一节我们重点阐述了信息是如何存入到神经系统里面去的。那如何确认信息到底有没有存入？存入的信息量是多少？存入的到底是什么内容？这些都需要通过读取才知道。所以说，存入和读取是辩证的统一关系，二者缺一不可，你离不开我，我离不开你，即离开读取的存入没有任何意义，反过来离开存入也无法读取。我们还要特别说明一点，记忆读取是记忆存入最好的老师，它能帮助我们的大脑记忆，让信息存入更快、更牢固、效率更高。

汇集处理部将神经系统里所存储的信息再现出来的过程就是信息读取。通过第二章的阐述我们已经知道，汇集处理部接收到的信息大多数都是经过暗意识处理过的“二手”信息，汇集处理部的一个重要工作内容就是读取存储于其他分部的信息。这里需要说明一下，暗意识也在读取信息，但是不在我们这一章的讨论范围。

在记忆分类的时候我们已经将记忆分为电波记忆和粒子记忆。电波记忆读取的问题很容易理解，就是生物电波的传递。由于生物电波保存的时间比较短，所以汇集处理部对电波记忆的读取是即时的，只需要建立通道就可以读取，而本节我们所说的读取信息重点是汇集处理部将粒子记忆读取。

要讨论读取问题，首先我们得明确一个基础前提，那就是谁在读取信息？答案是汇集处理部和各个分部。汇集处理部是思维的核心部门，其处理的对象就是信息，这些信息分别存储于神经系统的各个地方，那么汇集处理部读取的对象就是这些既存信息。主意识很大一部分的工作就是在读取信息，然后进行处理。分部提取信息是暗意识的需要，我们主意识没有关注的情况下去干一些以前做的事情就是暗意识在提取既存信息处理后进行输出的结果。

如果现在让你去回忆，你是否记得自己小学三年级开学的第一天有没有在书桌内偷偷地刻了一个“早”字。因为这些记忆平时用到的不多，所以如果想回忆这些记忆，你需要绞尽脑汁，顺着某些固定的通道去检索。最终你会在自己关于家乡的记忆片区内找到一些线索，汇集处理部会读取到这一方面的信息，但是在这次读取的过程中，汇集处理部同时顺带也读取与小学相关的记忆。

从信息存储区域的角度出发，一般情况下我们将汇集处理部读取信息的形式分为两大类，一类是直接读取，一类是间接读取。

直接读取是指汇集处理部不经过其他部自行读取的记忆，其读取的对象是高端记忆与存储于汇集处理部的弥散记忆。由于高端记忆与存储于汇集处理部的弥散记忆原本就存储在汇集处理部，所以可以由汇集处理部直接读取。例如别人问你9乘以9等于几，这些信息在一上小学的时候都被我们通过背诵乘法表的方式存储在汇集处理部附近形成高端记忆，所以我们无须借助任何力量，答案直接就可以脱口而出，这就是直接读取。

间接读取是指汇集处理部必须经过其他部协同才可以读取的记忆，即汇集处理部读取经过暗意识处理后的信息。间接读取其读取的对象是感官记忆、瞬时记忆、普通记忆和存储于各个分部的记忆。

感官记忆存储在各个感觉器官，汇集处理部与这些感觉器官之间隔着视觉处理部、听觉处理部、嗅觉处理部、味觉处理部、触觉处理部。这些分部又和相应的神经细胞建立连接，因此汇集处理部想读取信息，必须经过这些分部，不能直接读取。瞬时记忆以生物电波的形式存储于各个分部，由于汇集处理部在读取信息时，这些分部参与了信息的处理，所以汇集处理部也不能直接读取。普通记忆与分部弥散记忆存储的位置在存储处理部及各个分部，汇集处理部读取出来的任何信息，必须借助其他分部处理成汇集处理部可以识别的信息，才可以完成信息的读取。这就是为什么我们想回忆某个很多年以前的画面的时候感觉画面会出现在眼前，实质是大脑中的暗意识的作用，视觉处理部参与了这一次的回忆活动。

间接读取的方法就是通道连接读取模式。通道连接读取模式就是指我们的神经系统中的汇集处理部通过建立与既存信息之间的通道，使得既存信息可以通过这种通道流向各个分部，汇集处理部借助各个分部的力量进行读取。我们可以静下心来想一下，如果你回忆一下自己最熟悉的歌，你的脑海里是不是就有了熟悉的旋律。但是这时你就会发现，这个熟悉的旋律并不是在脑海里，而是在嘴边，或者是唱出来或者是即将唱出来。这就是非常典型的例子，汇集处理部读取音乐类的信息就是借助了执行处理部中的歌唱功能进行呈现。因为汇集处理部读取信息时只能读取点状或面状信息，而不能读取一个持续的连续状态的信息。而音乐却是一个持续的连续状态的信息，当这些既存信息被读取出来以后，汇集处理部无法直接呈现，就只有借助执行处理部的力量。要不就是自己唱出来，通过耳朵接收到这些信息后再次输入到神经系统，变成汇集处理部接收的信息从而达到信息呈现的目的；要不就是即将唱出来，让执行处理部将这些信息反馈给汇集处理部从而达到信息呈现的目的。这两种方式，不管采取哪一种方式，都要借助执行处理部的力量，这就是我们所说的间接读取。由此，我们得出一个重要结论，那就是汇集处理部在进行信息读取活动时所读取的信息都是点状或面状信息，而不能读取一个持续的连续状态的信息。产生这个结果的原因跟信息的存储有关，我们前面已经讲了信息存入的时候就是点状差异化留存形成的粒子记忆，所以读取出来的信息也是点状或面状信息。

我们的长时记忆在存入时就是从生物电波转化为粒子记忆的过程。这种转变使得我们人类可以将短期记忆转化为长期记忆，从物理模式转化为化学模式，信息的载体从流动状态转化为固定状态。由于神经递质也携带生物电荷，因此，反过来需要读取信息时，神经系统的相关通道和神经细胞允许将化学模式还原为物理模式，即允许信息的载体从固定状态还原成流动状态，由神经递质还原成生物电波。当被还原的生物电波通过通道输入到汇集处理部时，既存信息的读取就完成了。

在信息的读取过程中是什么触发了我们去读取大脑中存储的信息呢？

我们来看这样一个案例。1月1日是新年假期，我们全家人去公园玩。12月31日晚上，爸爸想着可能太阳比较大，每个人都应该戴一副墨镜，所以爸爸就把全家人的墨镜都一个一个地找出来，装在一个包里。第二天一早大家就出门了，装墨镜的包被带到公园。等到上午了大家发现，今天是阴天，根本不需要戴墨镜。于是爸爸觉得带着墨镜的包太麻烦了，随后爸爸就将装有墨镜的包寄存在公园门卫室，并跟警卫说好下午去取。一天下来，大家玩得很尽兴，然后全家人愉快地回家了，把存包的事情忘得一干二净。

全家人都没有想起存包的事情，想起这个事情还是在一周后的周末，大家又要出行，这一天太阳特别大，大家需要戴墨镜出行，所以想起了找墨镜。爸爸通过回忆，想起了墨镜包还存在公园门卫室。

这是一个很普通的生活场景，我们要讨论的重点来了，我们是如何去回忆的？

就是当我们读取记忆的时候可不是一下就想起眼镜存在公园门卫室的，而是从我上一次用墨镜大概是什么时间，然后想到将墨镜装包的过程，接下来想到将包带到公园的过程，再接下来想到将包存放在公园门卫室的过程，最后确认墨镜就在公园门卫室。

这样一个回忆的过程告诉我们是如何读取既存信息的。这里面有一个很重要的原理，就是电动势促进原理。从物理上讲，存在电位差就存在电动势，由于存在电位差，生物电波会由生物电压高的一边流向低的一边。这是物理学的基本原理。大脑存储的各种信息就像是雨后被截住的小溪流，如果这些小溪流的水量聚集到一定程度，一旦闸门打开时，必然产生大量的水流流动现象。而汇集处理部读取信息时建立的连接通道就是为了给信息流搭建一个桥梁，让要读取的既存信息发生从化学状态至物理状态的转变以后，很容易地通过这个通道传输到汇集处理部。

信息读取的过程：检索——建立通路——信息流通——读取。

检索指从汇集处理部特定的信息需求出发，对特定的信息采用一定的方法，根据一定的线索与规则从存储处理部中找出相关信息的过程。检索的方法包括两种：树状系统查询模式和共振检索模式。

因为存储处理部的神经细胞排列的形状就是树状结构，所以不可能每一个细胞都对接汇集处理部，这样神经系统采取的办法就是汇集处理部根据自己的需要连接根目录细胞，深入连接下一层子目录细胞，再连接下一层孙目录细胞，从而找到自己需要的信息。这种方式便于查找某一类的信息。

当我们告别了天真无邪的童年时代，不管是从生理上还是心理上看，我们都已经进入了青春期。青春期的最显著特征就是性意识的萌动以及对异性产生神秘、向往和爱慕的心理。在这个时间段，青年男女之间悄悄萌生爱意是最正常不过的现象。等我们长大以后回忆起这份感情才发现，初恋时的我们既单纯又懵懂，带给我们的无论是快乐还是悲伤，总会让我们刻骨铭心，最美的时光因为失去而变得更加怀念。当时我们的心理只有单纯、简单的感情，别无杂物，男女双方都处在一种“盈盈一水间，脉脉不得语”的空灵境界之中。性意识的产生与神经系统的结构以及微量元素有关系，例如荷尔蒙。我们在这里重点需要讨论的是，我们如何读取存在我们大脑中的记忆。

关于关联记忆的表述我们已经非常熟悉了，存储处理部的神经细胞排列的形状采取树状结构就是方便信息读取的一种措施。试想，如果我们关于初恋的信息存储的区域左一块右一块，东一块西一块，那么我们的汇集处理部在读取信息的时候，就要建立非常多的通道，无意义地耗费非常多的精力。因此，将相关的信息存储在同一区域，这样汇集处理部可以根据自己的需要连接最少的根目录中间神经细胞，深入连接下一层子目录神经细胞，再连接下一层孙目录神经细胞，从而找到自己需要的信息。当这一个孙目录神经细胞处没有存储相关信息时，只需要返回子目录神经细胞查询即可，而不需要回到根目录中间神经细胞查询相关信息。这种方式不仅仅是节约了能量，更节约了通道资源，更便于查找某一类的信息。回忆自己的初恋，你就会发现有一点点痛、一点点甜、一点点遗憾，然后自然不自然的思绪就像泉涌一样出现在自己的脑海中。这就是我们的汇集处理部一旦建立了这种读取信息的通道，在这一根目录下，连带很多相关的信息都会被附带读取出来。

共振检索是汇集处理部发出的生物电波的频率与存储处理部内保存的信息相同，发生共振从而找到自己需要的信息的检索模式。共振检索的一个重要前提是主意识并不知道信息存在何处，当汇集处理部的检索条件成立时，通过共振来寻找对象。

“突然想到”“茅塞顿开”“恍然大悟”等思维活动就是这种模式的产物。春节假期我有机会去了一趟庐山，正好赶上雪后初晴，碧空如洗，雾凇遍地。当时很想找一个词来形容美景和美好的心情，“美不胜收”“心旷神怡”？好像都不能代表当时的心境。想了很久，在吃饭的时候突然想到如果用“秀色可餐”可能更能表达心境。这就是一种共振检索，前提是并不知道答案存在神经系统的何处，当搜索条件成功时，汇集处理部发出的生物电波的频率与存储处理部内保存的信息相同，发生共振从而找到自己需要的信息。

有时我们会有这种尴尬经历：遇见熟悉的朋友，话到嘴边，居然忘了对方的名字；或者想告诉朋友，突然忘记自己想要说什么。造成这种情况的原因就是转化问题。

存储在长时记忆中的信息明明存在，可是有时我们会对一些事情突然就想不起来，过了一段时间又突然想起来。这是因为我们在读取有关信息的时候由于没有搜索到相关信息存储的接口导致汇集处理部与存储处理部没有建立连接，所以就无法读取相关信息。

读取失败的现象提示我们，从长时记忆中读取信息是一个复杂的过程，而不是一个简单的“全或无”的问题。如果没有关于某一件事的记忆，即使给我们很多的读取线索我们也想不出。但同样，如果没有适当的读取线索，我们也无法想起曾经记住的信息。这就像在一个图书馆中找一本书，我们不知道它的书名、著者和检索编号，虽然它就放在书库中，我们也很难找到它。因此，在记忆一个词义的同时，尽量记住单词的其他线索，如词形、词音、词组和语境等，会帮助我们在造句时想起这个词。

第六节　存储空间的作用

有限的空间，无限的需求，提高效率是唯一的选择。

如果让大家去背诵《新华字典》，大家猜一猜自己多长时间可以背诵下来？很多人会疑惑，那么厚的《新华字典》，几十万字，不可能背诵下来，就算背诵下来，也不是一般人能够做得到的。正常人普遍存在的心理就是畏惧。那我要告诉大家的是，如果方法得当，背诵一本《新华字典》只需要几个月的时间，你是否相信？

这一节我们所关注的存储空间就是神经系统中存储信息的空间。因为在神经系统中被保存的信息只存在两种载体——生物电波和神经递质。因此，我们讨论存储空间的时候就从这两个方面出发来进行。讲到空间，我们可以说的只有三个方面的内容：位置、形状、大小。

生物电波可以存储的空间主要为神经系统的神经细胞内。因为神经系统是一个网状结构，因此只要是在神经系统内的神经细胞，理论上只要是参与生物电波传递，就可以短时间存储生物电波，即成为生物电波存储的空间。

神经递质主要存储于突触。我们已经知道神经递质是如何在突触间传递信息的，那么突触就是存储神经递质的主要空间。因此，理论上所有参与产生神经递质的突触都是神经递质的存储空间。

这里需要特别说明的是，在神经系统中有一个部分专门用于信息存储，这一部分不参与其他功能，专属用于存储信息，普通记忆大多就存储在这里。可以这样理解，神经系统内为树状网络连接结构，那么存储空间的基本结构大致也差不多，为分层树状网络连接结构。

在前面讲系统的时候我们提到过两个名词——边界限束和机会比例，不知道大家想起来没有？在讲神经系统的存储空间的时候我们必须要用到这两个名词。首先是存储空间的边界限束。存储空间不是无限的，是有限的，这是我们理解存储空间的基础。其次，因为神经细胞是有限的，所以存储信息的突触也是有限的。这两个有限决定了存储空间存在边界限束。

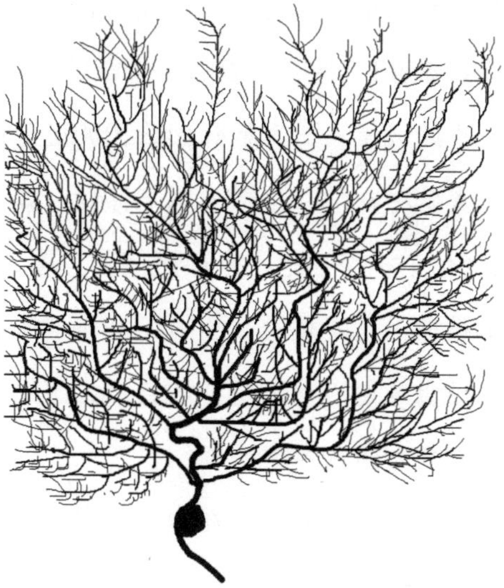

图3-6-1

人类的神经系统能够存储多少信息呢？如果这些记忆用GB、TB之类的单位衡量，大概等于多大的硬盘呢？虽然至今这个问题一直没有被认可的答案，但是我们可以从其记忆原理来估算一下大脑的存储容量。大脑是由神经细胞构成的，神经细胞相互之间通过神经突触影响，形成极其复杂的相互联系。专注记忆和弥散记忆就是以存储于神经细胞之间突触的神经递质作为载体存储信息的，其中有些神经递质保存时间比较短，有些神经递质则是保存得非常持久，而还有一些介于两者之间，这就形成了我们的长期记忆、短期记忆。

下面我们来用推算的方法计算一下人类大脑中专注记忆的存储容量的数据大小。通过电镜观察我们发现，一个轴突末梢内的突触小泡可多达数千个。每个小泡含1万～20万个神经递质分子。我们做一个保守的估计，假设每个突触中存储的神经递质（带电粒子）为100万个，存储的信息量用数据来衡量大约1G左右，平均每个神经细胞大约1000个突触，那么意味着1个神经细胞的连接就可以存储高达1TB的数据。而一个重约1.4千克的成年人，大脑有大约1000亿个神经细胞。这1000亿个神经元在人类大脑中并没有全部被用来存储，如果有十分之一用来存储，也有高达100亿个神经细胞用来存储信息。那么人类大脑存储容量相当于100亿TB的数据。也就是说，使用10TB硬盘来存储这些数据，也需要10亿块这样的硬盘才可以存下这些信息。大家想象一下，如果将10亿块这样的硬盘摞起来大约有多高？

为了便于沟通，在本书中我们暂且将人的大脑存储空间的边界限束设定为100亿TB，当然这个数据是推算的，肯定不准确，毕竟大脑超级复杂的运算规则并不是计算机所能比拟的。我们主要是通过估算来让更多的人了解大脑存储数据量之大。

当然，有了神经系统存储空间的边界限束，接下来我们就要讨论存储空间的机会比例问题，先说电波记忆，因为电波记忆存储的时间相对比较短，而且非常容易覆盖，所以我们在讨论存储空间时不做重点研究。我们主要是研究粒子记忆的存储空间机会比例问题，再来说高端记忆的存储空间。高端记忆主要存储于汇集处理部内神经细胞的突触，由于受汇集处理部神经细胞总量的边界限束的影响，高端记忆的存储空间的边界限束是摆在那里的“天花板”。站在机会比例的角度来看，如果某一类信息存储过多，那么其他的信息就很难再存入。

在理论上，神经系统具有无限的存储空间，但是这只是理论上的结论。从现实出发，我们没有必要将所有的信息都存进大脑，人类输入信息的主要目的也不再是将信息全部存储起来，而是利用这些既存信息去探索和感知新的世界。如果只会存储数据，那么大脑也不会如此发达，我们的人类也不会取得如此大的进步。收集、整理、分析、检索、遗忘信息等都是神经系统需要从事的工作，神经系统还需要腾出空间干那些值得我们关注的事情，因此从这个角度来说，神经系统的存储空间又是稀缺的。

在存储处理部我们相信，一个正常的人只用了自己存储空间很少的一部分。存储处理部中更多的存储空间是处于“空链接”的状态，我们所有人都没有将所有的存储空间全部充分地利用起来。一般人类的记忆实际应用只占据了大脑存储空间的一小部分，所以我们认为，人类的记忆潜力依然巨大。

在青少年时期随着年龄的增长，大脑体积也在增长，但是单个神经细胞的数量却在大量减少。大脑生长中，神经细胞的减少是我们成长发育的必经过程，因为只有这样我们的大脑才能变得更加高效，每次生长都是大脑内神经系统的一次优化——增加体积和容积，减少神经细胞的数量，为最重要而持久的信息留出实际有效的存储空间。

婴儿时期，神经细胞的连接很少，在生长的过程中会产生非常多的突触联系，神经突触高密度会持续到大约三四岁的时候，达到巅峰。在达到巅峰以后，由于太过于烦琐，神经系统会开始削减突触连接，直到成年时，突触连接开始相对稳定。简单来说，小时候我们的神经系统有很多神经细胞，这些神经细胞之间建立了不可计数的大量的突触连接，长大以后我们的大脑发现突触连接不是越多越好，而是越精越好。因此，大脑开始了精简活动，那些更有利于处理信息的突触连接被保留下来，而那些无关紧要的突触连接被舍弃。这样一来，存储单元的数量减少，有利于神经系统的检索，但是存储效率提高了，最终使得整体的神经系统的有效存储空间从绝对数量来说是少了，但是可以用于存储信息的实链接多了，因此，实际存储容量是增加了。

我们已经知道存储空间受边界限束的影响，在总量上是有边界的，并不是无限大。同时，在汇集处理部用于存放高端记忆的空间更是稀缺，而洗脑正是利用这种资源的稀缺性，使用特殊手段让他人在汇集处理部用于存放高端记忆的空间存满一些非正常或虚假错误的信息，致使其没有再存储其他信息的空间，这就是所谓洗脑。洗脑最大的特点就是占满空间，让人无法再接收其他信息。

我们重点来说洗脑的例子。所谓洗脑，就是指用外部压力将特殊的思想输入到他人神经系统，使之存入汇集处理部，形成高端记忆。洗脑具有以下几个特点：排他性、固定性、封闭性、重复性。洗脑的主要目的就是利用一切手段将符合自己利益的错误、虚假的信息去占据他人神经系统中的存储空间。我们身边经常发生传销的案例，传销之所以能够大行其道，就是利用的洗脑的方法。

传销危害参与者、危害经济、危害社会，这些危害每天都在新闻上出现，应该引起大家的重视和警惕。大部分的传销参与者，都无法像组织者宣称的那样一夜暴富，更多的是散尽钱财，一贫如洗，甚至负债累累。最终不得不面对穷困，以及别人的频繁追债。很多人在传销财富梦破裂后，为了脱困和还债躲债，不得不远走他乡。一些老人和退休者，由于家财散尽，老无所养，病无所医。

洗脑具有以下三个特点：

一是胡萝卜加上大棒引诱。在洗脑之初，施加者一定是用利诱的方式让被害者相信其歪理邪说。他们往往先提出一个可望而不可即的美妙前景，而这个目标只有参加操纵者组织的活动才能达到。利用受害者对美好事物的向往，极力贬低现实生活、夸大美好前景，使得受害者相信跟着他们就有美好的前景。

二是思想灌输加上占据大脑存储空间。灌输新的行为与态度：被操纵者进入组织以后，其他个体的尊重和肯定具有非常重要的意义。得到肯定，就认为具有最大价值；个人看法得到组织的鄙夷或者漠视，就唯恐弃之不及。经过一段时间，一个“新人”诞生了，就成为操纵者的留声机和传声筒。个体总是正确的、理性的。由多数个体组成的多数总是合理的、正确的。少数个体如果和多数相违背一定是愚蠢的、错误的。外部世界总是低级的、邪恶的。被操纵者长期处于这种氛围中，别人用这套逻辑对待他，他也理直气壮地这样对待别人。最后，这种思维方式成了根深蒂固的思维定式，很难认识到，也很难走出来。

三是排他加上精神依赖。任何模式的洗脑都具有排他性的一面，他们强调一切思想要按照组织者的意思进行。所有一切，上有操纵者理论上的提倡，下面通过个体间的相互评价和监督来进行，因而具有强大的力量。很快个体就认识到，进入这个组织就要抛弃过去的自己，重新做人，不能保留自己的任何想法。

我们已经知道神经系统中的存储空间是有限的，特别是高端记忆空间，对于每一个人来说资源非常稀缺，所以，我们真的不应该把有限的空间浪费在无意义的事情上。

第七节　如何提高记忆

记忆的最高境界是融合输出。

有个电视综艺节目比较火——《最强大脑》，大家都喜欢看，也比较关注。很多观众看到选手的表现时，更多的是瞠目结舌，觉得太不可思议了，这些选手的智商太强大了。

我们先引用宋代欧阳修的《卖油翁》的故事吧：

陈康肃公善射，当世无双，公亦以此自矜。尝射于家圃，有卖油翁释担而立，睨之，久而不去。见其发矢十中八九，但微颔之。

康肃问曰："汝亦知射乎？吾射不亦精乎？"翁曰："无他，但手熟尔。"康肃忿然曰："尔安敢轻吾射！"翁曰："以我酌油知之。"乃取一葫芦置于地，以钱覆其口，徐以杓酌油沥之，自钱孔入，而钱不湿。因曰："我亦无他，惟手熟尔。"康肃笑而遣之。

这个故事背后的深刻哲理大家慢慢去体会。在《最强大脑》的节目中我们首先要承认选手的高智商，但是在这里我所要说明的是，当我们的智商确定了不能改变时，我们如何通过自己的努力，专心投入，提高自己的记忆力。所以，我们能否通过发现记忆的原理，最终将记忆视为简单的事情呢？

我们已经知道电波记忆属于短时记忆，由于生物电波保存的时间非常短，加上受神经系统结构的限制，所以提高的空间有限。不经意间记住的事情属于控制弥散记忆，所以也不存在提高的问题。高端记忆和普通记忆是粒子记忆，属于长时记忆，需要付出努力才可以实现。因此，提高记忆的本质就是提高粒子记忆。我们重点探讨提高粒子记忆的模式可以从三个维度进行思考，简称“三维记忆模型”。

提高粒子记忆的初阶维度是重复输入。这种记忆模式的特征就是一个方向：输入、输入再输入。信息反复输入的概念在这里我们就不做说明了，因为仅从字面上就可以理解。这是提高记忆最原始也是最有效的方法。因为人在成年以前，急需输入大量的信息，这些信息要存储下来，神经系统保存下来的信息可以为我们成年以后的思维打下基础。通过前面我们了解的粒子记忆产生的过程，输入信息信号刺激得越多，信息保存得就越多。而保存这些信息没有任何投机取巧可言，只能是脚踏实地，一步一个脚印，踏踏实实地做重复输入才能记得牢，记得久。

为了使婴儿记住“爸爸”“妈妈”这两个词，我们的父母对着自己的孩子喊了多少遍“爸爸”“妈妈”？这就是在重复输入，一遍又一遍地输入。

我们从小学开始一直到中学、高中，所做的功课就是这种初阶维度，是重复输入。只有不断地重复输入才能背诵下来那些古诗词、课文、英语单词、数学公式、物理公式、化学分子式，进而我们才能在以后的学习中利用这些基本原理去解决一些复杂的问题。

提高粒子记忆的中阶维度就是闭合测验。这种记忆模式的特征就是两个方向：输入与输出。所谓闭合测验就是全流程测验，测验的过程就是将被测对象带入神经系统，经过信息输入、检索、处理、输出的全过程，已达到验证的目的。你也可以把闭合测验理解为全系统的实战练习。说得更直白一点就是，信息要进得去，还要出得来。当能将输入信息反复输出的时候，说明我们的记忆在整个神经系统完成闭合，形成了一个完整闭合的虚拟通路，在这个虚拟通路内，信息流可以全域运行。

闭合测验最主要的作用就是帮助我们更好地强化所学内容。在学习的过程中，进行闭合测验要比立即复习更能强化记忆，因为闭合测验需要神经系统花更大力气完成信息链的闭合，这样一来不仅能让记忆更持久，而且还能让知识在更多变的环境中更容易被检索，同时在检测的过程中还能发现问题、解决问题。

闭合测验练习的好处是长期的。我记得我上大学时，在每堂刑法课之前，我们都要做个测验，导师让我们回答上一堂课所学的内容，如果答不上来就站到教室后面去听课。被罚站是件很丢人的事情，因此我们也有了更大的学习动力。重点是每次课前的一次测验极大地强化了我们的记忆，所以到了期末考试我们不用太多复习就可以取得不错的分数。现在想起来，我要感谢我的导师，和那些只是被老师要求死记硬背法律条文的学生相比，我们的闭合测验让学生更了解自己的学习进展。同时，这种闭合测验能让学生发现问题，从而找到解决问题的方法。调整授课方式，进行纠正，在测验后向学生提供纠正反馈，可以避免他们记住错误的东西，让他们更好地学习正确的答案。过了这么多年，现在看来这就是一个非常标准的闭合测验。

提高粒子记忆的高阶维度就是融合输出。这种记忆模式的特征就是：信息输入后加入自己的认识再输出。所谓融合输出，就是在既存信息的基础上融入自己的认识和理解，然后进行创新型的信息输出。把记下来的复述一遍不叫融合输出，只有这种信息的输出加入了自己主意识的处理结果才能算信息的融合输出。因为要加入自己的认识，因此汇集处理部必须反复读取这一组综合信息，汇集处理部在处理完毕这些信息后还要存储这些信息。在反复读取、反复处理和反复存储这些信息的过程中，在神经系统内部又诞生了一个完整闭合的虚拟通路，在这个虚拟通路内，信息流也可以全域运行。这样加上前面讲到的输入和输出通路，针对这一组信息就形成了双路通路，信息流在双路通路中运行可以使得信息的存储变得更牢固。所以，融合输出最好的表现就是将所学到的东西加入自己的观点，然后讲给别人听，让别人听得懂。

融合输出就是记忆的最高境界。我们可以回忆一下自己关于学习的内容记住了什么。这些关于学习的记忆才是教育的精髓。在我的记忆中，不管背下了多少东西，经历了多少次的考试，现在大都“还给”老师了。但是，有一些却牢牢地刻在脑海里，这些记忆就是我所说的融合记忆。在我的记忆中，有一类信息记得特别牢固，那就是老师让我给其他同学讲的内容。这些融合记忆形成的原因是当时老师让我给学习成绩不太好的同学讲课。关于讲课，我先得备课，将需要讲的内容背得滚瓜烂熟，其次，为了课讲得精彩，我还得添加一些让人觉得好听的内容。最后是必须有自己的认识，这样才不会被学生问住。想想看，要做这些内容，我需要准备多少资料？真正是可以用“台上一分钟，台下十年功”来形容。就这样，这些知识成为我脑海中挥之不去的记忆。

提高记忆的具体方法和措施有很多种，但是从常用的角度看来无外乎以下九种：扩大空间、集中精力、培养兴趣、重复刺激、深入理解、互联互通、方法科学、加强营养、保证休息。

1.扩大空间

首先，神经系统内的神经细胞受边界现束的影响，数量是有限的，那么理论上存储空间也是有限的；其次，我们尚有大量的存储空间没有进行利用；最后，由于神经细胞具有可塑性，如果长期不利用，存在被其他分部占据的可能。如果想提高记忆，就必须尽可能地“占据”存储空间。在这个方面我们可以做的工作就是多记一些东西，争取去激活和占据更多的记忆空间；还有就是忘记一些没有意义的信息，腾出一些记忆空间。

在我们的神经系统中，还存在很多从没有使用过也没有分泌过神经递质的突触，如果想利用这种空链接，那就必须先激活这些链接。激活最好的办法就是用真实的生物电波去刺激神经细胞，使神经细胞产生神经递质。在看得见摸得着的领域多去做记忆练习活动，使得更多的神经细胞参与记忆活动，这样更多的空链接就会被激活。

2.集中精力

把短时记忆变化为长时记忆就是把电波记忆变为粒子记忆。因为粒子记忆需要神经细胞释放神经递质，所以就必须集中精力，才能分泌得更多。记忆时只要聚精会神、专心致志，排除杂念和外界干扰，神经细胞就可以集中精力释放神经递质，作为记忆载体的神经递质越多，大脑皮层就会留下更深刻的记忆痕迹而不易遗忘。如果精神涣散，一心二用，那么需要存储其他信息也会分走一些精力，就会大大降低记忆效率。我们肯定有这种体验，当在专心致志地学习的时候，记忆力会很好，效率也高。但是当在学习的时候，有人干扰或是传来电视里非常大的嘈杂声，那么就很难记得住学习的内容，记忆的效率也会很低。

3.培养兴趣

我们可以把兴趣浓厚简单理解为喜好，精神愉悦能促进神经递质分泌释放。显而易见，精神状态对记忆的影响是非常重要的因素。如果对学习材料、知识对象索然无味，那么神经细胞是处于排斥状态，神经递质很难分泌，这样即使花再多时间，也难以记住，适得其反。我们小时候都碰到这样的情形，如果某一门课自己特别喜欢，或者非常喜欢这门课的老师，再或者这个老师教学形式与自己习惯的学习风格相符，那么自己的学习效果就会更好，这门课的成绩也会很好。

例如，在幼儿园面对习惯用视觉或听觉学习的学生，老师们就用孩子们喜欢的相应的形式教他们。小学生在学习时可以利用孩子们的多种天分，我们可不要小瞧这些小学生的潜能，他们可以做到“眼观六路、耳听八方”，很多情形大人都做不到。充分利用他们的好奇心，传授一些新知识，效果会很好。如果老师可以让孩子们熟练地从不同类型的问题中提炼出基本原理，也就是“规则”，那么这些方法对于孩子们来说将会终身受益，长大以后他们在陌生的环境中就更有希望找到正确的答案。另外，培养兴趣可以创造关联记忆，因为有兴趣意味着更多的信息会被输入和处理，也会有更多的信息被存储，这些信息相互会关联，形成更大的信息组群。

4.重复刺激

重复的意义就是反复刺激神经细胞，刺激多了，神经递质的释放也会增加，记忆也就更深刻，即学习材料在记住的基础上，多记几遍，达到熟记、牢记的程度。到目前为止，不管在什么领域，人们在学习一项技能或一门知识的时候，都倾向于反复阅读课本或反复练习，并进行集中练习，这虽然是效率比较低的一种记忆方式，但是也是简单粗暴和有效的方式。进行集中练习意味着我们在机械地、快速地重复一些东西，想把它们烙在自己的记忆中，也就是“熟能生巧”。一个例子就是考试前的“填鸭”式复习。重复阅读与集中练习会让人越做越熟练。

重复刺激最重要的一环就是经常“读出”。读出就是把已经存储的信息读取出来在汇集处理部再次呈现，可以把它看成是复习，这样更有利于记忆。任何记忆，虽然当时记住了，如果长时间不读出，也就是总不去想它，那么再牢固的记忆都会慢慢变得模糊，最后忘记。神经系统遗忘记忆的速度是先快后慢。对刚学过的知识，趁热打铁，及时温习巩固，是强化记忆痕迹、防止遗忘的有效手段。同时，因为读出记忆需要检索，多检索会强化记忆，并阻止遗忘。

我们在阅读过一段文字或听过一堂课后，只需用一道简单的小问题考考自己，就可以巩固所学、强化记忆，而且效果要比重读课本或复习笔记好得多。虽然大脑不像肌肉那样，可以通过锻炼来加强，但负责学习的神经回路确实是可以强化的——具体的一个方法就是检索记忆，并练习所学的东西。定期练习可以防止遗忘，强化检索路径，而且对于保存想要掌握的知识来说至关重要。如果在做一件事情的中途有间隔时间，你会在中断期间感到稍有生疏，或者把两件或多件事情穿插在一起做时，检索的难度会更大，而且你会觉得收效不佳。但实际上，这样做会让学习效果更持久，而且以后也可以更灵活地运用学到的知识和技能。在别人教给你答案前，先尝试自己解决问题。这样效果会更好，哪怕在尝试中会犯下一些错误。

重复刺激的另一个重要的手段就是测验，测验首先必须是重复调取已有的记忆，其次测验可以帮助我们判断自己学到了什么。测验这种工具几乎适用于所有学科，我们可以用它来发现并巩固自己的薄弱环节，从而更好地掌握知识。

5.深入理解

理解记忆是输入信息分解后与存储信息发生共振，在共振的基础上神经细胞更容易记忆（我们将在下一章重点阐述理解的内涵）。理解了的东西更能记得牢、记得久。仅靠死记硬背，则不容易记住。对于重要的学习内容，如能做到理解和背诵相结合，记忆效果会更好。如果只是进行机械式的重复，过不了多久，你就会发现自己能记住的东西有限。不过你要是会细化知识，就可以无止境地学下去了。分解细化就是理解新知识的过程，分解细化的方法就是把新知识分解表达成数个已有旧知识。越是能把新知识和已知关联起来，越是能诠释这两者之间的关联，就越能牢固地掌握新知识。新旧知识间的关联越多，就越有助于记忆。

6.互联互通

内部互联互通以及和外部互联互通。

前面我们已经知道记忆存储的原理，对神经细胞的树状结构非常熟悉。如果我们将要记住的信息与既存的信息存在相关联的突触附近，那么当我们想读出这个信息时，只要读出相关的信息就可以连带读出这个信息。这样就可以增加信息的使用频率，使用频率越高，对于记忆越有帮助。

从另外一个角度来说，多部门参与，读、想、视、听相结合，可以同时利用语言功能和视听觉器官的功能，来强化记忆，提高记忆效率，比单一默读效果好得多。和集中练习相比，穿插练习与多样化练习可以让我们更好地掌握这种提炼技能。举个例子，平时在练习计算物体体积时，用不同种类的几何体练习，这样等考试时随机遇到一个几何体，我们就能更熟练地找到正确的解法。让孩子们穿插识别鸟的种类，或油画作品，既可以提高孩子们对同一种类的归纳能力，又能改善孩子们对不同种类的识别能力。这样一来，在以后遇到新的样本时，孩子们分门别类的能力就会更强。在判断自己知道什么和能做什么的时候，孩子们就不会被各种错觉干扰。

7.方法科学

我们一定要相信科学的力量，科学用脑，多点记忆，运用多种记忆手段绝对可以提高我们的记忆。这是科学结论，大家毋庸置疑。至于记忆的方法，大家可以根据自己的实际情况，灵活运用分类记忆、特点记忆、谐音记忆、争论记忆、联想记忆、趣味记忆、图表记忆、缩短记忆及编提纲、做笔记、卡片等记忆方法，只要是适合自己的方法都可以增强记忆力。

8.加强营养

既然我们已经认定信息在神经系统中保存的重要表征之一，那么记忆就需要大量的神经递质。神经细胞合成神经递质需要大量的能量（优质的蛋白质等）。营养和能量补充得越充分，神经递质分泌就越多，记忆的效果就越好。

孕妇会“变笨”是有科学依据的，因为怀孕后孕妇的身体内部发生了很大程度的变化，加上体内的婴儿在汲取母亲的微量元素，这也导致孕妇的记忆力下降。从这个角度可以反映出营养对我们记忆的重要性。

9.保证休息

神经递质合成的时间大多数是在人休息的时候。为什么我们在连续工作十几个小时后会觉得大脑变得愚钝？因为大脑中的神经细胞中的神经递质不足，无法保证信息传输的正常运行。所以这个时候就需要我们休息，让神经细胞补充能量，合成神经递质。休息好就能大大提高大脑的工作效率，这是提高记忆力的关键。

第八节　记忆是怎样失去的

如果有什么经历在你的记忆中留下印迹，那么将来我们失去的不是记忆，失去的是我们色彩斑斓的青春。

大多数人25岁以后记忆力会随着年龄的增长逐渐下降，“最近老忘事”会成为其随时挂在嘴边的口头禅。

有时间大家可以静下心来做一件事：拿出纸和笔，开始写自己所有同学的名字，包括幼儿园同学、小学同学、中学同学、大学同学，看看你能写出多少个？会不会超过50个？

失去记忆是指神经系统内存储过的既存信息无法读取，或者读取存在错误的现象，简称遗忘。按照信息存储的模式，遗忘过程在记忆的不同阶段都存在。遗忘基本上是一种正常、合理的神经系统运行现象。

那么为什么记忆会丢失呢？这得从存入的时候就开始说。我们已经确认记忆存储的空间只有神经细胞内或者突触内。当出现部分细胞的死亡和突触连接断开时记忆无法读取，记忆存储的空间就不复存在，那么记忆肯定也就会随着消失，这种情形属于结构性失忆。还有其他的情形也会造成记忆的失去，那就是有新的记忆覆盖旧的记忆，这种情形属于覆盖性失忆。还有一种情形是记忆慢慢变弱直至彻底失去，这种情形属于弱化性失忆。例如，记忆长期不被读取造成记忆的印迹变弱。所以，这一部分的记忆会微弱地存在于我们的神经系统内，慢慢地被边缘化，但是这样的记忆很可能通过与之前记忆的事物相关的刺激就能重新激活。

有存入就会有失去，这是自然规律，失忆就是人的神经系统在处理信息过程中的必经步骤，其必然首先体现在神经系统感知过的信息也不可能全部存储下来，所以会出现放弃一部分的情形发生；再次记忆一直在生长，其间充满变数；最后受存储空间的边界限束，信息也没有对全部信息进行存储的必要。

遗忘虽是一种复杂的心理现象，但其发生发展也是有一定规律的。造成遗忘的原因有很多，像我们前面提到的结构性失忆、覆盖性失忆、弱化性失忆等。结构性的失忆属于神经系统出现非正常的状况造成的失忆，因为涉及病理学的内容，我们就不做讨论。我们重点讨论的是在正常情况下为什么会失去记忆。我们也已经将记忆分为了电波记忆、专注记忆和弥散记忆，那么我们就必须分开来研究电波记忆、专注记忆和弥散记忆都是如何失去的。

失去电波记忆的模式主要包括两种：传播遗忘和覆盖遗忘。

因为电波记忆存储时间本来就短，从上一个神经细胞传递到下一个神经细胞，那么上一个神经细胞就失去了电波记忆，以此类推，随着传播的进行加上生物电阻的存在，这一类的生物电波就慢慢消失，这就是传播遗忘。这种遗忘通常的表现就是，我们在做某一件事的时候，做了后边忘了前面。例如，我们在酒会上新认识的朋友，别人告诉你他的名字，只要你不是特别关注并反复默念的话，听完以后在正常情况下你都会忘记。这种就是典型的传播遗忘，就是我们所说的一带而过就全过了。

新的生物电波从上一个神经细胞传递到下一个神经细胞，那么新的生物电波就会覆盖上一个电波，下一个神经细胞就失去了电波记忆，这就是覆盖遗忘。这一类遗忘的表现主要是一件事情想着想着突然想起别的事情就把这一件事情忘了。例如，我们在酒会遇到一个老朋友，你很想跟老朋友聊会儿天，但是你跟他只是打了一个招呼并说一会儿再细聊。这时别人来和你聊天，因为你的神经系统有正在做的工作，所以新的信息就覆盖了旧的信息，你就没有想起来那个老朋友还在等你。这种就是典型的覆盖遗忘。

失去专注记忆和弥散记忆分主动遗忘和被动遗忘两个方面。

主动遗忘是汇集处理部可以不与存储处理部存储某些信息的存储空间建立连接，也就是通常我们说的我们刻意不去想，这样被存储的信息也就无法被读取。由于记忆痕迹得不到强化而逐渐减弱，以致最后消退，随着时间的推移，大部分记忆都被遗忘了。因为失恋很痛苦，很多人采取的办法就是刻意地不去想它，甚至为了避免因环境触发而引起回忆，有的人还会选择离开伤心之地。时间久了，因为这种连接从来不去接通，慢慢地，伤心的记忆也就失去了。

被动遗忘是客观原因不能读出存储在存储处理部的某些信息，致使记忆丢失的情形。例如，小时候我们跟发小天天在一起玩，留下了很多美好记忆。长大以后，很长时间不联系，那么我们小时候的记忆就会慢慢地变淡，以至于很多事情都想不起来了，这就是被动遗忘。再例如老年人，由于神经细胞的自然消亡，致使神经细胞的突触连接变少，所以会出现遇到事情转眼就忘的现象。

失去记忆的两个重要意义：节省存储空间和有益身体健康。

从节省存储空间的角度来说，每个人参与记忆的神经细胞的总量是有限的，所谓好钢要用在刀刃上，我们要利用更多的存储空间存储更多有益的信息，而不是让无益的信息占用大量的存储空间。遗忘有利于学习，这听上去很违常理吧？但是从有限空间的角度来看就是如此。你可以这样理解：如果你大脑能记住一切，也能回忆起一切，那么随着时间的推移，存储就会变得更难，读取也会更难，因为信息太多，检索起来就需要更多的时间和精力。在这种情形下，你的超级大脑要想工作得更快，要想在现实世界中更能发挥作用，你就必须在它里面构建一些为老旧、无用信息打折的体系，这就是遗忘的意义。这种情形在高端记忆中表现得特别明显。

我记得刚工作的时候，我有一个好朋友，因为每天都要通过电话联系好多次，所以他的手机号我背得滚瓜烂熟。那时他的手机号码就像印制在我的大脑中，现在想来其实就是因为每天都在使用，所以存在了我的汇集处理部内形成了高端记忆。我们分开以后，大约十多年的时间，有一天，我突然想找他，却无论如何也想不起他的电话号码，最终还是去翻了通讯录。这个事例说明，只要不是我们天天用到的信息，就算曾经是高端记忆，随着时间的推移，也会被其他高端记忆替代。这就是为什么“遗忘”能帮助我们学习：当无用信息不太容易读取出来时，自然而然地就会被淡化，腾出相应的存储空间存储其他信息，这样我们的神经系统就能保证存储处理部的使用效率。

从有益身体健康的角度来说，因为记忆需要大量的神经递质，而神经递质又和情绪产生必然的联系，因此这些记忆关乎着我们的身体健康。我们将在本书情绪篇章中详细说明情绪产生的原理，以及记忆和情绪产生的关联。

为什么人在儿童时期记得快但忘得也快？最近我一直在思考，为什么两三岁的孩子记忆力会如此得好？一首歌，只需要教几遍，他们就可以全部唱下来。我们都有这样的体验，在上小学的时候，背诵课文非常快。这是因为小学生更多的是在利用电波记忆和高端记忆，而很少利用长期记忆。

如果我们说我们在婴儿时期都没有留下记忆，那么大家肯定不会反驳。为什么我们会失去婴儿时期的记忆？原因是在婴儿时期我们的突触连接还非常少，再加上婴儿神经细胞尚在发育阶段，其分泌神经递质的能力还不具备，或者说这种能力比较差，所以根本无法形成粒子记忆，能做的事情也就是产生一些保存时间非常短的电波记忆。基于生物电波保存的时间较短，当电波记忆被覆盖时就什么也记不住了。所以，指望婴儿时期保存长期记忆那是天方夜谭。

所有的人都有这样的体验：哪怕是对自己来说记忆犹新的事情随着时间的推移都会褪色。为什么？因为我们的神经细胞的突触中的神经递质如果没有得到维护和强化，慢慢地就会减少，减少后的直接结果就是失去记忆元。而我们的神经细胞又具有趋源性（可塑性），处于不断变化的动态系统中运行，频繁的神经信息传输过程中可能存在新信息覆盖旧信息的可能，这种客观的现实要求要想保存信息就必须不断维护和强化原有记忆，否则信息的存储难以保存特别长的时间。所以，记忆最大的敌人不是时间，而是自己。如果我们经常维护和强化，那么记忆就不会消失。大家去观察一下老人就可以知道，那些被老人们记住，并经常念叨的年轻时候的记忆就像刻在脑子里一样，记得特别清楚，其根本原因就是老人经常回忆，他们在用回忆的这种方法在不断维护和强化原有记忆。随着岁数的增长，老人们可用于记忆的新的突触越来越少了，所以那些记住了的信息被固定在存储处理部的神经网络里，很难失去。

我们记住的每一件新的事情都需要在数量有限的突触里建立一种新的关联关系。然而失去的记忆在自己看来似乎并未失去，只是减弱，好像没有以前那么清楚了。自己感觉上或至少以为，这些完整的信息始终存在自己的大脑里，但是如果让自己去回忆，又想不起来，或者想起来很费劲，再或者想起来了，却是模模糊糊的记忆。这就说明自己在慢慢地失去记忆，对那某件事的记忆力便是在慢慢减退。例如说，我的发小，小时候我们天天在一起玩，从小学一直到初中、高中都是同班同学，到大学双方就分开了。以后都是几年才见一次面，最近的一次见面是三年前。现在我开始回忆我们在一起的画面，虽然能想起但屈指可数。这说明关于这段记忆已经亮起了红灯，如果不维护和强化，终将逝去。

那记忆力弱化从什么时候开始，又是什么原因造成的呢？它给我们的记忆带来了哪些后果呢？目前的科学结论无法给出统一答案。减退的主要原因有很多，我们只是从九个方面进行阐述，虽然这些因素不能覆盖引起记忆力减退的百分之百的原因，但是至少是涵盖了大部分的主要原因。

1.年龄是第一位的原因

随着年龄的增长，部分神经细胞会老化和死亡。我们假设存放一段综合信息需要1000个神经细胞，信息存储好了以后，当其中出现几个或几十个神经细胞死亡的话，那么我们的记忆就会破损和残缺，这样我们的记忆就不是一个完整的记忆，其记忆的内容效果就会大打折扣。随着死亡的神经细胞越来越多，记忆力下降的趋势也就越来越快。

2.疾病会造成记忆力减退

不管是生理上的疾病，还是心理上的疾病，都会导致记忆力减退。例如发烧，身体的温度过高会杀死一些神经细胞，对神经系统造成不可逆的损伤。神经细胞的这种损伤最直接的后果就是大量用于存储信息的突触会跟随着消失，记忆也就会失去。

3.用脑过度会造成记忆力减退

通过前面的阐述我们知道，记忆需要大量的神经递质，而用脑过度会导致一个人神经递质被大量地消耗，疲劳感增加，对外界事物的敏感度降低，从而影响记忆。无法得到神经递质的补充和加强，记忆随之就会降低。

4.熬夜或者失眠会对记忆力产生影响

睡眠质量不好的人，因为神经细胞的修复能力下降，神经细胞的能量补充不足，废弃物代谢不出去，神经递质分泌受影响也会造成记忆力减退。睡眠是采取休息的方式保护神经细胞正常地新陈代谢，如果人得不到休息，那么就会影响记忆力与注意力。

5.不良情绪会对记忆力产生影响

不良情绪主要是指抑郁、焦虑、愤怒等不良情绪，这些不良情绪会影响我们的思维，同时也影响着我们的记忆，导致记忆力减退。关于不良情绪如何对我们的记忆力产生影响，我们将在情绪的篇章中详细阐述。

6.过度依赖外界工具进行记忆会对记忆力产生影响

如过度依赖电脑、书籍等，而不是自己努力去记忆。这样会导致神经细胞使用率降低，存入的信息过少也会降低神经细胞的活跃度，因此会影响我们去开发记忆力，运用记忆能力，记忆力从而减退。

7.压力过大也有可能造成记忆力减退

适当的心理压力可以增加我们的记忆力，但是过度的心理压力就会影响我们的记忆力。因为压力过大会增加神经递质的释放，而过多的新的神经递质的产生会增加覆盖原有神经递质的概率，从而消除和淡化原有记忆。

8.不良嗜好会对记忆力产生影响

如抽烟喝酒等，酒精虽有时可以帮助人们消除疲劳，使身体活性化，但饮酒过量会导致部分记忆的暂时丧失。由于酒精对脑细胞的麻痹作用，很可能会发生暂时性记忆丧失的情况，使得记忆链条中的某些环节断裂，致使记忆力下降。

9.缺乏营养也会造成记忆力减退

通过前面的阐述我们知道，记忆需要大量的神经递质，而分泌神经递质就需要时间细胞获取大量的养分，只有养分充足才能保证神经细胞正常分泌。当缺乏营养时，神经递质的补充没有及时跟上就会影响记忆。

总之，信息进入大脑后，留存是短暂的，失去是永恒的。

第九节　梦

每个梦之所以美好或不美好，都是因为在清醒时我们心存一颗期待的心。

每个人都会做梦，那么你现在可以开动脑筋想一想被你记住的梦有哪些？是不是寥寥无几？在我的记忆中，从小到大，印象最深的梦是好几次梦见自己爬山或者爬了很高的楼梯，然后从上面滚下来，或者从悬崖上掉下来。这种梦不只是做一次，因为有时是感觉摔得浑身疼，有时在摔下去的一刹那醒过来，所以就记得比较牢固；还有就是梦见蛇的次数偶尔也有，因为害怕所以也有很深刻的印象。

梦的本质是神经系统处于开环状态时段的产物，其作用就是信息的释放与回收。梦是神经系统在休息时既存信息在汇集处理部进行无序组合、传递和回放的过程，同时也包括暗意识接收人体感官接收传导低强度信息的参与组合。简单来说，是神经系统中的汇集处理部被动接收既存信息和输入信息进行无序组合成像的过程，这就是人类的梦幻成因。

神经系统处于工作状态时，连接汇集处理部与各个分部的主通道以及各个分部之间的辅通道是处于连接和接通的状态。神经系统处于休息（睡眠）状态时，神经细胞中的部分连接停止运行的主要表现为连接汇集处理部与存储处理部、执行处理部的主通道关闭，致使这几个子系统之间的信息传递正常运行得不到有效保障。但是有些子系统之间或子系统内部的连接并不能同时全部停止信息传递，因为它们之间的有些连接通道是无法关闭的。在神经系统休息的时候，因为存储于部分突触内的尚未释放的神经递质的存在会导致细胞膜内外的生物电压差，这种生物电压差促使生物电流的流动，从而形成正向或反向不规则流动。这种流动会在有联系的神经细胞之间形成一个局部的闭环小系统，该小系统内部可以任由生物电波和神经递质无序地传递，这就是睡觉的时候会做梦的原因之一。

当我们睡觉时，身体得到了休息，部分神经细胞并没有休息，这是客观原因造成的，并不是主观上神经系统不愿意休息。生物电流的流动是基于电动势的客观存在而产生，不以人的意志为转移。同时，在大脑中的部分神经细胞会因为它们之间的通道无法关闭，因此生物电波会在神经细胞之间传播也是形成梦的原因之一。

大家会有这样的体会：白天思考事情过多的时候，晚上做梦也会比较频繁。但是如果白天体力劳动过度，极度疲惫的时候，晚上就特别少做梦。这是因为白天思考事情过多，在突触部位保存的信息也就多，也就意味着晚上可以不规则流动释放更多的生物电波，从而造成更多的梦。如果白天体力劳动过度，极度疲惫的时候，就没有时间和精力去思考过多的事情，相应的，在突触部位保存的信息也就比较少，同时也就意味着，晚上没有多少可以不规则流动释放的生物电波，结果就是很少做梦。

从梦的形成原理我们可以分析出这样的结果：促进做梦的起因机制主要有两个，一个是生物电动势促进原理；一个是暗意识触发原理。

1.生物电动势促进原理

大脑存储的各种信息就像是雨后被截住的小溪流，如果这些小溪流的水量聚集到一定程度，一旦闸门打开时，必然产生大量的水流流动现象。人在清醒时，可以控制这些信息不往汇集处理部或者神经系统的特定区域流动；当人们睡觉时，汇集处理部失去对这些信息的约束，在生物电位差的影响下，大脑内的各种信息会产生不受约束的流动，就自然会引发形成大脑内的梦境。

2.暗意识触发原理

人在休息的时候，主意识处于休息状态，但是不受主意识控制的暗意识还在运作，暗意识在各个分部能够引发子系统内部生物电波或神经递质运动。这种能量运动是有不同触发机制的，主要分为：外界信息输入触发和内部触发。

（1）输入信息产生暗意识触发机制：主要是睡觉过程中，身体感受外界的各种信息，从而引发人们做相关信息的梦境。

人在睡眠时，除去由所存储的既存信息自由流动构建梦外，也包含了由人体感官传来的低强度刺激信息。我们前面所讲的总和作用在这里就得到体现，感官的高强刺激信息会唤醒休眠期的脑部主控神经系统，使人立即苏醒处理紧急事务，这是人体自身最优先级别的保护本能。而感官细胞获取的低强度刺激信息不足以刺激大脑苏醒，但是被暗意识处理过的信息不会自然消失，它还是需要出口的，当这些信息无序地流动时，梦就会无序地产生。

例如你正在睡觉，某人在一旁弹着吉他，这些声音被神经系统接收以后先在听觉处理部形成暗意识，然后才会造成不规则流动，那么你有可能会做正在听演唱会等与音乐相关的梦；农村烧土炕烧得比较热的时候，我们晚上睡觉就比较容易梦到“火”或各种“热源”；当旁边响起轻微的“警铃声”时，我们容易梦到“救护车”“警车”等。

（2）既存信息产生暗意识触发机制：包括身体的疾病或舒适感，和各种日常的思考、情感、喜好等。

例如，人们有各种疾病时，经常会做噩梦，以及各种生理因素所导致的梦境；人们在睡前情绪激动或持续思考等，这些思维活动在神经系统或多或少地会留存印迹，当这些印迹在大脑休息的时候产生一些活动时，就容易做一些相关的梦，所谓“日有所思，夜有所梦”；而这些梦境很多时候与我们日常的喜好有关。

我们说做梦是信息流不规则运行的产物，那么神经系统为什么要这么做呢？其实答案除了是自然法则以外还和记忆有关。

我们已经知道人的身体是流动的存在。身体中的细胞每天都在更新，大概只需要7年左右，人体内的所有原子可能被其他原子替代，既然人体内的所有原子可能被替换了，保存信息的神经递质也是由那些分子或原子构成，为什么记忆没有被磨灭呢？这就是梦的功劳。

我们推测，在神经系统休息的时候，存储于突触内的粒子记忆电压高于细胞内的电压，生物电流会从突触流向细胞内，促使神经细胞分泌更多的神经递质。加之细胞收缩的缘故导致这种神经递质会在小范围内不规则地流动，同时由于生物电波在直通型突触传递过程中是可以双向传递的，所以不规则流动会在有联系的神经细胞之间形成一个局部的有反馈的回路，这种回路反馈回来的生物电流会再次促使同一突触产生神经递质。这种反馈的结果是存储信息的神经递质得到增加，正是这种再次产生的神经递质巩固和增强了记忆的基础。由于记忆的这种生长模式，所以才没有造成记忆被即刻磨灭，而是通过做梦的方式得到加强。

从这个角度来说，做梦就是神经系统对既存信息一次又一次、随时随地进行的增强和巩固。严格来说，是对粒子记忆进行不断地扫描重写，并一直增强其原有的信息状态。通过做梦，粒子记忆不仅得到加强，在某种情况下还有可能被改写，这我们可以从自身的实际情况来进行了解，例如有时本来记忆较深刻的信息却出现睡了一晚上觉以后变成不完整的记忆的情况。经过日积月累的重复，神经系统对其所记忆的信息也会随着时间的不断推移而逐渐地忘记或改变，很多以往记忆比较深刻的事物怎么也想不完全。而且，保存在神经系统中的这些残存记忆信息会在梦中构成毫无章法而又非常稀奇的梦幻组合及其不符合逻辑的改装过程，也是对记忆信息严重的冲击。

所以说，做梦的一个重要功能是修复和加强记忆，同时也在改变记忆。这也就是为什么人类在学习时要保证睡眠时间充足的重要原因。

梦分两种，一种是流梦，一种是端梦。流梦就是神经系统休息的时候从一开始到端梦之前所做的不被神经系统留存的梦。端梦就是神经系统休息的时候所做的最后一个梦，因为这个梦会被神经系统留存，所以我们叫它端梦。人一晚上可以做很多个流梦，平均而言，每个晚上都要做一两个小时的流梦。但是端梦的数量却很少，端梦伴随着清醒，每清醒一次产生一个端梦。

不管是外界信息输入触发还是内部触发，产生的梦都是基于神经系统处于休息（睡眠）状态时，生物电波和神经递质在小范围内的不规则流动引起的，所以这种信息流在神经系统内只是一些流动的存在，不会被神经系统所保存，这种无序的生物电波和神经递质的流动就是流梦。流梦的存在形式决定了神经系统不会将这些信息予以保存，其实质只是信息流无序地自然流动。

人们在做流梦的过程中突然清醒后，所有的细胞和分部会全部恢复正常的连接，神经系统又形成一个大的闭环系统。这时原来在闭环小系统中传递的信息进入到大的闭环系统中，形成整个神经系统的“思维”，这种思维在存储处理部连接完成后被存入存储处理部形成记忆。这就是端梦被记住的原理。

当我们把梦看成是睡觉时神经系统处于放松状态，不受约束的短期记忆被释放出来形成的一些生物电波，这些生物电波在核心处理部做无序的传输所造成的时候，我们就可以认定，梦是大脑释放和处理白天所接触到的信息的过程，它帮助我们清理掉没用的信息，从而避免大脑信息混乱，即任何梦都与既存信息有关，不存在人类自己的神经系统自创一个梦的情形，这和我们以前对梦的认知可能会存在一些差异。

因为人从睡眠到清醒的过程是从开环系统到闭环系统的过程。神经系统处于开环状态时，其核心处理部与存储处理部并不连接，无法进行信息存储。而神经系统处于闭环状态时，其核心处理部与存储处理部连接，可以进行信息的有效存储。这也就是为什么人只能记住清醒前最后一个梦的原因。“日有所思，夜有所梦”是有道理的。因为白天在神经系统运行的核心处理部总是在思考某一类特定的问题，这一类的问题在核心处理部的形态就是生物电波，这些生物电波反复刺激神经细胞，就会在神经系统留下更多的痕迹，例如粒子记忆或高端记忆。当我们睡觉时，身体得到了休息，可是部分神经系统中的部分细胞却还在运行。这些临时保存的粒子记忆带有生物电荷，当生物电动势达到一定程度就会发生相应的生物电波。生物电波在闭合的神经系统回路中流动的情况被神经系统捕获，此时，我们的梦也就出现了。现在看来，白天思考得越多，即存储的信息就越多，晚上睡觉的时候，有关的既存信息需要释放得就越多。在释放的过程中肯定会造成信息流在不受控的情形下无序地流动，所以做的梦也就比较多。

大家在做梦的时候会有这种感觉：当在梦中梦到某个场景令我们很害怕，这个时候我们极力地想喊救命，或者极力地想跑，但是无论如何努力，使尽全身的力气，也没有喊出来，也没有跑动一步。这是因为神经系统中核心处理部虽然已经发出了喊叫或者跑步的指令，但是由于核心处理部与执行处理部的连接断开，执行处理部没有产生和分配指令，各个器官也就无法得到执行指令，也就无法通过生物电波传输带动各个组织器官运动。从这个角度我们也可以看出，汇集处理部无法直接向各个组织器官运动发出执行指令，而需要通过执行处理部发出执行指令，各个组织器官才会进行功能运动。

但是人在睡觉时，执行处理部与各个组织器官的连接通道并没有关闭，这些通道通过直通型突触传递和弥散型突触传递是可以运行的。例如，做梦时说梦话就是执行处理部通过直通型突触传递运行的结果；做梦时因害怕吓出汗就是执行处理部通过弥散型突触传递运行的结果。

盲人也可以做梦，使得我们确认梦和既存信息存在关联。在盲人群体中，后天性的盲人因为在眼睛看不见之前已经将身边的图像存入神经系统里，所以梦里一般和正常人无异。而先天性的盲人从未见过图像，但是他们的听觉、味觉、嗅觉、触觉会为他们输入信息存入大脑，然后在休息的时候释放出来形成梦境。

大家仔细回忆一下，我们的梦中有没有出现过陌生人？答案是否定的。我们只会梦到我们见过的人的熟悉的脸庞。根本原因就是梦既然是信息的不规则流动，那么前提是既存信息的存在，所以我们的梦不可能自己去创造一个陌生人的面孔。所以，我们只可能梦到自己见过的真实的人的真实脸庞。如果有人说他梦到的人绝对没见过，那一定是他不记得自己见过了。因为每个人每天会碰到的人一定是多得数不过来的。

梦都是有方向性的，如果你梦到一些具体的东西，说明在你的神经系统中存有这一方面的信息，通常这个梦的意义和这个东西可能完全没有关系。所以可以肯定地说，梦的语言极其具有方向性，其指向的方向就是我们的主意识、潜意识或者暗意识曾经思考过，并有留存的既存信息。不过要想知道一个梦到底象征着什么那就是个非常复杂的过程了，因为这和每个人的工作、学习和生活息息相关。

梦与现实具有关联性。我们虽然觉得自己的梦形式多种多样，有人会感觉自身的梦中情节与以往生活信息记忆没有任何关联，并感觉到非常的不可思议，那是因为，人的社会活动信息复杂多变，高强度的社会生活刺激信息可使神经系统中产生记忆的程度存在差异，而低强度刺激信息在神经系统中只能由潜意识去处理，不会形成较为深刻的既存信息。同时，神经系统中也会出现记忆中的信息丢失现象，加之信息流不规则地运行，所以不同种类的既存信息在形成新的梦的组合过程中就会出现与实际情况完全不相符的离奇梦境。虽然我们的梦千奇百怪，但是就算我们做了那么多梦，不管有多么离奇，我们的梦都没有“出圈”，就像孙悟空逃不出如来佛的手掌心一样。我们的任何一个梦都不可能创造一个新的信息，它只能是既存信息的重新排列组合而已。

有时候暗意识也会为我们解释来自外部的刺激。睡着时，我们的感官仍受到外部的冲击，所以这也能够成为梦里的一部分。也就是说，睡觉时外部的声音，一般会在梦里以另一种方式表现出来。

梦具有假性预见性。我们每个人都会有这种体验，那就是到达某一处自己从来没有去过的地方时，突然觉得自己在梦里曾经梦到过；或者遇见一个自己从来没有经历过的事情时，突然觉得自己在梦里曾经梦到过这件事，不管是时间、地点还是人物都非常吻合，而且相似度高得出奇。这就是典型的假性预见性，造成这种现象的原因跟双线理论有关，暗意识可能在你主意识不知道的情况下将你刚刚接收到的信息通过其他辅通道输送到存储处理部中相关的区域，这样当输入信息到达汇集处理部时就会有熟悉的感觉。

总之，我们已经知道梦和我们的日常生活有关，如果一个人白天心情愉悦了一天，晚上睡觉的时候做的美梦都会多一点，反之则会噩梦更多。那么我们能做的就是在我们清醒的时候尽量让自己心情愉悦一点，这样我们就会有更多的美梦相随。

第四章　思维初阶

———

思维活动如此复杂以至于我们人类研究了那么久，也没有完全研究清楚。但是我们一定要坚信万丈高楼平地起，研究活动只需要从最基础的问题出发，终有一天会有揭开谜底的那一天。

———

第一节　大多数思维都是在与自己“说话”

思维就像海浪，一次又一次地撞向大脑的顶端，又一次次地退回来，虽然时间很短，美就美在掀起浪花的那一刹那。

最近我一直在观察三岁左右的孩子学习语言的过程。忽然发现孩子在三四岁时，是语言发展的爆发期，每一天都有惊喜，每一天都会有新学的名词从孩子们的嘴里蹦出来。他们喜欢一边玩玩具一边自言自语，喜欢自己和自己对话，告诉玩具自己是谁，自己正在做什么，准备做什么。

但是到了八九岁，孩子们的这种情况开始慢慢消失，他们会慢慢开始有自己的思维，不再自言自语，将自言自语变为在脑中和自我进行对话。大家思考这样一个问题，那就是成年以后我们的大脑，每天都在干什么？仔细想一想。

大家都认可这样一个基本共识，在我们这个时空没有不运动的物，也没有能离开物的运动，物在时空中的线性迁移就是运动。所以我们在探讨意识的时候也要从这个角度出发，神经系统中运动着的信息流被神经系统感知就是意识。

意识与物质的关系就是意识的产生需要能量，意识的存在和传播需要介质（物质），意识的存在是依附于物质的，意识不能独立于物质存在。意识与其物质载体本身往往并不是一回事。撇去载体的因素，意识不占据空间，而物质存在是占据空间的，这就是意识与物质的根本区别。我们根据产生方式的不同将意识分为三种：主意识、暗意识、潜意识。

思维首先是让生物电波和神经递质动起来，汇集处理部对运动过程中的生物电波和神经递质进行处理的过程就是思维。我们这里讲到的思维就是主意识。在神经系统中主意识形成的区域就是汇集处理部。思维起始是神经系统借助于感官对无序的客观事物的概括和间接的反应过程，慢慢发展思维以感知为基础又超越感知的界限，结果是思维变成了处理神经系统中有序信息的存在。

我们来回顾一下前面讲到的主意识形成的过程。夏天，当我去海边度假，看着海边浪花一个接着一个，从不间断地扑向沙滩，心里却总在想是什么原因让海浪撞向海滩。海浪大家都不陌生，通常指海洋中由风产生的波浪。主要包括风浪和海洋近岸浪。在不同的风速、风向和地形条件下，海浪的尺寸变化很大。近岸浪，指的是由外海的风浪或涌浪传到海岸附近，受地形作用而改变波动性质的海浪，就是我们在海边看到的浪花。

海浪的这种运行模式是可以引入到我们的神经系统中来被借鉴的。信息流在神经系统中的表征就是生物电波，这些生物电波一个接着一个，从不间断地扑向汇集处理部，也就是大脑的最顶层，再也没有地方可去了，那么这些信息流就会撞向汇集处理部的边界，由于神经系统结构的原因，正常的物理反应是会产生一些受边界作用而改变波动性质的信息流。这些信息流的变化就是我们所说的主意识，因此，我们才将聚集信息的区域称为汇集处理部。这些信息流在汇集处理部被加工的过程就是思维。我们看到海浪是一波接着一波冲向沙滩，而不是一个或者很多个海浪长时间占据着沙滩。和海浪一样，信息是一波接着一波地撞向汇集处理部，不可能出现某一个或者某一类信息长时间占据着汇集处理部。因此，思维活动是汇集处理部对信息一波接着一波的处理活动，这种活动只能是在短时间内处理一波信息，而做不到在短时间内同时处理很多波信息，也做不到在长时间内只处理一波信息。

我们的大脑清醒的时候每天所做的事情本质上是在与自己“说话”，因为汇集处理部调取的信息只能是其他分部处理好的信息或者既存信息，当信息聚集到汇集处理部的时候，每一次的撞击和反流都会被神经细胞感知，主意识就是在这样的过程中形成的。在这里，“说话”绝对不仅仅指的是语言，那种认为人是用语言进行思维的观点是不完整的，说得更准确一点，人是用语言标注思维的。这个“说话”你可以把它理解为神经系统中的汇集处理部将经过暗意识处理过的信息或者存储处理部中存储的信息读取出来呈现。这个信息包括语言、画面、气味、味道、感觉等一切经过暗意识处理过的信息或者在存储处理部的既存信息。所以将思维做最基础的理解就是，对输入和存储信息的“加工”，如果想明白了这一点，你会发现，其实思维的内容取决于神经系统中输入和存储的信息。

我们会发现，自己的大脑在某个时间节点自始至终只能思考一件事情，不能同时思考几件事情。大家想象这样一个画面：某小城市的机场只有一条跑道，该市要举办一场为期一天的世界经济论坛活动，很多领导人和大企业家想去，但是由于条件限制，其他交通工具去该城市不太方便，只能坐飞机去。这样，很多领导人和大企业家都只能选择做专机去往该城市。一个机场一条跑道一天时间内要接待几百架飞机的起降，这种繁忙的景象，可想而知。这个时候最好的办法也是唯一的办法就是按照顺序进出飞机，每次只允许进出一架飞机。如果不这样做，就会乱套，甚至出现空中撞机事故。我们要体会这里面的哲学思想是，当一条跑道一次只能起降一架飞机，其他飞机就得等待的时候，我们采取什么模式效率最高。再来想象一下我们的大脑，也有类似的问题，如果同时输入很多不同类别的信息，汇集处理部就会面临杂乱无章而瘫痪罢工的境地。神经系统也采取了只开通唯一主通道的方式来解决这个问题，保证汇集处理部随时在关注并处理一件事情。

因为汇集处理部的容量有限，主意识不能同时关注并处理两件以上的事情，主意识必须以关闭一种主通道或转移关注的方式从一件事务中收回关注才能去关注另一样事情。就这一特点，主意识就与潜意识和暗意识有很大区别，因为潜意识和暗意识可以同时处理两件以上的事情或信息。从这个角度来说，暗意识是在信息流传输的过程和运行中形成的思维活动，而主意识是信息流到达神经系统的顶端形成的思维活动。基于两种意识对于信息流的不同阶段的处理，决定了其处理方式的不同。在过程中的处理注重的方向是便捷，如何让信息流高效、快速、完整地动起来是其目标；而终端的处理注重的方向是综合，如何让信息处理得更严谨、更清晰、更高效、更全面是其目标。

我们说思维活动发生在汇集处理部，那么信息流进入汇集处理部以后到底发生了什么变化呢？这就是我们要讨论的重点。我们先来确认如下几个事实：

（1）外界信息被感官细胞感知以后，神经细胞将这些信息转化为生物电波信号，各个分部又将这些信号进行了初步处理形成暗意识，这些经过处理后的信息这才输送到汇集处理部。因此，汇集处理部进行思维活动所要处理的对象是各个分部处理后的信息。所以我们可以说，汇集处理部处理的输入信息来源只有九类，及九个分部输送过来的信息，包括既存信息、情绪信息、执行信息、内觉信息、视觉信息、听觉信息、味觉信息、嗅觉信息、触觉信息。

（2）这些信息到达汇集处理部以后，除了自身会撞击神经细胞产生感知以外，主要是被汇集处理部处理。汇集处理部处理的方法很多，例如增加、删减、合并、分立、分类、综合、比较、颠倒、判断等。这些思维活动都是通过对生物电波和神经递质的处理实现的，因此我们定义思维的内涵就是汇集处理部对生物电波和神经递质的处理。至于如何处理，我们将在后面的章节中详细阐述。

（3）经过汇集处理部处理以后的信息不会永远待在汇集处理部，主要有三个去向：其一，这些信息被输送至存储处理部，产生记忆；其二，这些信息被输送至情绪处理部，产生情绪；其三，这些信息被输送至执行处理部，产生执行命令付诸身体其他组织器官予以执行。

确认了这三个事实以后，我们就知道，第一个内容我们已经在信息输入的章节中说明过了，第三个内容我们将在执行的篇章中阐述，那么本章的内容就是要详细阐述第二部分内容，即信息在汇集处理部被如何处理。

接下我们谈一下思维的基本原则。

首先是零基础排除原则。这个原则告诉我们的是，任何思维活动都是汇集处理部对输入信息和既存信息的处理，排除汇集处理部在没有任何信息输入的前提下自己创立信息的可能。

有这样一个美丽的传说：据说，希耶隆二世制造了一顶金王冠，但是，他总是怀疑金匠偷了他的金，在王冠中掺了银。于是，他请来阿基米德鉴定，条件是不许弄坏王冠。当时，人们并不知道不同的物质有不同的比重，阿基米德冥思苦想了好多天，也没有好的办法。有一天，他去洗澡，刚躺进盛满温水的浴盆时，水便漫溢出来，而他则感到自己的身体在微微上浮。于是他忽然想到，相同重量的物体，由于体积的不同，排出的水量也不同。于是他不再洗澡，从浴盆中跳出来，一丝不挂地从大街上跑回家。当他的仆人气喘吁吁地追回家时，阿基米德已经在做实验了。他把王冠放到盛满水的盆中，量出溢出的水，又把同样重量的纯金放到盛满水的盆中，但溢出的水比刚才溢出的少，于是，他得出金匠在王冠中掺了银子。由此，他发现了浮力原理，并在名著《论浮体》中记载了这个原理，人们今天称之为阿基米德原理。

讲这个故事的主要目的是说明，即便是创新也不可能是无的放矢，需要有基础，在原有基础上通过对原有信息的增加、删减、合并、分立、分类、综合、比较、颠倒等方式进行创新。

其次，结构优先原则。这个原则指的是汇集处理部对输入信息和既存信息的处理受到神经系统结构的制约，任何思维活动都受此限制。神经系统的结构是经过数百万年进化，通过基因遗传而来的，在没有特殊的情况下，这些结构在固定不变地左右着信息流的处理方式和方向。

不管是从通道的角度，还是从神经细胞的角度来看，这种原则都得到彻底执行。例如，一般人看见大熊猫都非常喜欢，因为大熊猫实在是太可爱了，而这种自然而然的喜欢就和神经系统的结构有关系。

再次，即时处理原则。这个原则指的是汇集处理部对输入信息和既存信息的处理是一个短暂的过程，而不是停滞的时点，也不是长时间地占据。任何思维活动都是由汇集处理部在相对较短的时间内完成，这个过程可能都短到以毫秒计算。思维活动完成以后，其信息并不会在汇集处理部停留，就像海浪不会在沙滩停留一样，下一波信息流又来了。所以在我们的主意识中，你想多思考一下某件事情的时候，你只可能反复去思考某件事情，而不能将正在思考的事情停留在汇集处理部。

最后，自主切换原则。这个原则指的是汇集处理部对信息的处理是一个自主切换的过程，而不是停滞下来只处理某一个信息。这种切换只要是大脑是清醒的情况随时随地在发生。

现在我们可以放下书本做个关于主意识切换的小实验。记住这三个部位：头皮、脸、脚趾，然后依次去关注这些部位。先闭上双眼，全身放松，集中精力关注自己的头皮，有没有觉得那里有一点痒痒的？再来集中精力关注自己的脸，有没有觉得想动一动自己的脸？最后集中精力关注自己的脚趾，有没有想动一动自己的脚趾？有没有体会到集中注意力关注自己身体某一部分的时候，自己的大脑好像要和这个部分有接通？这就是我们所说的主意识外接的主通道与分部及感官组织的连接。但是就在主意识关注之前的1秒钟，这些分部及感官组织也是在接收和处理信息的，只是这些都属于暗意识的范畴。然而，一旦主意识外接的主通道与分部及感官组织的连接，这些经暗意识处理的信息就会进入汇集处理部引起主意识注意，一瞬间这些信息就会被汇集处理部、存储处理部、情绪处理部、执行处理部等各个分部进行处理。这就是信息从暗意识状态切换到主意识状态的思维过程。

神经系统中汇集处理部并没有我们想象得那么强大，不管是从空间的角度来看还是从结构功能的角度来看。思维的器官就是汇集处理部。汇集处理部成为神经系统核心的理由主要是由神经细胞的功能决定，当大量信息在此汇集，撞击顶部自然会反映到相关的组织，被感知后再进行处理。

我们已经确认思维的器官就是汇集处理部，那么就可以确认思维的过程包括了一些基本的阶段，在这里我们主要阐述主意识包括的九个初级阶段，我们称之为九阶思维。我们在这里所说的九阶思维并不是说神经系统中所有的思维就只有这九个阶段，而是说这九阶思维是比较初级的思维活动，具有代表性，可以简要地说明思维的基础模型，所以我们重点阐述，关于更高阶段的思维模式，我们将在下一篇章中介绍。在这里，九阶思维主要包括第一阶学习；第二阶想象；第三阶认识；第四阶理解；第五阶分类；第六阶合并；第七阶比较；第八阶判断；第九阶创新。关于它们具体的运行模式，我们将在后面的章节中一一介绍。

我们来谈谈思想，思想指的是思维模式和内容的集合。这种集合的范围比较广泛，涉及人类自身与周围环境的方方面面的内容，只要我们的神经系统能够接收到，就可以成为其中的一部分。

支付宝在中国大陆已经很普及了，和我们的生活息息相关。然而支付宝在被引进到香港时部分香港人和媒体却并不买账，香港苹果日报曾刊登了一篇文章，以《有信用者不用支付宝》为题，看衰中国内地的移动支付。文章的主旨很明确，就是“支付宝是伪先进”“有信用者，不用支付宝”“上等人只用信用卡”。以下是原文：

我到现在还是不明白支付宝先进在什么地方。在形式上它用手机支付，外出只需带手机不必带卡。但是，手机的体积比卡大得多，一个人能带手机出街，为什么就不能带一张卡出街？当然这不重要，重要的是支付宝的性质其实就等于八达通或EPS，它是一张储值卡，你把钱放进去才能使用。不对，它连八达通都不如，八达通是可以跟信用卡挂钩，自动充值的，每日上限250港币。支付宝却必须预先充值，有钱才能用，没有钱的话就无法使用。说得坦白一些，有信用的人，根本不需要用什么支付宝。你为什么用支付宝？因为你没有信用，银行不信任你，不提供信贷额给你。所以你只能把钱先放进支付宝，然后使用你预先放进去的钱。

信用卡才是最先进的消费途径，各个银行体制及信贷体制完善的先进国家都发行信用卡，顾客拿着信用卡可以去不同国家消费，你不用预先放钱进去，消费过后一至两个月才需要还钱。因为你是有信用的人，你被信任。

支付宝有什么用？你可以拿着支付宝去日本的秋叶原买电子产品吗？你可以拿着支付宝去日本抢购马桶和电饭煲吗？你可以用支付宝去法国买红酒，去意大利买手袋吗？甚至，你可以用支付宝去美国吃一碗大约10美金的越南生牛河吗？你当然不能。

我们明明是有信用的上等人，使用着文明国家之间通用无阻的信用卡，怎么会有人认为支付宝先进？也太反智了。

就像装睡的人你永远也叫不醒一样，装愚蠢的人你永远也救不了。如果用他们的逻辑，历史上要发明纸张干什么？我们用脑子记忆不是更方便、更先进？殊不知纸张的发明是人类文明的一次重要升级，它扩张了人类的存储空间，促进了文化的交流，推动了人类文明的进步，彻底改变了人类。支付宝的出现同样是升级，它是人类生活方式的一次重要升级，这种升级带给人类最重要的成果并不全是便捷，而是思想。这种思想的核心是由公共信用在市场经济活动中占主导地位向个人信用在市场经济活动中占主导地位转变。这种转变终究会使得我们终有一天可以拿着支付宝去日本的秋叶原买电子产品，可以拿着支付宝去日本抢购马桶和电饭煲，可以用支付宝去法国买红酒，去意大利买手袋。甚至，可以用支付宝去美国吃一碗大约10美金的越南生牛河。这些在不久的将来当然能实现，也必然会实现。

第二节 思维的起点是从学习开始的

在闭环的社会系统中，人们学习不是为了自己，而是为了方便他人。

曾经轰动一时的“狼孩”事件相信大家还没有忘记吧！在某个小城，一到晚上人们常在附近的森林见到一个用四肢走路的“像人的怪物”尾随在三只大狼后面。于是人们打死了大狼，在狼窝里发现了这个“怪物”，原来，是一个裸体的孩子。孩子大约六七岁，人们把这个孩子称为“狼孩”。

“狼孩”刚被发现时生活习性与狼一样，用四肢行走，慢走时膝盖和手着地，快跑时则手掌、脚掌同时着地。她总是喜欢单独活动，白天睡觉，晚上出来活动，怕火、光和水；只知道饿了找吃的，吃饱了就睡；不吃素食而要吃肉，吃时不用手拿，而是放在地上用牙齿撕开吃。每天午夜到清晨三点钟，她像狼似的引颈长嚎。她没有感情，只知道饥时觅食，饱则休息，很长时间内对别人不主动发生兴趣。

人们收养了这个“狼孩”，并努力帮助她回归人类社会。但是人们发现，她的智力水平只相当于半岁大的婴儿。人们花了很大气力都不能使她适应人类的生活方式，两年后她才会直立行走，六年后才艰难地学会独立行走，但快跑时还得四肢并用。直到死也未能真正学会讲话。四年内只学会了几个简单的单词，听懂几句简单的话，七年时才学会45个词并勉强地学几句话。在最后的三年中，她终于学会在晚上睡觉，她也怕黑暗了。很不幸，就在她开始朝人的生活习性迈进时，她死去了。她死时已十六岁左右，但她的智力只相当于三四岁的孩子！这个故事引起了大家广泛的讨论和研究，人们想从中找到一些问题的答案。

人在从一出生到长大成人这段时间，神经系统中的大部分神经细胞的精力都在用于建立连接和存储信息。在这里我们可以扩大范围，做广义的理解，信息输入被存储下来的过程，我们都可以称之为学习。在这里我们一定要把学习做最广义的理解，凡是通过看、听、嗅、尝、触、想等途径获得信息的过程都可以理解为学习。学习是主意识领衔活动，同时潜意识、暗意识也有参与。

狭义的理解，学习的本质就是外部信息输入后反复刺激神经细胞，神经细胞之间建立突触连接并分泌神经递质，使电波信息存入大脑转变为粒子记忆的过程。这个学习包括主动学习和被动学习。我们前面已经深入讨论过存储问题了，学习的本质就是信息的存储。在人类跟其他动物还没有区别的时候，人类跟动物所学习的信息没有太大的差别，都是通过电波记忆对信息进行学习和存储的。但是运用电波记忆存储有一个非常重大的弊端，那就是电波记忆属于短时记忆，不利于信息长时间保存。这时人类的神经系统在建立突触连接的过程中进化出一个非常重要的功能——粒子记忆。粒子记忆属于长时记忆，可以保存较长的时间。同时由于大脑体积的增长，随之带来存储空间的增长促进了记忆的全面发展。

人类之所以跟其他动物存在学习上的差距，都是从存储方式和存储空间的变化慢慢开始的。通过日积月累，人类学习的对象（信息）越积累越多，人类的神经系统越来越复杂，多到从量变到质变，由此从动物变成了人。

我们这么重视“狼孩”事件是因为这个事件带给我们的启发太大了，经过这么多的研究，我们达成了一个共识：

首先，“狼孩”的事实，证明知识和技能并非人类天生的，而是后天人们通过相互交流学习的产物。既然是通过相互交流学习的产物，那么孤立的各体无法学习就不能成为人，而高度社会化以后才能成为人，社会为人类相互学习提供了素材，人类在升级的同时，信息也在升级，二者缺一不可。人与社会的关系就像鱼儿与水的关系一样，人如果脱离了社会环境，脱离了集体生活就像鱼儿离开了水一样，形成不了人所固有的特点。而人的神经系统本身不会自动产生意识，它是物质世界长期刺激的产物，它的信息源头来自客观外界，来自人们的社会实践。如果这种社会环境从小丧失了，人的神经系统就接收不到人类特有的信息，那么其生活习性、思维方式也就发展不起来，就像“狼孩”刚被发现时那样：有手不会用，有嘴不会说话，有脑不会思维，人和野兽的区别也消失了。

其次，“狼孩”的事例让我们思考“硬件”的重要性。通过“狼孩”这个案例，我们找到的人与动物的一个最大的区别点，那就是神经系统有着非常大的区别。“狼孩”在脱离开人类社会以后，融入了狼群社会，她跟着狼进行了学习活动，并成功地学习了一整套狼的生活和作息习惯。但是我们也应该看到“狼孩”本身毕竟是人类数十万遗传下来的后辈，保存着人类的基因，身体里流着的是人类的血液。因此当“狼孩”回到了人类社会中，通过反复学习，必然会逐渐恢复一些人类特有的习性。“狼孩”尽管似乎成了野兽般的生物，但她死时已接近于人了。但是我们会发现，人类所圈养的家狗、猴子就算跟随人类一生，却从没有学会直立行走，更没有学会说话。

我们有没有思考过这个问题，那就是人可以变为“狼孩”，反过来动物为什么不能变为“人孩”？我想这就是人和动物的本质区别——神经系统的“代差”。“代差”的概念很好理解，例如你用的是华为手机，如果你用的是2.0系统，那么你可以打开1.0系统项下的文件，因为2.0可以向下兼容1.0系统。但是如果你用的是1.0系统，那么你却打不开2.0系统项的文件，因为1.0系统无法做到向上去兼容2.0系统，2.0系统有很多的功能1.0系统没有。这就是“代差”。人类跟动物也一样，经过长时间的进化，人类的神经系统已经升级，与动物形成“代差”，人可以向下学习动物的生活习性，但是动物却不能向上学习人类的生活方式。

再次，“狼孩”的事例说明了学习窗口期的重要性。人的一生中，儿童时期在生理上和心理上都是一个迅速发展的时期。例如仅就脑的重量而言，新生儿平均约400克，3岁的儿童脑重增至1000克左右，而成年人的脑重平均约1400克。从出生到上小学以前这个年龄阶段，对人的身心发展极为重要，因为在这个阶段，人脑的发育有不同的年龄特点。正是在儿童时期，逐步学会了直立和说话，学会用脑思维，为以后智力和才能的发展打下了基础。“狼孩”由于在动物中长大，错过了这种社会实践的机会，这就使她的智力水平远远比不上同年岁的正常儿童。例如言语的发展就存在一个关键窗口期（发音系统逐渐形成比较稳定的神经通路，以后要重新改变，非常困难）。错过这个关键窗口期，会给人的智力发展带来无法挽回的损失。因此，长期脱离人类社会环境的幼童，就不会产生人所具有的脑的功能，也不可能产生与语言相联系的抽象思维和人的意识。成人如果由于某种原因长期离开人类社会后又重新返回时，则不会出现上述情况。

最后，人类综合信息的积累非常重要。人类信息积累的关键在于人类神经系统中存储处理部的高度进化和发达。如果没有存储，任何思维都是流动的存在，学习也就没有对象，更没有任何意义。不管学习什么新知识，都需要有已有的知识作为基础。就像小孩子在学会走路前先要学会爬一样，任何功能的升级都必须建立在前一个功能的基础之上，不是一蹴而就的。所以我们一直在强调信息进化论的重要性。

在这里我们谈学习就要先谈两件事情——“建立连接”和“反复刺激”。围绕这两件事情说明白，学习的过程我们就清楚了。

我们先来说“建立连接”。这里说的“建立连接”包括汇集处理部与各个分部建立的主通道连接，也包括神经细胞之间的突触连接。通道的连接是为了传递信息，而神经细胞之间的突触连接除了传递信息以外，还有一个非常重要的功能就是存储粒子记忆。

我们的前期研究已经表明刚刚出生的婴儿在出生时脑中的神经细胞从数量来说并不少，平均大约有一千亿个神经细胞。但是婴儿为什么没有思维能力和记忆能力呢？因为这些神经细胞相对独立，相互连接很少，只有不到20%的神经细胞是相互连接的。由于没有突触连接，也就是没有长期记忆，显而易见，婴儿的思维能力和记忆能力是非常弱的。随着年龄的增长，婴儿在接下来的数年间，神经细胞之间的连接会急剧且过量地增加，形成一个巨大的神经网络。

汇集处理部与各个分部建立的主通道连接最终形成的结果就是汇集处理部的关注，形成主意识。神经细胞之间的突触连接除了会形成意识以外，最主要的是留痕——记忆。学习记忆会导致新的突触形成，突触会随着信号的传播增多而变大，使得从一个神经细胞发出的信号更容易激发下一个神经细胞，神经细胞间的联系变得更加紧密。

在我们的神经系统中，信息在突触间传递时，大部分传递是采用的“生物电信号——化学信号——生物电信号”的方式。这种传递模式相对其他方式更清晰、更精准、更容易保存，并且神经细胞能够调控神经递质。由于需要突触来存储信息，因此，突触连接的多少直接决定着我们的学习能力和记忆能力。如果我们的大脑可以提供更多的突触连接，那么相对的也就是存储空间的增加，有利于学习活动的开展。

“反复刺激”则是“只要功夫深，铁杵磨成针”的道理。

我们还是从单一信息的学习说起。

刚刚出生的婴儿在疯狂地生长，因此大多数时间他在睡觉，表达需求的天然方式就是哭闹。2个月婴儿会发喉音，3～4个月的婴儿能咿呀发音并能笑出声，这个阶段的婴儿对外界的反馈还停留在条件反射阶段。婴儿在6个月左右的时候开始模仿单音。听到大人说一声“啊”，他也跟着“啊”了一声，这就是学习，只是因为当时他还小，神经细胞的连接非常少，所以突触也比较少，因此没有粒子记忆，所以他只能是靠着电波记忆模仿。因为电波记忆无法长时间保存，所以，即使我们的孩子学会了“啊”，也没有记住，只是在模仿大人发出的单音，婴儿迈出的这一步我们可以把它看成是学习单一信息的起点。

7～9个月的婴儿开始模仿大人发双音，如“爸爸、妈妈”，这个时间是宝宝的学话阶段。宝宝开始模仿大人发音，开始有意识地把词和对应的事物联系起来，开始对词义产生认识。这就是我们所说的粒子记忆开始形成的初始阶段，通过反复刺激，神经细胞的突触有了一些连接，这个时候的突触连接刚刚完成，神经细胞分泌神经递质的能力还比较差，因此，只能是进行一些简单的粒子记忆。在父母长时间反反复复的刺激下，“爸爸、妈妈”这个词汇终于开天辟地地以粒子记忆的方式存入孩子大脑，其终于可以摆脱电波记忆保存超过一天；第二天，我们又在向孩子输入同样的信息加强孩子的粒子记忆。最终，孩子的神经系统形成了牢固的粒子记忆。

1岁左右的婴儿非常惹人喜爱，他已能够理解父母的一些话，模仿大人做一些事，会用手势加上发音来表示自己的要求，尤其是看到大人吃东西，会表现出迫切的需要。这些功劳都要拜突触连接所赐，因为正是突触连接提供了大量长期记忆的空间，使得神经系统可以长期保存信息。这些可以长期保存的信息给人类提供了一个新的平台，那就是跃升平台。这个平台给我们带来的最大的好处就是我们从事的任何思想或者活动都可以在原有的平台上开始，而不用从零起点开始。以前我们不太关注这个跃升平台，那么从现在开始，请记住这个跃升平台，我们以后会经常用到。

宝宝一岁半以前主要说的是一两个词，宝宝可能会用“帽帽”来表示“我要戴帽子”等等他想表达的意思。这些词虽然不能很好地表达宝宝的意思，而且音也发得不清楚，理解起来比较困难，但是都是宝宝说话的积累过渡阶段。这个时候我们会发现单一信息的重要性。

宝宝一岁半以后，说话时的词汇量明显增加，词类范围明显扩大，甚至可以说多个词组成的句子，虽然这些句子开始时很简单，但宝宝已经开始用句子来表达自己的意思，是很大的进步。这个时候的孩子大部分能说出物品及自己的名字。

我们是如何去学习“1”和“1+1=2”的？在我们还只有一岁大的时候，大人反复告诉我们这是“1”和“1+1=2”，一开始的时候，我们得到的是生物电波，但是任何事情都架不住无数次地反复重播。在无数次生物电波反复刺激神经细胞的情况下，神经细胞的突触产生了神经递质，这样电波信息存入大脑转变为粒子记忆。

我们一定要记住两个生活谚语，那就是“一口吃不成胖子”“罗马不是一天建起来的”。这两个谚语所要表达的意思一样。每当你的神经系统输入新的信息让你学到新东西时，神经系统就会发生改变，但是这种改变不会是天翻地覆的，而是潜移默化、慢慢地进行，既存信息会被一点一滴地存储起来。

阅读、听讲、研究、观察、理解、探索、实验、实践等都是学习获取信息的手段。学习的过程不能等同于记忆，还有一项重要的工作是关联。举个例子，我们看见在桌子上面有一个香蕉，我们想把这个信息传输给一个一岁的孩子，那么我们会告诉他这是香蕉，是黄颜色的，长得像小船，还要拿过去让孩子摸一摸，闻一闻，最后让孩子吃一口。在这个过程中，孩子从视觉系统获取香蕉的外形、颜色信息，从听觉系统中获取了香蕉读音的信息，从嗅觉系统中获取了香蕉的气味信息，从味觉系统中获取了香蕉的口味信息，从触觉系统中获取了香蕉的实体信息。接下来问题来了，神经系统是如何将这么多的信息关联起来的？这就是我们要讨论的重点，答案应该是汇集处理部的功劳。香蕉的这些信息进入神经系统以后，先要经过各个感官分部进行先期处理，这个处理过程就是暗意识。这些信息处理完毕以后会被输送至汇集处理部，因为是同步实时输入的信息，汇集处理部可以将这些信息合并成一组信息。这一组信息可以存储在一起，形成关于香蕉的既存信息模块。当汇集处理部再次读取香蕉的信息时就会连带将这一组信息都读取出来。所以，当别人一说到香蕉时，其汇集处理部读取既存信息后呈现的内容是香蕉是黄颜色的，长得像小船，很甜等景象。

获取信息的方式分为主动与被动两种：求知和受识。

求知就是主动地索取外界的信息。学习是一切思维活动的起点，而学习的动力源自求知欲。求知欲简单理解就是好奇心，它是人的一种本能，就像人饿了要吃饭一样。从本质上讲，求知欲是人的基本欲望组成部分，它和求生欲、食欲、性欲没有太大的区别。我们可以通过观察孩子的行为来了解人类的这个本能。孩子对新鲜事物的渴求是无法阻挡的，这也是为什么孩子总是问为什么、总是把屋子弄得天翻地覆的原因之一。

“猴子捡了芝麻丢了西瓜”的故事大家都听过，我们来重温一下：有一只小猴子，第一次离开出生的山顶，一路往山下走去，看什么都很新鲜。到了山脚，小猴子看到地上有一粒芝麻，从没见过，觉得是个好东西，就带了跑路。走了没多久，又看到一个玉米棒，小猴子想，玉米棒比芝麻大多了，岂不是玉米棒更好？于是便丢掉了芝麻，捡起了玉米棒。一路继续往前，又经过一个西瓜地，小猴子立马丢掉了玉米，捧回了西瓜。不过西瓜真的很重，小猴子抱着赶路倍觉辛苦，不远处突然跳出了只小兔子，小猴子改变主意了，还是觉得小兔子好，于是丢了西瓜开始去追小兔子。当然，它怎么追得过小兔子呢？结果小猴子两手空空，到最后什么都没捡到。从这个例子中我们可以看出，追求新的信息应该是动物的一种本能。

受识就是被动地接收外界输入的信息。在我们小的时候，接触到的一些单一信息都是受识的结果。我们发现孩子们可以做到想到什么就说什么，即自言自语；成年人自言自语被人发现时，很多人都会觉得有一点点尴尬。现在看来，自言自语本质上就是思维的延伸，把大脑中正在思考的东西说出来，然后我们的听觉系统会被动接收到这些信息并将这些信息传入我们的大脑，这就是一种反馈受识，大脑会根据反馈结果进行修正，生成明确的自我指示，帮助大脑认知、控制、提高。比起把信息在脑海里具化成书面图像，或是在心里默读，从听觉上接收，会让我们的大脑反应得更快，专注高速地开始处理信息。所以喜欢自言自语的小孩比不喜欢自言自语的孩子多了一层系统，就是因为这多出来的一层系统使得他们的大脑比他人更聪明，长大以后可以更好地解决问题，更容易获得成功。

我们再通过唱歌来看看自己是如何学习的。当我们第一次听到一首歌非常好听时，就要千方百计地想多听几遍，特别是那种打动自己心灵的音乐。在听了N遍以后，我们开始模仿跟着音乐哼歌了，这时我们的大脑里已经存入了歌词及旋律的主要内容，只是记忆得不太准确和完整，哼歌的主要目的是将这些信息读取出来，然后跟原声进行比较，再进行纠正。经过反复学习，我们不用任何帮助就可以自如地唱这首歌了。这时主意识的工作就完成了，接下来是暗意识需要做的工作，那就是再反复输入，直到在暗意识中形成固定模式，不用经过主意识就可以哼唱。

在认识学习的时候我们将主意识学习的方向确定为方法。为什么说主意识的方向是方法呢？因为，主意识产生的地方在汇集处理部，这个部的最大特点就是要处理的信息特别多，所以要求信息流通过的速度要快，同时受高端存储空间的边界限束的影响，汇集处理部不可能将所有的信息都存储下来。唯一的办法就是将方法存储下来，当面临问题时，通过以前学过的方法来解决问题。例如，762乘以164等于多少？你肯定一口答不出来，因为你不可能去记住所有的数之间相乘等于多少，但是你在主意识中存储了乘法的方法，当别人问你762乘以164等于多少时，你可以运用存储的乘法的方法进行计算得出124968，这个过程就是运用主意识存储的方法进行运算的结果。在整个过程中，运算方法最重要，也是你主意识通过学习后存储的方法。所以我们才说主意识学习的方向是方法。

潜意识学习的方向是为将来提供思路。潜意识学习自始至终也没有被主意识关注过，其接收到的信息都是不清晰的信息，但是我们强调这种信息非常重要是因为这一类信息经过长期的积累，终有一天会给你带来收益。就像你喜欢看的某一类书，你没有记住的一些信息被潜意识保存，在你需要用到这些知识时，脑袋中突然灵光一现冒出的想法就是潜意识的功劳。所以说，潜意识学习的方向就是为将来提供思路。

暗意识学习的方向是轻车熟路。虽然暗意识在学习什么、怎么学习我们主意识一无所知，但是这不妨碍我们通过现象看本质。暗意识的学习都是在潜移默化地进行，通过双线理论我们已经知道其运行模式。最终的目的就是通过这样的学习，甩开主意识，独立自主地运行。因此暗意识学习的方向是轻车熟路。

很多人都会很奇怪，别人的学习似乎是一件很容易的事情。我们告诉你原理以后，你就会自己不好意思了。所以说天下没有笨鸟，只有先飞的鸟是正确的。人从出生到死亡学习从未间断，从哇哇学语开始慢慢通过学习了解这个世界。学习作为一种获取知识交流情感的方式，已经成为人们日常生活的一部分，尤其是在21世纪这个知识经济时代，自主学习已是人们不断满足自身需要，充实原有知识结构，获取有价值信息，并最终取得成功的法宝。努力学习的主要目的是“逼塑”突触连接形成，不是为了自己，而是为了与社会同步方便他人。

第三节 脱离于现实的想象是如何实现飞跃的

想象来自现实、脱胎于现实、呈现于现实、嵌入于现实。

我们共同来品鉴一首唯美的唐诗。

望庐山瀑布

李白

日照香炉生紫烟，遥看瀑布挂前川。

飞流直下三千尺，疑是银河落九天。

现在开始闭上眼睛，在心里慢慢地默读一遍这首诗，然后每读完一句诗想象一副相关的画面，最后将头脑中的云海、瀑布、银河等画面综合一下，江西庐山的美景在你的脑海中有没有印象了？

想象的本质是汇集处理部借助各个分部的力量读取存储处理部中的既存信息，在汇集处理部进行呈现和处理的过程。想象是一种比较初始的思维形式。这里我们要特别强调，借助各个分部的力量。

想象这一类的思维活动发生在汇集处理部，这些信息流被汇集处理部读取以后只是进行了呈现，并没有发生什么变化，所以说，想象是非常简洁的思维意识活动。其步骤就是两步，存入和读出。所谓存入就是我们前面一节所说的学习。学习的结果是将输入信息转化为既存信息，这样可以方便汇集处理部随时可以读取。而读出就是汇集处理部将既存信息读取出来以后在这里的呈现，不需要进行任何加工，这就是最原始的想象。当我们的汇集处理部对读取的信息进行了加工处理，就上升到其他的主意识活动了，这个我们在后面再详细说明。

想象分为两个大类，一类是呈现式想象，一类是嵌入式想象。

呈现式想象就是汇集处理部读取信息并予以呈现的想象模式。在讲记忆的时候我们已经探索过了神经系统中的存储处理部是如何将输入信息存入的，也知道了汇集处理部是如何读取信息的。客观地来说，汇集处理部形成的想象在人类的进化中起到了至关重要的作用。信息从这个时候开始突破时间和空间的束缚，独立存在于人的神经系统中。这就是客观世界和主观意识的分水岭，有了这个分水岭，客观世界和主观意识得以分离。大家不要小看这一小步，想象的重要作用体现在于人类存储的信息可以脱离现实世界，将现实世界在大脑中成像的功能是一个巨大的进步，这一功能为人类的进步做出了突出贡献。

下面我们来做一个小实验：我们闭上眼睛，回忆一下自己在儿童时代时想象自己长大了会干什么？大家可以在大脑中慢慢地检索一下。我们在自己的儿童时代都特别善于想象，在那个时候，喜欢拆收音机，想象着长大后成为一名科学家；在那个时候，喜欢给娃娃做衣服，想象着长大后成为一名服装设计师；在那个时候，带弟弟妹妹们玩，想象着长大后成为一名老师；在那个时候，喜欢用泥巴做成房子，梦想着长大后成为一名建筑工程师；在那个时候，假装给娃娃看病，梦想长大后成为一名救死扶伤的医生等等。你的儿童时代，都想象着自己长大了会干什么？现在实现了吗？我小时候一是盼望着过年，因为过年有好吃的、好玩的；二是盼望着能快点长大，想象着长成自己喜欢的大人模样。羡慕大人可以想去哪里就去哪里，可以自己挣钱想怎么花就怎么花，可以想买什么东西就买什么东西。小时候想象着做一个大人一定很自由、美好、快乐、容易。当自己长大后才明白，更多的是事与愿违、更多的是世事艰辛、更多的是酸甜苦辣。我们小时候看到的只是大人想让我们看到的模样，而不是大人们本来的样子，大人的世界原来只有自己成为大人以后才能体会到。最终的结论就是，我们都没有活成小时候想象的样子。

想象突破时间和空间的束缚，将信息在汇集处理部呈现，在呈现的过程中借鉴和嵌入其他信息，这种想象模式我们称之为嵌入式想象。神经系统工作的表征状态只有生物电波和神经递质。那么神经系统在想象时，这些信息的载体生物电波和神经递质在汇集处理部都是如何工作的呢？核心运行机制应该是意识镶嵌。

2008年的奥运会使用的金牌是“金镶玉”。“金镶玉”是北京奥运会的奖牌设计所采用的式样，就是在金牌里面镶嵌一块圆形的和田玉，喻示中国传统文化中的“金玉良缘”，体现了中国人对奥林匹克精神的礼赞和对运动员的褒奖。它的设计方案，创意十分新颖，突破了以往任何一届奥运会奖牌设计单一材质的传统，又融入了典型的中国文化元素；以“金镶玉”为创意的北京奥运会奖牌挂钩由中国传统玉双龙蒲纹璜演变而成；整个奖牌尊贵典雅，中国特色浓郁，既体现了对获胜者的礼赞，也形象诠释了中华民族自古以来以“玉”比“德”的价值观，是中华文明与奥林匹克精神在北京奥运会形象景观工程中的又一次“中西合璧”。这一次，我们也要借鉴这种“镶嵌”所蕴含的哲学思想。

我们已经认可了这样一个事实，那就是在神经系统中运行的是信息流，不管这种信息流处于什么状态。我们将一组输入信息嵌入另一组正在运行的信息形成新的信息族群时，这就是意识镶嵌，意识镶嵌是神经系统中想象的重要工作模式之一。

好多小孩看完西游记后，都会把自己想象成孙悟空，因为孙悟空有七十二变，一个筋斗云可以飞跃十万八千里，然后在意识中就把自己嵌入到剧情中去打妖怪了。这就是比较典型的意识镶嵌，把自己想象成某一个角色，这时在神经系统内你所想到的信息就会嵌入信息流成为信息流中的一部分。

信息如何存入的过程我们熟知以后，下一步我们就应该了解信息如何读取的过程，信息读取出来以后用在哪里是我们这一节要探讨的内容。显而易见，信息读取出来以后就是用于汇集处理部的思维活动，而想象就是一个占据了大量空间和时间的思维活动。没有丰富的想象力，人类怎么可能有汽车、飞机、电视机等这些巨大的成果？

想象虽然是比较基础的思维活动，但是就是这种思维活动却拉开了人类区别于动物进化历程的大幕。我们的祖先曾经过着和动物一样茹毛饮血的生活，食物都是生吃，但随着社会的发展，人类发现了火。煮熟的食物能让人体更好地吸收营养，另一方面动物体内的寄生虫也因为火的作用而杀死，从而减少人类疾病的发生。食物的吸收产生大脑容积量的增加，这种智力的提高又帮助了人类做更高级的思维活动。看着跳动的火苗就开始想象，于是不满足于现状的想象就慢慢诞生。想怎么样把火保持下来？想怎么样利用火取暖？从利用火开始，接下来是利用工具，再就是畜牧业的诞生等。再之后能开始想象的东西更多，渐渐地，人类通过想象力创造了文字、语言、科技，发明了一些新的事物。火烧过食物使人类体能增加，其他的动物都是很怕火，我们利用火战胜了很多动物。能力的增加就开始对未知事物很感兴趣，就开始了探索之路。

想象是汇集处理部主动去读取存储处理部中的既存信息，在汇集处理部进行呈现的过程。人根据目的、任务的需要，借助现成的语言描述、图样和模型，独立地在汇集处理部呈现生物电波。

听见别人讲故事，不由自主地想象出故事中的情景；看见抹灰脱落而凹凸不平的土城墙，自然而然地想象出一些地方像某种动物、一些地方像某些图案；抬头望见蓝天白云，感觉某些云朵像很多图像，这些都是主意识的想象活动。

我们可以去看看历史，那些大科学家、文学家、教育家、音乐家都是想象力丰富的人。因为这些大家随时随地都保留着对新的知识的渴望，同时还保留着对知识的质疑，相信在现有的知识之外一定有更多超越空间，于是想象力因为期待而变得更加丰富、更加高效。从小到大，我自己接收到的信息就是不断否定的过程。例如吃饭不能说话、不可以把饭粒掉到桌上、不能玩泥沙、不可以打架、平时不可以看电视、作业没有写完不可以出去玩等。我们的孩子就是被无数个“不可以”绑住了想象力，因为大人们都是按照自己的思维逻辑来管理孩子，由于大人们的思维逻辑已经与孩子完全不同，所以他们很容易忽视孩子们的想象力，于是原本想象力非常丰富的孩子变得不会去想象或者很少去想象了。正所谓用进废退，孩子们的想象力就是这样在不用中退化了，这就是我们的失败。

之所以反反复复强调思维是神经系统在与自己“说话”，是为了让大家更清楚大脑中的思维活动是如何开展的。联想就这种思维活动，也属于想象的一种，把它拿出来单独介绍是因为我们经常会用到，其本质是升级版的想象。联想的本质是汇集处理部读取存储处理部中既存信息的过程中将关联信息一并读出，在汇集处理部进行呈现的过程。解释联想的定义就离不开一个词——关联信息。我们已经知道了功能神经细胞主要为树状结构，在粒子记忆中存储综合信息的方式是存储单一信息的集合，而单一信息就是存储在相关联的突触里。当汇集处理部读取其中某一个或者某一类既存信息时，也会连带读出存储在一起的其他信息，这就是联想的工作模式。

我们来看几个填空题"_果""_花""_鱼"。当看到这几个填空题时，你首先想填入的是什么字？如果你想到的是"苹果""茉莉花""金鱼"，或者其他的内容，其本质都是通过联想的方式来读取存储处理部存储的既存信息。现在可以深刻体会小时候我们考试要做填空题的原因了吧。

联想的过程先是检索信息，然后是建立连接读取信息，由于连接通道已经建立，所以方便将关联信息一并读取。联想这种思维方式在我们的日常工作和学习活动中显得尤为重要，其最大的作用是扩展思维范围，开拓新的思维层次，把思维引向深入。这样看来，我们的思维层次又进了一步。想象的功能只是呈现，而联想却达到新的高度。孩子们喜欢做的词语接龙或者成语接龙游戏就是非常好的游戏，这个游戏锻炼和提高的就是人的联想思维能力，联想思维能力越强，会接的词就越多。而长大以后联想思维能力越强，越能把意义上跨度很大的不同事物联结起来，从而使构思的格局变得海阔天空，其结果就是有利于思维创新。联想思维能在什么广度和深度上进行，取决于我们神经系统内既存信息的丰富程度，我们一定要有这样的共识，那就是一个人不可能无缘无故地创造出一个信息。如果我们的神经系统内既存信息量不丰富，那么巧妇难为无米之炊，任何人都不可能产生丰富的联想。而我们的日常生活环境、知识水平及阅历经验等也与联想思维密切相关，因为这些外在因素决定了信息输入的内容。

第四节 里应外合的共振就是认识的精髓

认识的精髓在于里应外合。

约在公元前13世纪，特洛伊王子帕里斯来到希腊斯巴达王墨涅拉俄斯的皇宫做客，受到了麦尼劳斯的盛情款待。

但是，帕里斯却拐走了麦尼劳斯的妻子海伦。麦尼劳斯和他的兄弟阿伽门农决定讨伐特洛伊，希腊人和特洛伊人之间的战争开始了。

希腊人联合起来攻打特洛伊城，但特洛伊城是个十分坚固的城市，希腊人攻打了9年也没有打下来。

10年后的一天早晨，希腊联军的战舰突然扬帆离去，平时喧闹的战场变得寂静无声。特洛伊人以为希腊人撤军回国了，他们跑到城外，发现海滩上留有一个巨大的木马。特洛伊人惊讶地围住木马，不知道这木马是干什么用的。

一个被他们捕获的希腊人告诉特洛伊人，这个木马是希腊人用来祭祀雅典娜女神的。他还说，希腊人担心特洛伊人把木马拉进城，会给他们的国家带来好运，所以特意把木马做得很大，这样，特洛伊人就无法把木马拉进城了。

特洛伊人听后，赶紧把木马往城里拉。不过，这个木马实在太大了，特洛伊人只好把城墙拆开了一段，才把它拉进城中。

当天晚上，特洛伊人欢天喜地庆祝胜利。想不到，木马中居然藏有全副武装的希腊战士。他们从木马里出来，悄悄地摸向城门，杀死了睡梦中的守军，迅速打开了城门，并在城里到处点火。

隐藏在附近的希腊军队如潮水般涌进特洛伊城。特洛伊人苦苦守城十年，最后因为一个木马而失败；特洛伊城被抢掠一空，烧成灰烬。

这就是著名的特洛伊木马之战的故事。为什么要引用这个故事呢？因为思来想去，没有任何一个故事隐含的哲学思想可以表达我们今天所要阐述的"认识"这个词语的内涵。其核心哲学思想就是，先输入，然后里应外合完成最后的目标。因此，我们可以这样认为，认识是神经系统内部信息和外部输入信息共振的结果。

认识是大脑思维的基础功能之一。认识的本质就是外界传入信息与既存信息的共振。通俗地讲，就是神经系统先预存一些信息，当相同的信息再次输入时，两个信息因频率相同产生共振，这就是认识的基本原理。

在认知现实的时候，面对输入信息我们的神经系统只能检索既存信息，如果能匹配一个最接近输入信息的既存信息，彼此因频率相同而产生共振，这种微小的变化被神经系统感知就是认识的过程。这里需要特别说明的是，在这个认识的过程中，现实本身是什么，并没有人知道，只要输入信息和既存信息内外呼应，彼此因频率相同而产生共振就可以。所以说，认识是神经系统反映客观事物的信息与神经系统内部既存信息相关联的思维活动。

从物理层面和生物学层面来讲，生物电波共振就是在神经系统中当输入生物电波的激励频率等于既存神经递质的固有频率时，生物电波与既存神经递质的电磁振荡的振幅也将达到峰值。这种既存神经递质被激励而产生的变化被神经系统所感知，就是认识的基本模型。

为了更好地理解共振现象在现实生活中的样子，我们再来反复去做一个小实验：吉他上的两根琴弦，当其中一根琴弦发生振动时，另一根琴弦如果音高与之相近便会发生振动。音高越接近，振动越剧烈、明显。在吉他上先固定好第一弦，试着弹奏一下第二弦的第5品，如果吉他没有问题，那么我们会看到，第一弦也会振动，即使没有碰到第一弦。这个实验大家可以反复做，反复去观察，从观察中大家去感悟共振的神奇。在这个实验中，最神奇的地方是，两根共振的琴弦在物理上没有任何连接，但是当一根振动时，另一根就会振动。这其中的原理和我们现在要提到的共振原理如出一辙。

生物电波也存在共振的物理现象。前面一节我们已经了解学习的过程，神经系统通过学习，在存储处理部已经存储了一个既存信息，这个既存信息在神经系统的表现形式就是神经递质（神经递质也是带电的粒子），神经递质因为带有电荷，所以也是有频率的。这时如果输入的生物电波（输入信息）与神经系统曾经保存过的神经递质（既存信息）频率相同，那么既存神经递质的电磁振荡的振幅也将达到峰值。我们一直在反复地讲共振，就是因为这些基础理论支撑着我们对思维的认识，它可以给我们提供一个基础模型。因此我们讲认识的基础就是共振，不管是生物电波还是神经递质，只要是存在固有频率，当遇到一个和它相同的频率时，就会产生共振，这种共振的结果就是被激励对象的状态发生变化，而这种变化被神经系统感知就是认识。因为共振不要求激励频率和被激励对象有任何的直接接触，就像吉他共振一样，所以它可以在汇集处理部和各个分部同时出现，哪怕他们存在一些距离。

认识的强度取决于以下几个方面因素：一是输入信息的强度，二是既存信息强度，三是汇集处理部的关注度。当输入信息的强度很大，相应的神经系统既存神经递质受外界激励，强迫振动的强度也会增大；若既存信息强度比较大，强迫振动的振幅与之前相比变化相对较大，也会达到强度增大的目标；汇集处理部具有信号放大的功能，因此，当汇集处理部关注时，认识会更深刻。当汇集处理部不关注时，认识就不会太深刻。

因为既存信息的存在是认识的前提，那么观察和理解认识就要和记忆联系起来。结合记忆的存储空间的不同，认识有三种模式：一种是高端认识，一种是普通认识，一种是弥散认识。

高端认识的形成原理：当外界输入电波进入汇集处理部时，会与汇集处理部的神经细胞之间细胞突触间隙存储的高端记忆形成共振，这就是高端认识。高端认识的特点是反应快速。我们每天要用到的信息或者经常用到的信息就存储在汇集处理部中，这一部分记忆称为高端记忆。例如我们每天用到的母语、文字，我们每天接触到的人和事，这些都是高端记忆，因为存在汇集处理部的细胞和细胞连接之间的突触内，那么当有输入信息时，只要是和高端记忆中的既存信息固有频率相同，就会产生共振，这种共振的结果就是被激励对象的状态发生变化立即会被主意识察觉，认识就形成了。

普通认识的形成原理：外界输入电波进入汇集处理部时，汇集处理部并没有存储与之一样的信息。汇集处理部通过检索发现存储处理部内存储的普通记忆与输入生物电波频率相同从而形成共振，这就是普通认识。普通认识的特点是因检索需要时间，所以反应慢。例如，你在路上碰到一个好几年没有见过面的同学，看见他第一刻起，你就会觉得这个人很熟悉，通过检索记忆，终于想起来他就是你初中同学，这就是普通认识。那些不经常用的既存信息在地壳效应的排挤下，慢慢离汇集处理部越来越远，当这些信息被再次输入时，我们就需要花费时间和精力去检索。只有检索到以后才能形成认识，如果检索不到，那么结果就是不认识。我们肯定有这样的体验，就是无论自己怎么检索，都无法想起自己曾经认识一个人，并且有可能你们还同窗了好几年。

弥散认识外界输入电波进入汇集处理部时，汇集处理部通过检索发现存储处理部内存储的弥散记忆与输入生物电波频率相同从而形成共振，这就是弥散认识。弥散认识的特点是记忆不清晰，所以认识不明确。

前面我们讲对单一信息的认识，下面我们来看一看对综合信息的认识。因为综合信息是多个单一信息的组合，因此其认识就存在复杂性，例如输入信息与既存信息的全面共振而产生的全面认识，或者输入信息与既存信息的部分共振而产生的部分认识，这种情况和我们平常所说的一知半解非常相似，即不是全认识也不是全部认识。

认识的三要素是既存信息、输入信息、关联。

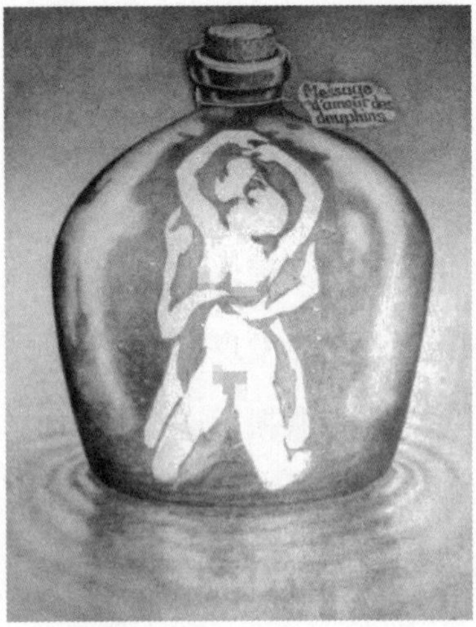

图4-4-1

认识的既存信息说的是认识的前提。人既是认识的主体，也是既存信息的载体。人的感觉器官具有信息转化能力，能够把进入感觉器官的信息知识转化为能经过神经网络传送的生物电波。信息在传递过程中又留存印迹，形成记忆，这就是既存信息。

在图4-4-1的照片中，孩子们会看到海豚在玩耍，而对于成年人来说看到的可能是两个人，这是两个完全不同的图像，两种完全不同的认识。这就是既存信息在认识中的具体事例，因为孩子们在记忆中没有存储“成人”形象，所以孩子们看到和认识的内容跟大人不一样。这张照片是由Sandro Del-Prete拍摄的，被称为海豚爱情消息。

输入信息从相对应的角度看就是同既存信息存在相互作用、相互关联关系中的外界物质、现象、环境、矛盾和问题等信息的总和，是具有多种属性的认识对象。输入信息在一定的自然条件下，会通过空气、光线等载体向外散发出包含自身属性和规律的信息。当感官组织接近或接触时，信息便会进入神经系统的一个或多个感觉器官，使神经系统的感觉器官被动感受。

感知器官在接收输入信息，神经系统既存神经递质受外界激励，做强迫振动时，若外界激励的频率接近于系统频率，强迫振动的振幅与之前相比变化相对较大，这种变化被神经系统感知就是关联后的认识。如果输入的生物电波和既存信息没有产生任何共振，就是无关联，那么对于神经系统来说，这就是输入信息属于不认识的范畴。

汇集处理部运行的主要动力是系统的需要，它为我们神经系统中信息的汇聚提供一个平台，即信息的输入、汇聚、处理、输出。各个分部的作用就是将客观世界解读为一些激发了感官细胞的神经信号，它们产生信号汇入汇集处理部，由汇集处理部进行分析和存储。随着信息的日积月累，汇集处理部固化了这些信息处理模式，便可在将来遇到类似情况时，更恰当地做出反应。沿着生命图谱追寻，动物的汇集处理部越来越复杂，它们的汇集处理部存储了越来越多的能量模式。通过大量记忆这些模式，这些动物有更好的适应性，在应对潜在困难时，也有更多技能和知识，而非局限于某一套行为方式。

这里提一个特殊的认识，那就是自我认识。自己对自己的认识称为自我认识。自我认识与普通认识有一点不同，就是在自我认识的过程中加入了内觉的因素。

在自我认识中常见的错觉从研究结果来看，我们整体认识自我的意愿和能力不太好，而且我们往往会陷入一些认识自我的错觉中。

1.总是认为自己是对的

不管你承不承认，在绝大多数的意识中，不管是自己的认识还是行为，我们总认为自己是对的。哪怕有时候我们已经意识到自己是错误的，我们也会为这种错误找理由。从逻辑上讲，“总是认为自己是对的”也是错误的，如果总是认为自己是对的，那人类就失去了发展的意义。

都是别人的错？我们来说一说一个词——“杠精”。

我们身边总有那么一群人为了反对而反对，总认为自己是对的，这就是我们所说的杠精。杠精极其热爱抬杠这种自带攻击力的行为，无论自己好不好受，反正绝不让其他人好受。简单说来，杠精就是不论你说什么做什么，他都能找出反驳你的理由，并善于抢占话题先机和道德制高点，随时随地在言语上准备好，和别人对着干。

这样的人是一种超级自以为是的人，就算全世界人都认为错的事，他估计仍然会认为其是对的。这样的人可能在我们身边比比皆是，究其原因其实没有那么复杂。我们前面已经讲过了如何认识，认识的前提是既存信息的存在，在这里也一样，就是因为这种人在大脑里已经存储了相关的信息，这种预存的信息占据了大量的存储空间，已经无法再容纳其他的信息了，所以他才那么执着。这种人我们对待他最好的方式就是不理他，生活中他不会幸福，工作也不会太顺利。如此悲哀的人不值得我们去跟他理论，因为要想说服这些人最好的办法就是用实践来证明你是对的，把你们曾经争论过的事情拿到他跟前专门证明给他看他错了，不过如果你也做到这一步的话，那你不就和他成一样的人了吗？所以说，装睡的人永远叫不醒。

2.总是认为自己比别人强

在大多数人心目中，在评估自己与他人各项能力时都会认为自己比别人强。大多数人在与自己的身边人相比时，都会觉得自己更聪明，更好看，更有道德。从我们第一章讲到的神经系统可塑性原理可以看出，人与人的差别不会太大，有差别的只是人在做某一类事情时参与信息处理的神经细胞的机会比例。

来看一个案例：重庆一位保时捷女司机与一位奇瑞男司机当街发生口角。随后冲突升级，穿高跟鞋的女子是先动手的一方，狠狠给了男子俩耳光，又立马被“反杀”，但第二个耳光刚打完，她就遭到对方更大力度的回击，帽子飞出去好几米。男子妻子回忆，女司机发火的理由是嫌他们挡了道，还“穿得差，开叫花车”。相关视频迅速在网上热传，不少网友质疑女司机太过跋扈，当晚警方通报，经查明，女司机驾车时未按规定调头，罚款200元；该女子同时存在驾车戴帽、穿高跟鞋等妨碍安全行车的行为，扣2分，罚款50元。双方已达成调解协议。

我们通过这个例子重点来说一下自我认识。我们很多人总是认为自己比别人强。自己比别人有钱就比别人强，自己比别人的工作好就比别人强等等。这些人眼睛里充满着蔑视，瞧不起这个，瞧不起那个。我们还是拿人看猩猩的例子来说自我认识这一件事情，请问在我们人类眼睛里，你能看出哪一只猩猩比较高贵吗？大家听完这个问题就会欣然一笑：“哦，原来我们都一样。”

3.总是认为自己有认识自我的意愿和能力

很多自信的人都认为自己拥有自我认识的意愿和能力，但实际情况可能是大多数人都错了。我们认为，认识自我的意愿和能力是可以通过努力学习和坚持不懈的训练得到提升的技能。

跑酷是时下风靡全球的时尚极限运动，以日常生活的环境（多为城市）为运动场所。高空跑酷不仅是在高空中奔跑，还包括在高层做一些体育运动，如俯卧撑、仰卧起坐等。在摩天大楼、高桥等地方，稍有不慎就危及生命。2018年，我们就看到一位年轻的小伙在高楼的藕丁做扒墙引体向上运动失手，不慎从楼顶跌落，而失去了生命，这就是非常典型的认识不足。

4.自我认识中出现的误差

不管是生活、工作还是学习，每个人对自己真实认识能力的评估都不准确。各种现象都表明，自我认识能力越强的人越容易察觉到自己的不足，而自我认识能力越差的人反而自我感觉越良好。

第五节　为了信息的综合与理解才合并与分立

人类思维的第一次升级是从合并开始的，因为合并可以产生新的信息。

《三国演义》第一回："话说天下大势，分久必合，合久必分。自周末七国分争，并入于秦。及秦灭之后，楚、汉分争，又并入于汉。汉朝自高祖起义，一统天下，后来光武中兴，传至献帝，遂分为三国。"

分与合是两种形态，我们主要是讲神经系统中信息的载体——生物电波的分与合。生物电波合并指的是汇集处理部内当两个或多个生物电波混合在一起时发生叠合形成新的综合信息的过程。

当两个或多个生物电波混合在一起时就会产生叠加，并且产生新的生物电波。至于新的生物电波是什么，在这里我们不做分析，因为那是物理学的范畴。合并前的生物电波可以是单一信息，也可以是综合信息，合并后的生物电波一定是综合信息。信息合并的作用是为了信息综合。信息综合是在处理信息时，根据信息内在的逻辑关系和需要，将两个或两个以上各自独立的信息进行有机组合，激活成一种新的信息的过程。

家长都会将自己的孩子视为掌中宝，对于宝宝的教育，以前都会进入一个误区，那就是很多父母认为只要照顾宝宝的吃、穿、睡就是给孩子最好的成长环境。其实这只是一方面，更多的陪伴和适时进行全面和谐的教育也是不可忽略的因素。这些可能是父母给予宝宝一生最具有价值的财富。这几天我一直在陪孩子玩拼图游戏,《中国地图》就是一款能给孩子带来快乐的拼图游戏。这些拼图游戏，不仅会让孩子对中国的地理更加熟悉，同时，还会发展孩子的观察力、记忆力、想象力，促进孩子的全面发展。我还发现，孩子们玩拼图游戏的潜能远大于我们，几个回合下来，我就玩不过他们。我们举这个例子的目的是为了提取这里面所蕴含的思想。《中国地图》在拼装完成之前是一块一块的，每块是一个省份，是独立的模块，但是只要他们组装完成就成了一个整体，构成一幅完美的中国地图画像，这个画像相对于原来的小模块来说就是一个新的大模块。正是由于这种小模块的合并才有了新的大模块。这个游戏充分体现了“合”的思想，那就是每一组大的地图画像都是小模块组合而成的。

在神经系统中，这种“合”的思想也经常在上演。例如，我们来做一下下面的连线题，这就是一个基础的信息合并模式。

掩耳　待兔

情同　绝后

刻舟　精神

锦绣　山河

守株　万象

深思　求剑

龙马　盗铃

包罗　熟虑

空前　手足

因为我们的大脑中已经存入了相关的信息，现在我们只需要将我们认识的词语合并一下就可以完成我们的任务。在这个过程中，汇集处理部就是检索既存信息后将输入信息进行合并的。

简单的合并是因为你的神经系统内存有这些成语的信息，但是如果连接下面的成语呢?

惨绿 草木

蹇人 冯妇

博士 啖君

冬日 一猪

余桃 张飞

八公 少年

一龙 可爱

破马 买驴

下马 上天

如果你没有通过网上搜索，就可以做对全部的合并题，那么说明你的文学素养非常好。

以上都是我们上小学的时候做过的练习题，看似简单，但是其蕴含的哲学思想却非常值得我们深思。如此看来，信息的合并在我们很小的时候就开始训练。我们在这个训练中所掌握的技能就是将两个或者多个信息合并成一个综合信息。

现在看来，合并看似很简单，属于比较初级的思维活动，但是放在远古时代，对于人类来说这就是一个飞跃。我们还拿大猩猩来举例。对于大猩猩来说，合并这种简单的思维活动需要很长时间才能掌握。我注意到电视纪录片中正在做关于大猩猩的实验，先给大猩猩一个硬币，过一段时间再用一根香蕉进行交换。这样训练几天以后，大猩猩慢慢知道了硬币可以换香蕉吃。但是如果我们同时给大猩猩十个硬币，大猩猩也只会一个一个地换，因为没有经过训练大猩猩不知道信息合并的意义，也就很难理解十个硬币能同时换十个香蕉。

对于我们人类来说，信息的合并到底起到什么作用呢？其实最重要的改变来自升级换代对思维模式产生的影响。在此之前我们所讲的思维活动，不管是学习也好、想象也好、认识也好，都没有改变原有信息的内容。从合并开始，我们升级到已经在改变信息的内容，并且产生新的信息。这种进步可以用登月探险家阿姆斯特朗的话来形容："这是个人的一小步，却是人类的一大步。"这一小步从表面上看只是从被动地接收信息到自行编辑信息的转变，其本质却是大量新信息的诞生。因为有新的信息诞生才为人类改造世界插上腾飞的翅膀。

合并的方法包括很多种，但是我们只提两种，一种是纵向合并；一种是横向合并。纵向合并，是输入信息与既存信息进行综合，从而得出新质信息的模式。对一些既存信息，如记忆中有关的信息，根据现实需要，重新发掘出来，然后与输入信息进行加工组合，就成为有新的认识价值的新信息。而一些既存信息也可以用这种方法加入新信息或新认识水平进行信息合并，得出新的信息；横向合并，是将不同的输入信息进行合并，从而得出新信息的过程。

生物电波分立指的是一组生物电波经汇集处理部处理后分成两组以上的新的生物电波的过程。分立前的生物电波一定是综合信息。分立后的生物电波可以是单一信息，也可以是综合信息。

汇集处理部将信息分立的主要作用是为了方便理解与记忆。信息分解就是将原信息分解成若干个单独的信息单元。分解信息的原因各有不同，目的也各有不同。但是一个非常重要的原因就是，分解是对综合信息的分解，而综合信息不仅很难理解，还非常难处理。汇集处理部比较喜欢的处理对象是简单信息，这一类信息不仅处理起来比较容易，处理后的记忆或执行相对简单。因此从提高效率的角度出发，也应该对综合信息进行分解处理，这应该就是神经系统对综合信息进行分解的初衷。

分解是为了理解，同时还可以创新，神经系统可以根据需要再把不同的信息单元进行综合连接合并后形成新的综合信息，这就是思维创新的模式之一。

"哦，原来如此"——是我们明白某件事情以后经常挂在嘴边的词，这就是理解的通常表现，那什么是理解呢?

理解的本质就是汇集处理部将要处理的对象信息分解后处理成与既存信息相对应的信息的思维过程。说得直白一点就是，当我们输入了一组我们不明白的综合信息时，我们可以将这一组综合信息拆分成若干个单一信息，在将这些单一信息送去检索，当这些单一信息逐一被主意识认识的时候，那么对这一组综合信息我们就会慢慢地明白了；如果这些单一信息有一部分被主意识认识的时候，那么对这一组综合信息我们就是似懂非懂、半知半解，会慢慢地明白的；如果主意识不认识这些单一信息中的任何一项的时候，那么对这一组综合信息我们就是完全不懂。

我们来看这样一个物理学名词——波粒二象性，指的是所有的粒子或量子不仅可以部分地以粒子的术语来描述，也可以部分地用波的术语来描述。波粒二象性是微观粒子的基本属性之一。这是关于微观粒子状态的名词，用这个名词，我们可以去体会分解综合信息对于我们理解综合信息的帮助。

“下雨天留客天留我不留”一句话，就更是由于拆分断句不同，产生了多种歧义：

一是：“下雨，天留客；天留，我不留。”

二是：“下雨，天留客；天留我？不留。”

三是：“下雨，天留客；天留我不？留。”

四是：“下雨天，留客？天留，我不留。”

五是：“下雨天，留客？天留我？不留。”

六是：“下雨天，留客？天留我不？留。”

七是：“下雨天，留客天，留我不留？”

八是：“下雨天，留客天，留我？不留！”

九是：“下雨天，留客天，留我不？留。”

大家看得非常明白了，这就是一个非常典型的拆分理解案例。我们的大脑可以将一个复杂的信息拆分成简单信息。当第一次听到“下雨天留客天留我不留”时，每个人都会有一个初步的理解，但是慢慢地、仔细地一想，然后将它拆分成简单信息，“下雨”“天”“留”“客”“我”“不”“留”这些就是简单信息。这些简单信息重新组合一下就可以表达截然不同的含义。

通过前面的定义我们可以知道，理解是一种复杂的思维活动，将复杂的信息分解成相对简单的信息，然后与既存的简单信息相对应识别。这种思维活动应该有一个前提，必须是简单的既存信息的存在，任何理解的思维活动都一样。有了这个前提，才有了后续的理解。我们前面花了很大的篇幅在讲学习就是为了让大家知道这个前提是怎么产生的，现在我们既然已经学习好了，在这一节我们接着要讨论的就是如何运用。

例如，我们通常所说的“知其然，又知其所以然”，就是因每个人的大脑对事物分析决定的一种对事物本质的认识，一般也称为了解或领会。理解只是这里面其中的一环，就是“知其然”，关于“知其所以然”我们会在后面的章节里谈。

万事开头难，当做任何事情或者对任何事务的认识，因为不懂一筹莫展、无从着手的时候，最好的办法就是分解，然后就是一点一点，慢慢地瓦解。

在我们的日常生活和工作中，我们都会遇到巨大的困难，例如运动、减肥、学习、创业等，一开始想得很美好，装备和设备也很齐全，但是没几天就进行不下去了，困难重重。其实很多事情，一旦有了开头，也就不那么难了。对于我们很多人来说，开头难就难在我们还没有准备好，我们被我们自己制定的大目标吓回去了，所以我们畏惧，我们无所适从。虽然我们貌似已经下定决心要去做一件事情了，但是我们依然处于迷茫中，我们知道我们的目标，但是我们不知道自己需要做什么，应该如何去做，这些都是导致我们真正无法开始一件事情的原因。所以最好的办法是，分解我们的目标，把一个大目标分为若干个比较容易实现的小目标，然后勇敢地迈出第一步，我们就会离我们的终极目标更近一步。对于第一步，我们最需要做的就是给自己一个明确的定位，然后制定一些切实可行的计划，如果真的不知道自己该怎么办，就去查一些和自己要完成的事情有关的资料，或者请教一些有经验的人，给自己找点方向，有方向了，明确知道自己需要做什么以及如何去做，就制定一个详细的计划。紧接着最重要的就是严格执行，一定要督促自己坚持下去。当形成一个习惯的时候，也就不会那么难了。

神经系统运行中的理解须经过复杂的思维过程。常是从最初模糊、未分化地理解逐渐过渡到明确、清楚地理解，其间经历了不同的阶段。汇集处理部将复杂的信息分解成相对简单的信息时应该利用了神经系统的结构性原理，同时也适用了电磁干涉和电磁衍射等物理原理，然后与既存的简单信息相对应。汇集处理部正是充分利用了这些原理，加之前面所说的这种思维活动应该有一个前提，必须是简单的既存信息的存在，最终还是用到了共振原理，使我们的神经系统感知到这种信息的认识。这么复杂的过程，不可能在很短的时间内形成，需要大量的时间和精力去慢慢训练，这就是孩子的理解能力比成年人差的原因。

我们的神经系统在理解外界输入的信息时，必须先将信息进行拆分，然后运用过去已有的知识经验逐一认识拆分后的信息，或在已有的知识经验基础上，掌握新的知识经验。过去知识经验的有无或多少，对理解能否顺利地进行，有着重要的影响，一一对应地分解后认识，在理解中有着重要的作用。在某些情况下，拆分后的信息不认识说明可能还不足以使人完全理解，必须借助其他直接输入信息的帮助。这里的直接输入信息不仅有助于说明所要理解的对象，而且有助于把握其本质。

第六节　增加与删减是信息增容与省略的措施

人类心智的成熟不是从懂得如何增加开始的，而是从懂得如何删减开始的。

相传在春秋战国时期，楚国有一个大户人家请了一帮人在祭祀祖宗的典礼上帮忙，典礼结束后，还剩下了一壶酒，这个大户人家就想将这壶酒给帮忙办事的人喝，可是酒不是很多，每个人都喝的话根本就不够分，一个人喝就绰绰有余，到底要怎么分这瓶酒呢？干活的这帮人纷纷议论起来！就在大家七嘴八舌地议论的时候，一个聪明的人大声说："大家都不要再吵了，我说下我的想法，大家听听可不可以。"人群安静下来，他说，"为了公平起见，我们都在地上画蛇，谁最先画完，而且画得又像，我们就把这瓶酒给谁喝。"大家都很赞同他的主意。于是大家都在地上开始认真地画蛇。其中有一个人画得很快，不一会儿就把蛇画好了，而且画得也很像，于是他就端起酒准备喝，这时候他看见其他人都还没有画好，就得意扬扬地说："大家画得都这么慢，我早早地就画完了还真是不好意思呢！"他便一手提着酒，一手拿起树枝在画好的蛇身上又添了几只脚。就在他给蛇添脚的时候，另外一个人也把蛇画好了。第二个画好的人从他手里抢过酒壶，说："我们从来就没有见过长着脚的蛇，你画的带脚的东西根本就不是蛇。画的又快又好的人是我而不是你。”说罢便咕咚咕咚地把酒喝完了。那个给蛇画脚的人只能眼睁睁地看着别人喝美酒，自己多此一笔酿下的苦果只能自己尝了！这就是流传了很久的“画蛇添足”的故事。

在大家思考这个故事里面所蕴含的哲理的时候，我们来了解一下神经系统内关于增加的概念。我们的神经系统存储了很多很多的信息，就是存了这么多的信息也没有阻止我们的神经系统继续接收和存储信息。

我们可以将增加理解为在神经系统内运行过程中的原有信息的添附。这种添附是合并的一种升级版，就是在原有信息的基础上增加一些新的信息。这种添附在微观角度看就是两个或多个生物电波混合在一起时就会产生叠加，并且产生新的生物电波，或者是神经递质的添附。至于新的生物电波是什么，在这里我们不做分析，因为那是物理学的范畴。

我们来看一个很有意思的故事：解缙小时候聪慧过人，但他家境贫寒。有一年春节，他在门上贴了副对联：“门对千竿竹，家藏万卷书。”解缙家门前的确有一片竹园，但那片竹园不是他家的，是隔壁一家财主的。财主一看这副对联，十分生气：“我家的竹园被这穷小子写在他家对联上了，这不行。”财主一生气，后果很严重，他命人三两下把竹园的竹子全部砍了。解缙一看，明白了财主的意思，便拿起笔在上下联尾各添了一字，这副对联就变成了：“门对千竿竹短，家藏万卷书长。”

财主竹子刚砍完，回头一看这对联，更生气了：“好啊，我家竹子没了，你家还书长。”财主一不做二不休，干脆让人连竹根一起刨了，“这下看你家书还怎么长。”谁知财主家竹根尚未刨完，解缙又在联尾各添了一字：“门对千竿竹短无，家藏万卷书长有。”财主这下黔驴技穷，气得彻底说不出话来了。

通过这个故事我们可以慢慢去品味增加的内涵。我们想要说明的就是这个意思，原有一组信息，当在原有信息的基础上增加一点新的内容时，就会诞生新的综合信息，也就是我们所说的新的意思。这种运行模式比合并又提高了一步，它使得我们神经系统可以创造一些新的信息。虽然这种信息以原有信息为基础，但是仔细一想，我们人类社会有几千年的历史，每个时代都有很多很多的人，如果每个人都能在原有信息的基础之上增加一点新信息，那累积起来的就是人类的发展史。

纵观人类的历史，我们会发现，人类在科技方面的发展并没有我们想象得那么快。直到我们的祖先开始懂得驾驭“火”，逐渐迈向了文明。学会使用火的初始动力就是信息的合并，因为当时的人类不是仅仅被动地接收信息，而是综合了这样的思维，那就是把火与温暖、火与熟的食物等信息综合起来。既然人类已经发现火可以带来温暖，可以烤熟食物使得食物更好吃，可以吓走大型掠食动物，那么人类就会想方设法保存和使用火源。这段时间人类慢慢地学会了利用火，学会使用火的人类踏上了文明之路，拉开了与地球上其他物种的距离。可以这样说，人类文明的第一次兴起就是从火的利用开始的。接下来不管是狩猎、畜牧还是农耕文明都从火的利用中收益，得到发展和壮大。在农耕文明的五千年间，人类的科技发展得非常缓慢，这与当时的客观环境有关。因为这一段时期的人更多的精力放在了如何解决温饱，以及如何抢占资源上，这五千年人类世界变成了展示力量的竞技场。强者生存的法则深深地烙在了每个人的心里。这阶段是人为设置的等级制度，以及地域划分的阶段，人们无暇于科技进步，更关心如何跨越等级。然而工业时代的到来，人们的观念得到转变，机器解放了生产力，从此科技成为人类发家致富，提高国力的手段。目前人类已经进入信息时代，这个时代的重要特征就是科技的发展可以满足我们每一个自然人的大部分需求，于是乎，全世界纷纷把未来赌在了科技上，当人的智慧汇集于一处时，产生的力量是无穷的，于是我们看到了不断更新的科技，我们对科技的依赖也日益严重。在这个时代，信息的增加显得尤为重要，因为我们可以站在巨人的肩膀上，通过学习前人的智慧，再添加自己理解的信息，创新就这样诞生了，这就是既存信息的添附。

2019年是我国建国70周年，短短的70年，我们身边任何事物都在发生着翻天覆地的变化，国民的生活水平也得到了很大的提高。不要说70年前，就算是改革开放以前，座机电话作为当时的通信工具，可以说是十分罕见的，谁家要是有一部电话可以说算得上是富裕人家。而如今每一个人可以说是人手一部手机，你是否还记得曾经用过的第一款手机是什么牌子的呢？我的第一部手机就是爱立信翻盖蓝色手机。

在20世纪90年代，国内的通信工具并不发达，而固定电话成了当时人们主要的通信工具。1993年，大陆第一部移动电话诞生，而我家是1995年才装的座机电话的。20世纪90年代中期，当BP机出现的时候，很快得到普及。在当时，BP机上除了会有家里人偶尔的留言，还会有工作方面的问题需要及时联系。后来市面上用BP机的人也越来越多，亲朋好友之间的联系也变得日益频繁起来。在公共电话亭前，总是排满着留言的人。1999年，第一部智能手机诞生，第一款全中文手机出现，到2000年第一款照相手机被推向市场。2001年第一款彩屏手机开始出现，2003年支付宝开始运行，2005年，全球第一款内置4G硬盘的手机开始悄然出现并迅速抢占了市场。2011年手机微信开始流行，2019年，华为推出5G手机。

伴随这几年信息技术的迅猛发展，手机已俨然成了众人生活中的必备品。国内手机品牌生产的各类智能机如雨后春笋般冒出了头。智能机的出现让人们的生活方式丰富了起来，使其坐在家中就能够轻松俯瞰整个世界，不再仅仅局限于一个地方。手机给我们带来了便捷的支付方式，便捷的购物方式，便捷的出行方式。我们看看手机的发展简史，可以总结出一个基本的原理，那就是渐进式进步。这种进步不是一天成就的，而是通过一个漫长的发展历程，慢慢积累起来的。

在神经系统中，任何信息的增加都是通过间接渠道完成的，而不是通过直接的方式完成的。我们可以想象得到，我们的神经系统没有能力做到把一个生物电波增加一段或者在一个神经递质上再增加一个神经递质。这一点，神经系统显然做不到，但是这不妨碍神经系统通过间接的方式去做。例如，利用波的干涉和衍射原理，可以将两个波叠加，从而达到改变原有生物电波的目的；利用改变神经递质点状留存的方式改变既存信息的内容等，这些都是既存信息增加或者删除的手段。

我们可以来讨论一下广度和强度的增加。例如，圆周率3.141592653589793238462643383279，我们如何才能让这个信息的广度和强度在神经系统内进行增加呢？首先肯定是广度的增加，在这些信息输入到我们的神经系统内部时，肯定是分段进入，即先3.1415926，再来5358979，以此类推。广度的增加很容易理解，而强度的增加实现起来就比较复杂，首先是汇集处理部存入3.14159265358979等信息，在这些信息的载体——生物电波尚在汇集处理部时，可以再次输入3.14159265358979等信息，这样两组同样的生物电波就会在汇集处理部叠加，因为这些生物电波的频率、波长、相位都是相同的，所以叠加后的电波振幅会增加，对神经系统的刺激强度也就更大了，从外在表征来说就是，神经系统对这些数字的印象更深了，也记得更牢固了。

我们可以将删减理解为在神经系统内运行过程中的原有信息的减少。

这种减少包括对原有信息的删除和减量，原有信息删除后就不复存在，原有信息减量就是在原有信息的基础上砍去使之变为新的信息。删减只发生在对综合信息的处理上。我们已经知道综合信息是单一信息的集合。

删减的作用是神经系统的重要功能，这种功能暗意识用到得最多，主意识用到得没有暗意识那么多。我们每个人每天只要一睁眼就会看到很多人、事、物，也会听到很多人、事、物。这些信息多到数不胜数，但是面对这么多输入信息，我们的神经系统要是全盘接纳的话，那我们的神经系统就会崩溃。为此，神经系统采取了一个非常聪明的办法——删减，将无关的、不重要的、不被主意识关注的信息删除，这就是暗意识的功劳。

我们知道在正常情况下一个微信号只允许存储5000个微信好友，那么问题就来了，当自己微信上好友数量达到5000人后，应该怎样有效地管理自己的微信好友呢？边界限束是5000人，不可能突破，唯一的办法就是删除那些无关的、不重要的、不联系的好友，保留那些有关的、重要的、经常联系的好友。这是唯一的办法，神经系统也一样，在边界限束的制约下删除无关的、不重要的、不被主意识关注的信息是唯一的选择。所以，我们可以看出删减具有更大的意义。

第七节　并不简单的比较与判断

比较不难，判断也不难，难的是畏难的自知之明。

这是一个我亲身经历的故事：20世纪90年代在大学里，我们都是穷学生，每天都穷乐穷乐的，虽然没有钱，但是日子过得很快乐。那个时候没有手机，也没有电脑，到了晚上除了去自习，没有地方可去，比较奢侈的活动就是去看看电影。记得很清楚，1997年香港回归祖国，那年冬天的一天，天气特别冷，北风刺骨，我骑着自行车去学校食堂吃饭。在食堂门口，看见一个特别有钱的同学，开着一辆小轿车，在拉着一个漂亮的女同学在校园里兜风。目光停滞了很久，这叫一个羡慕，羡慕那种有钱人的爱情，当时就想，天底下最幸福的事情就是自己有一部小汽车，开着车拉着自己的爱人兜风。

我人生中的第一辆汽车是在2002年时有的，那是一辆黑色的帕萨特。2003年我也记得很清楚，那一年发生了非典。这一年的冬天，因为有一点事情就自己开着车回到学校，还是在学校食堂门口，我看见两个情侣从学生食堂出来，也是天气比较冷，风很大，女孩子就帮男孩子围了围巾，然后男孩子骑上自行车，女孩子坐在后座上，双手环抱着男孩子的腰，脸上洋溢着幸福的笑容。目光再次停滞了很久，感慨万千，这叫一个羡慕，羡慕那种纯洁的爱情，当时就想天底下最幸福的事情就是自己骑着自行车，载着自己的爱人兜风。

同一地点，两种意境，这种比较可能随时发生在我们的神经系统中某个区域的共鸣。

比较要有供比较的对象，也要有比较的共同基础，即比较的平台。在神经系统中，比较的对象是信息。我们往往重视的是比较对象，而对平台不太重视，造成非常多的错误认识。

比较是在头脑中确定对象之间差异点和共同点的思维过程。当两个信息同时存在于汇集处理部的时候，我们的汇集处理部自然会对他们之间有哪些相同之处，又有哪些不一样进行区别。这种判断两种事物之间共同点与不同点的方法就叫作比较。

信息输入的过程中存在冲突和矛盾，这是客观现实。我儿子9岁生日的时候，我给他买了一把玩具枪作为生日礼物。当我进家门时，我的女儿问我这是什么，我告诉她这是哥哥的生日礼物，这时两岁的她非常委屈地问我："那我的礼物呢？"彼时我才意识到两岁的她已经开始会比较了。我们从两三岁的孩子就已经知道比较得知，比较是一种基础的思维活动，这种思维活动起始于客观信息的输入冲突。

汇集处理部运用比较这种方法进行思维活动，有利于充分显示事物的矛盾，突出被表现事物的本质特征，加强对信息的认识。这种思维活动对神经系统的触动效果和感染力都会非常强，还突出好与坏、善与恶、美与丑等对立的矛盾，给我们的神经系统带来极为鲜明的认识和强烈的感受。特别是汇集处理部中可以产生对比这种即时的思维活动，它是把现实生活中的输入信息带入到汇集处理部，并将具有明显差异、矛盾和对立的输入信息安排在一起，进行对照比较的思维模式。这种模式的结果就是把对立的事物，或把事物的两个方面放在一起做比较，安置在一定条件下，结果一目了然，让汇集处理部在比较中分清好坏、辨别是非。

比较的意识可能在很久以前人类就已经具备了，这一点我们可以从猴子身上就可以看得出来。猴子最喜欢吃香蕉、桃子、梅子、花生、玉米、土豆、红薯等食物。如果你去动物园观察，就会发现猴子很挑食，要是同时拿一个成熟的桃子和一个还没有成熟的桃子，那么猴子就会选择那个已经成熟的桃子。这说明猴子已经会通过视觉和嗅觉对桃子进行比较，然后做出选择。这就说明，比较这种思维活动可以在其他动物的身上找到原型，那么这种活动应该就跟神经系统的结构存在关联，系属人类依据自然法则进化的产物。

两种或者两种以上的信息同时输入，或者是汇集处理部先后读取了两种或者以上的信息，这是客观现实。那么对于这两种或者以上的信息给汇集处理部造成何种感知，我们并不清楚，但是有一点可以肯定的是，两种或者两种以上的信息一定存在差异，给汇集处理部造成的感知也会存在差异，当这种差异被汇集处理部感知时，比较的结果就会产生。这就是比较这种思维活动的基本原理。

关于比较的平台，我们很少人去关注，虽然这个属于客观环境的范畴，因为比较必须要加入主意识的内容，所以忽视比较的平台，比较就没有任何意义。

我们来看一个案例，小A和小C是两个从小一起长大的闺蜜，从小两个人关系就非常要好，但是就是有一点不好，总在暗自比较。上学的时候比学习成绩、比谁穿的衣服好看、比谁的文具多，长大了比谁的车好、谁的房子大、谁的男朋友帅，再后来就是比财富、比孩子等等。有一天小A突然给小C打电话说："我们比较了一辈子，以后就再也不用比了。"原来，小A得了绝症，自己终于明白健康是1，其他的，比如财富、名望、地位、家庭等都是跟在这个数字后面的若干个0，有1在前面，后面跟的0越多证明拥有的越多；但如果1没有了，即使再多的0聚在一起也还是0，还是一无所有。这个故事充分说明平台的重要性。

大家在看动物世界的时候有没有注意到这个现象，那就是如果两个动物在打架，那么打架的双方一定是同类，狩猎不是打架所以除外。例如经常看到狮子和狮子打架、猴子和猴子打架、鹿和鹿打架。但是我们从没有看过猴子和斑马打架，羚羊和犀牛打架，河马和长颈鹿打架，这就是我们所说的平台的重要性，因为打架的时候也存在信息交流。如果双方没有交流平台，那么很难产生反馈信息，所以也就打不起来。

在我们这个社会，比较无处不在。我儿子还在上小学，我每天晚上接他放学都是走着回家，路上聊聊天，偶尔会听到他说起班上的谁谁家里有别墅，谁谁的爷爷是个大官。通过同孩子交流，我知道孩子们之间现在都在比较什么，我们可以从以下九个方面去窥探他们的世界：

（1）比物质水平。一些学生看到同班同学买了新书包、新文具就会回家告诉父母要买一样的；某某过年，光压岁钱就收了十多万；比零用钱，看谁带的钱多，花钱大方等。（2）比父母。孩子们会比谁的父母当的官大，谁的父母挣钱多等。（3）比家庭条件。比谁家的房子大、装修档次高、谁家钱多、谁家的车子好。（4）比外表长相。比谁长得漂亮，谁的服饰新颖、发型时尚。（5）比学业和成绩。比谁的学习好；有的学生把标兵、模范作为自己做人的楷模。（6）比旅游。比谁去的旅游景点多，是否出过国旅游等。（7）比能力与理想。比谁玩的游戏多，谁的游戏等级高，喜欢展示自己的特长。（8）比过生日。小学生大都是万千宠爱于一身的独生子女，每个学生最开心的是过生日。所以每到生日的时候，都会热闹非凡地请同学陪自己过生日。而且父母在生日那天都会去最高档的餐厅，买孩子最想要的礼物，请孩子最要好的同学去庆祝。这样，学生之间就形成了攀比。看谁的生日排场大，看谁得到的礼物多，看谁生日最热闹，看谁送的生日礼物最贵等。（9）比对集体的贡献。比自己为班级、为学校做了哪些力所能及的事。

仔细想一想，这些问题的根源是不是在社会？我们的父母其实也在比较，虽然比较的内容可能有所不同，但性质是一样的。父母的这种比较在大程度上会潜移默化地影响自己的孩子。个别家长在孩子、亲戚面前，或者朋友面前炫耀自己，长时间就让孩子知道可以拿父母说的跟自己的同学比，这样觉得自己很光荣，因此也会照葫芦画瓢。

青少年学生的攀比行为常常受环境所左右，这是自然现象，我们也不用太大惊小怪。既然在青少年人生发展进程中，比较是无法避免的，那么我们需要解决的问题就是“比什么”和“怎么比”。潜意识的比较是一种浮躁的心态，不经过分析和判断的比较。在不经意间总和别人的短处相比，自我满足。比外在的、物质的，没有意义的事物。在这样的比较心理支配下，孩子们会沉溺于外在的追求、物质的享受以及心理的虚荣，迷失前进的方向，导致理想和志向的丧失。主意识的比较是一种向上的心态，经过分析和判断的深思熟虑，刻意地和别人的长处相比、和自身不同的发展阶段相比，比理想、比道德、比目标，在这样的比较中，孩子们会不断超越自我、超越他人，从而加快其自身的发展。因此，对于未成年人的比较心理既需要控制和批判，也需要激发与鼓励，把比较行为引导到积极向上、追求内在精神的正轨上去。

我们通过小学生之间的比较，可以窥探比较这种思维活动的一些特点。

第一，可比性。这个特点主要就是说比较的对象与平台是重要的基础。就像刚刚的例子中提到的由于小学生正处在自我意识初步形成的阶段，接收到外界输入的信息和既存信息存在差异，因此与别人比的过程也是展示自我的过程。对许多学生来说，在攀比中能够输出和展示自己的知识、能力、财富、外貌特征以及人际关系等。当这些信息完成比较以后，当结论是自己比别人强时可以达到内心的满足，心情愉悦。

第二，广泛性。我们已经从猴子比较水果的案例中知道，比较是一种普遍存在的心理活动，只要接收到的外界输入的信息和既存信息存在差异，汇集处理部就会自然产生比较的思维活动。既然比较是一种生理上的本能，那么我们看见学生之间的攀比几乎是无时不在的就不应该感到奇怪。从这个意义上说，学生是在比较的过程中成长。攀比的内容与形式也多种多样，涉及生活和学习的各个方面，有物质和精神的攀比，有内在和外在的攀比，从不同的角度来看，有横向和纵向的攀比等等。我们长大以后也一样，这种比较随时随地都在发生，比房子、比车子、比工作、比孩子等等。

第三，盲目性。因为比较是一种基础的思维活动，所以在汇集处理部中这些都会自然形成，很少经过主意识的逻辑分析，因此大多数比较具有盲目性。现在看来，其实小学生根本不理解攀比的真正含义，而是在客观环境下随着大流产生的攀比行为。有时候我们甚至不知道自己的目标是什么，为了比较而比较，由于缺乏明确的目标导向，这种攀比行为常常受各种因素影响，最后仔细想来却是极为荒诞。

第四，互动性。比较的目的是通过信息的输出获得相应的反馈来满足自己的心理，因此，我们说反馈是比较的动力，没有反馈就不会有比较。大家一定看过《少年派的奇幻漂流》，设身处地地想一想，任何一个人漂泊在大海上，哪怕看到再美的风景，没有人听你去诉说，也没有反馈，那比较还有什么意义？最终你会对这种风景视若无睹。

判断就是汇集处理部对已存信息与思维对象进行比对，确认是否具有某种关系的肯定或否定的思维过程，其目的是对于思维对象断定其内在联系，即人们在实践的基础上形成许多既存信息，并用这些既存信息去断定事物的趋向和内在联系。例如，冬天的时候我们去公园里玩，当我们走到湖边看到冰面时，我们就可以运用我们存储在大脑中的信息，即以前看过和走过的冰面来断定现在的冰面上是否可以站人，因为我们可以对冰面的厚度做一个初步的判断。判断这种思维方式通常表现为两个或更多概念之间的联系，当人们以判断形式确定概念之间的特定关系时，就是在进行断定。人们在认识过程中运用判断形式，把认识的结果固定下来，没有判断思维，人们就无法进行正常的解释活动。

市民陈先生要与母亲出国旅游，办理相关证件时需证明母子关系，而陈先生又找不到自己的出生证，就得举家回江西老家证明“我妈是我妈”。更窝火的是，他给旅行社交了60元钱，“难题”就解决了。办证部门之间相互推诿，旅行社却交点钱就能摆平。人的一生需办多少个证，得“痛”多少回？一生办了那么多证，到底是为了证明什么？证明又有什么作用呢？在办理证的过程中，又要经过多少个部门才能办下一个证？又如何简化办证程序，解决办证难的问题？

在判断自己学习了什么和记住了什么的时候，我们都会被各种错误的信息干扰，验证是帮助我们判断自己学习了什么和记住了什么的最有效的工具。验证这种方法几乎我们每天都在用，只是我们没有察觉而已。例如，平常利用验证来发现并巩固自己工作和学习中的薄弱环节，从而更好地掌握知识。

人类的判断也遵循二八法则，即百分之二十的判断是经过主意识思维后做出的，而另外百分之八十来自暗意识和潜意识。也就是说，我们在做判断时，更多的是依赖暗意识和潜意识，而不是主意识的逻辑分析。

“物以稀为贵”其实并不是一个非常正确的结论，但是这条经典论述被我们很多人认可并付诸实施。近日，网上风靡一种新型的致富方法：利用“物以稀为贵”原理进行炒鞋。一名大二学生，在网上大量购买某品牌限量版的运动鞋，然后坐等升值，一双一千元的鞋最高炒到了三万元，这些鞋出手以后利润高达30倍。小伙子靠炒鞋月入4万，赚足了学费、生活费，实现经济独立。又一名年轻小伙小明，父亲赠予其100万元首付买房，然而，他竟然把所有钱全都买了鞋，这可把老父亲气炸了，要断绝父子关系。一年过去了，出乎意料的，当初用100万元买回来的鞋转手卖出去，翻了五倍，已然变成500万元，年轻小伙直接全款买房。这故事，听完以后我们是不是热血沸腾？大家内心肯定也无比躁动：我也要一夜暴富，我也要财务自由。但是，大家看见的都是表象，仔细思考这些盈利模式都是不可复制和不可推广的短期行为。最终能通过时间检验的是“物以需为贵”。

第八节　思维过程中的意识切换与定格

善于意识切换就是善于思考的一部分。

现在大家的手机一般都是双卡双待手机，也就是一个手机可以装两个卡，那么你有几个手机卡呢？随着科技和移动互联网的发展，拥有多个手机号码再也不是骗子的象征。工作一个号，生活一个号，变成了人们的标配。这样既可以保护个人隐私，又方便联系工作，将工作与生活分开。当你有两个手机号码时，你就会发现自己经常面临需要在两个手机号码之间进行切换的情形，因为任何一部手机在同一时间只能执行一项主任务。例如接打电话，在同一时间你只能接打一个电话，而不是同时接打两个电话。

思维中的切换就是汇集处理部在处理信息时进行转换变化的过程，我们统称为意识切换。主要包括两种模式——内切换和外切换。

内切换是指汇集处理部在处理某一类信息时突然转换成处理另一类信息的过程。内切换主要有两种模式：一种是自行切换，即汇集处理部根据需要在处理某一类信息时突然转换成处理另一类信息的过程，自行切换的对象是存储于汇集处理部内的信息；另外一种是读取切换，即汇集处理部在处理某一类信息时突然转换，读取高端内存中的信息进行处理的过程，读取切换的对象是存储于汇集处理部的高端记忆。

在我们的日常生活中，走神、分心等一系列有关心理活动都可以定义为内切换的形式之一，内切换是一种自我生成、与外界刺激无关的思维活动，也就是说，这种思维活动与当前的任务无关。在我们清醒的时候，有很大一部分的时间里汇集处理部都在发生内切换。不管愿不愿意承认，我们神经系统中的汇集处理部确实无法总是专心致志地做一件事情。

走神的内容反映的是汇集处理部当前最关注的事件，可能是未解决的、令我们担心的或者希望达成的事。很多时候我们的大脑似乎总是先于意识去坐立不安和跃跃欲试，比如不知道什么时候自己的关注点就从社会热点问题切换到纠结了许久的要不要去出国旅游的问题。其实如果我们静下心来仔细想一想就会发现，喜欢经常走神的人就是那种在工作和生活中压力比较大，神经系统经常进行意识切换的人。这一类人由于生活压力和精神压力都比较大，经常是这边一件事还没有处理完，那边又接着一件事来了，然后在做这件事的时候又在想着那件事，这种意识切换容易让其精神涣散，很难处于高度集中状态，长此以往，会发现自己做事经常走神。

人的主意识层面受空间边界限束的影响容量非常有限，如果主意识同时处理几种信息就可能将认知资源占用，造成信息混乱。而暗意识的容量却是很广阔的，所以走神的适应性功能之一就是连接主意识与暗意识，驱动那些暗意识没有处理完成而主意识又牵挂的事主动呈现在汇集处理部中，让人们有意识地去解决它们，这就造成了人们的走神。这么看来，走神本质上也可以是解决问题的一种方式。

外切换是指汇集处理部在与各个分部之间进行信息传递时，由于主观或者客观的原因，从原来所使用的主通道上转移到一个主通道上进行信息传递的过程。需要外切换的原因主要有两种：一种是主动切换，即汇集处理部根据需要发出命令，关闭汇集处理部与原分部之间进行信息传递的主通道，同时开启汇集处理部与另一个分部之间进行信息传递的主通道；另外一种是被动切换，在总和作用下，分部向汇集处理部传输的信号过于强烈，致使分部与汇集处理部之间原本关闭的主通道被迫打开，汇集处理部与原来正在传输信息的分部之间的主通道被迫关闭。

例如你开惯了自动挡的车突然有一天要换手动挡的车开，这个时候会不习惯，身心也很累，比如起步离合忘记踩了，挡位挂着1挡直接点火，“轰”一下，前面窜出去了；又或者说，离合器控制得不够好，导致车辆“哽哽哽”地在那边顿挫，甚至是熄火，这时就需要进行意识切换。这就是外切换中的主动切换，因为主意识切换完成以后，潜意识和暗意识还没有完成全部切换，所以造成了不习惯现象的产生，这种不习惯的过程就是主意识在纠正潜意识和暗意识行为的过程。

意识切换是人的神经系统中一个特别重要的工作模式，这种模式极大地促进了人类的发展。而神经系统中切换能力的外在体现就是人的变通能力。善于变通的人比不善于变通的人，不管从工作、生活还是学习的角度，都更容易取得更好的效果。我们来看一个我小时候听过的故事：一个老爷爷家里有一个好几亩大的鱼池，他想把鱼池填起来盖房子，但是由于财力有限，他请不起别人帮忙干活，只好自己天天辛苦地到处拉石头来填这个鱼池，干了很长时间，也只是填了鱼池的一点点。这时来了一个小伙子，跟老爷爷说：“我来帮您解决这个问题吧。”于是小伙子在鱼池的中间树立一根木头杆子，然后就让老爷爷去外边到处宣传，说是凡是用石头砸中木头杆子的人奖励10文钱，多砸多给，不受限制。接下来的几天，自己带着找来的石头砸木头杆子的人越来越多，没用多长时间，鱼池就填满了。意识切换在这个故事中体现得淋漓尽致。

同样的故事也发生在西方，这是摘自网络的一个小故事：大英图书馆建了一栋漂亮的新楼，准备整体搬迁过去。但是要知道，书是非常重的，这么多的书搬起来工作量非常大。有人估算，仅仅搬家这一样费用就在350万美元。如果你是馆长，你会怎么办？是雇佣便宜的劳动力还是发动所有的职员共同来搬家？原有的思维模式很难解决这个问题。这时有一位善于意识切换的小伙子找到馆长，对馆长说："我来帮您搬家，只要150万美元。"馆长听了以后很高兴，因为节省了一大笔资金，于是就把这个工作交给这个年轻人。接下来，年轻人在报纸上刊登了一则消息："从即日起，大英图书馆免费、无限量地向广大市民借阅图书，条件是从老图书馆借出，到新图书馆去还书。"结果很快，大部分书都从旧图书馆搬到了新的图书馆。

通过这两个发生在东西方的故事，我们受到的启发是相同的，那就是意识切换对我们思维方式起到的作用是至关重要的，善用则事半功倍，不善用则事倍功半。

我们再来看一个例子，高中的时候妮可对班里一个又高又帅的男生一见钟情，于是妮可主动向那个男生表白了，但是被那个男生拒绝了，接下来的一段时间她又表白了很多次，屡战屡败，屡败屡战。每次妮可吃到好吃的或者好玩的东西总会想着买一份给那个男生，可是他从来不要。妮可的闺蜜听说了这件事以后自告奋勇地对妮可说这件事包在她身上了。接下来的一段时间，妮可每次买了好吃的或者好玩的东西的时候，都是妮可的闺蜜拿给那个男生，三番几次，那个男生也接受了礼物。当时在妮可的心里对闺蜜那叫一个感激。最后的结果大家可能已经猜到了，那个男生和妮可的闺蜜好上了。好了，我们的故事重点来了，妮可听到这个消息后的想法是我们要研究的方向。如果妮可的神经系统工作模式是不善于切换，那么她想的更多的是闺蜜怎么忘恩负义？那个男同学怎么对不起她？等等。然后心情越来越糟糕，有时想死的心都有；如果妮可的神经系统工作模式是善于切换，那么她想的更多的是只当是被狗咬了一口，难道你还要咬狗一口还回去吗？默默地祝福闺蜜和那个男同学，心情越来越好，接下来想的是，自己下次可能会碰见一个高富帅。

一件事情两种处理模式，结果南辕北辙。这充分说明意识切换的重要性。你可以去观察你身边每一个成功的人，无一例外都是善于意识切换的人。因为任何一个人在取得成功的路上都会遇到困难和挫折，意识切换能力不强的人要不就停步不前、要不就半途而废；而善于意识切换的人是努力变通，找到解决问题的方法，将挫折转变成成功的机会。

我们注意到一个普遍的现象，小时候调皮捣蛋的孩子，到了上幼儿园的时候就会摇身一变成了“混世大魔王”，让爸妈头痛不已。但是有的孩子虽然小时候很调皮，感觉很难带，长大后却很有出息，带给爸妈无限惊喜。这里面有很大一部分原因就是小时候调皮捣蛋的孩子非常善于意识切换，这是他探索世界的方式之一，所以才会去体验和摸索各种不一样的世界。这里说的意识切换能力强不包括患有多动症的孩子，这一类孩子的多动行为属于执行处理部出了问题。

北京协和医学院的临床医学（八年制）专业进行招生培养模式改革，并开设试点班。试点班从北大、清华和中科大等国内外名校的非医专业本科生中选拔。学生经考试录取后，在本科第四年进入协和开始医学专业学习。这种跨界模式吸引了我的注意，我认为这是一个好的开始。我们为什么主张跨界学习、跨界工作？跨界越多，获取的信息参照对象就越多，这样的情形下对比就越多，那么结果是成果也就越多。

大家观察一下我们身边成功与失败的人士，可以发现其中关于意识切换的奥妙。

失败的人不善于意识切换，人家都进行了意识切换跟上了历史大潮以后，他还站在原地不动。例如面临移动互联网时代的到来，他还在用原始思维销售服装，人家销售走在前面了，他却在后边骂："这世界变化太快了，我还没有准备你就先变了！"

紧跟潮流的人比较善于意识切换，人家变我也变。苏轼进行意识切换跟上了历史大潮。例如社会上的一些炒客，什么是热点炒什么，有炒房的、有炒黄金的、有炒股的。

智慧的人特别善于意识切换，他们是时代的弄潮儿、智慧的领导者，通过自己的聪明才智判断整个社会下一步的方向，审时度势地进行意识切换，同时引领着大家跟着时代变革，永远站在时代的浪头尖。

定格可以理解为切换功能的暂时失去，主要表现就是卡壳或者是发呆，我们统一称为意识定格。

妮可最近十分郁闷，就因为"卡壳效应"的缘故被领导训斥。整件事情回顾起来，其实很简单：公司给妮可所在的部门分配了一个项目，妮可部门的领导带领几个员工奋斗了一个月终于把项目计划书做完了。在这过程中，因为妮可表现积极努力，领导决定让她在总部的汇报会上进行路演。为此，妮可激动了好久，在汇报到一半的时候，总经理突然提出一个关于基础数据的问题，然而奇怪的事情发生了，妮可突然卡壳了，她发现这个问题的答案就在嘴边，但是无论如何也想不起来。这时觉得很没有面子的部门领导赶紧打圆场，旋即气呼呼地让妮可坐下，还一直在跟总经理赔不是。

"卡壳效应"的本质就是主意识切换障碍。这种情形在日常生活中我们都会遇到。明明很清楚的信息（就在嘴边呼之欲出），但真需要表达出来时，却又一下子想不起来了。不管我们怎么努力试图回忆起来最后发现都是徒劳的。事后再回想，却往往是十分简单的事情。

当我们处于坐、立或躺的某个状态时，两眼呆滞，盯着某个地方发愣，这就是我们平时所说的发呆。事实上，这种状态下，尽管我们看上去是静止的，但身体却在悄无声息地发生一些微妙的变化。平时的生活中，我们的身体要实现有效的运转，必须经过我们的神经系统输出信息从而控制身体器官组织。但是，如果生活工作非常繁忙，在这种状态下，我们神经系统的信息输出会渐渐地变迟钝甚至紊乱，从而会向身体发出不对等的信号，在这种情况下，如果能够及时地将大脑清空5分钟，非常利于我们的身体机制恢复正常的运作，事实上，发呆是我们身体的一种本能的自我保护机制和调节机制。

发呆的好处有很多。安静地进行冥想，可以促进我们身体的血液循环，而且能够有效地减少我们的焦虑感。发呆还可以帮助活跃我们的大脑细胞，因为在发呆的过程中，大脑处于放松的状态，暂时的休息可以有效地缓解我们的压力。

发呆可帮助人们减轻疲劳，对大脑来说，是很好的休息。处在这种状态下的人们会突然不愿意思考，使自己停滞在一个安静的氛围里，忘记一切。会发呆的人，觉得发呆是一种享受，因为发呆的时候可放开所有，不再有烦恼和忧愁，整个空间都属于自己的。因此，在发呆的时候，人是轻松、快乐的。

冥想可以明显促进我们大脑白质的形成，大脑白质越多，大脑中对于事物之间的联系就越紧密，从而可以帮助我们拥有不同于其他人的新思路。同时，相关研究人员利用功能性核磁共振技术发现，我们在发呆的时候，我们的大脑中，负责专门用来集中注意力的脑区会安静下来，而那些负责回忆的脑区、评价的脑区和想象的脑区反而在这个时候变得异常活跃，这也就意味着，发呆的过程中，我们就是在思考，思考人生、思考生活。但是，也要注意，发呆的时间不要太久，每次发呆的时间5分钟为最佳。

发呆能创造纯净的自我空间，安静的冥想可以促进血液循环，为组织器官输送大量的氧气和营养，对于减少焦虑有着明显的作用。

对于有自控能力的大人，发呆是一种休息和调剂，但如果孩子经常发呆的话，可一定要注意了。因为对没有自控能力的孩子来说，发呆可能是一种心理疾病。如果任由孩子经常性发呆，完全沉浸在自己独立的状态中，而不及时干预的话，很有可能会发展成自闭。

发呆是有好处的，可以让一个人静下心来思考。也有的人发呆的时候什么也不想，一般来说比较安静的人比较喜欢发呆，他们觉得这是种享受，可以什么都想，也可以什么都不想，长的几个小时，短的几分钟。

第九节 相信的力量

信与不信不在别人，在于自己，因此决定你是否能够获得成功的起点不是迈开步伐，而是你是否相信。

妮可25岁时大学毕业，刚刚参加工作一年，收入不高，因此省吃俭用，攒了5个月的工资，两万多元买了一个世界知名品牌的挎包。买到以后心里美滋滋的，挎着包就去上班了。来到办公室，妮可将挎包往桌子上一放，吸引了隔壁的同事。接下来同事的一句话没把妮可气死。同事说："哎呀，妮可，你的这个新包仿得可够有水平的，跟真的没什么区别，在哪里买的？我也去买一个。昨天我在购物中心看过了，真的正品要好几万呢！"妮可解释道："别瞎说，这是正品，两万多呢！"无论妮可怎么解释，同事的眼中充满怀疑，妮可为此郁闷了很长时间。

我们听了这个故事会心一笑！

妮可的故事还在继续，妮可不到40岁的时候，已经参加工作15年了，通过自己的努力，她已经坐到公司人力资源总监的位置，年薪百万。有一天，在经过过街天桥的时候，看见路边的地摊上有一款耳环，款式设计得非常漂亮，就是上面好几克拉的"大粉钻"是玻璃做的。妮可觉得这个款型不错，就花了20块钱买了下来。买到耳环也没有往心里去，带着这个玻璃做的耳环就去上班了。来到办公室，妮可闪亮的大耳环再次吸引了同事。接下来同事的一句话让妮可彻底无语了："哎呀，妮可，好大的钻石耳环呀，你可真是大方呀，我在购物中心看过了，这个样式镶着这么大的粉钻要上百万呢，你也太奢侈了！"妮可解释道："别瞎说，这是假的，玻璃做的，也就20块钱！"无论妮可怎么解释，同事的眼中充满怀疑，妮可再次郁闷了。

我们听了这个故事再次会心一笑！

正所谓不信，真作假时真亦假；信，假作真时假亦真。这两个故事让我们体会到相信的力量。

相信的前提是一组稳定的既存信息链，当输入信息与这一组信息链中的某一信息耦合时，相信就形成了。因此相信就是维系着信息链耦合的思维活动，也是对输入信息进行相关处理的思维活动。可以这么来理解相信，就是在神经系统中必须要存有对于某一事物的认识信息，这一类认识信息在神经系统中的表现形式就是一组信息链。当看到或者听到的信息与这一组信息链的某一部分因相同或者相似而发生共振时，大脑中的相信就形成了。

我们举一个小时候听了无数遍的"狼来了"的例子来重点讲一下相信这种思维活动的过程：

从前，有个放羊娃，每天都去山上放羊。一天，他觉得十分无聊，就想了个捉弄大家寻开心的主意。他向着山下正在种田的农夫们大声喊："狼来了！狼来了！救命啊！"（外界输入信息进入大人们的神经系统）。农夫们听到喊声急忙拿着锄头和镰刀往山上跑，他们边跑边喊："不要怕，孩子，我们来帮你打恶狼！"（在农夫的大脑中存入了这样一组信息链，即小孩子的话是比较可信的，当这个孩子呼救信息输入时，与神经系统内部的信息链中的某一信息发生耦合，相信了这个孩子的话）。农夫们气喘吁吁地赶到山上一看，连狼的影子也没有！放羊娃哈哈大笑："真有意思，你们上当了！"农夫们生气地走了（农夫们发现孩子呼救信息输入与其神经系统内部的信息链中的某一信息并没有发生耦合，受到欺骗后，初步改变自己的既存认识信息）。

第二天，放羊娃故伎重演，善良的农夫们又冲上来帮他打狼，可还是没有见到狼的影子。放羊娃笑得直不起腰："哈哈！你们又上当了！哈哈！"大伙儿对放羊娃一而再再而三地说谎十分生气，从此再也不相信他的话了（农夫们再次发现孩子呼救信息输入与其神经系统内部的信息链中的某一信息并没有发生耦合，受到欺骗后，确认改变自己原来的既存认识信息，现在关于相信的既存信息是这个孩子的话不可信）。

过了几天，狼真的来了，一下子闯进了羊群。放羊娃害怕极了，拼命地向农夫们喊："狼来了！狼来了！快救命呀！狼真的来了！"农夫们听到他的喊声，以为他又在说谎，大家都不理睬他，没有人去帮他，结果放羊娃的许多羊都被狼咬死了（在农夫的大脑中存入了这样一组信息链，即这个小孩子的话是不可信的，当孩子再次呼救的信息输入时，与神经系统内部的信息链中的某一信息发生耦合，相信孩子在撒谎）。

这就是一个完整的相信从正面到反面的过程，在这个过程中，既存信息链起到了至关重要的作用，外界输入信息在被感官带入到神经系统内后也从某种程度上改变了人们相信的基础。

小时候在历史书上看到"立木为信"的典故，似懂非懂，讲的是战国七雄中，秦国在政治、经济、文化各方面都比中原各诸侯国落后。贴邻的魏国就比秦国强，还从秦国夺去了河西一大片地方。公元前361年，秦国的新君秦孝公即位，他下决心发愤图强，首先搜罗人才。他下了一道命令，说："不论是秦国人还是外来的客人，谁要是能想办法使秦国富强起来，就封他做官。”秦孝公这样一号召，果然吸引了不少有才干的人。有一个叫公孙鞅（就是后来的商鞅）的卫国人，在魏国宰相公叔痤手下当官，公叔痤临终前将他推荐给魏惠王，但没有得到重用。商鞅便来到秦国，托秦孝公宠臣景监的引荐，得到秦孝公的接见。商鞅对秦孝公说：“一个国家要富强，必须注意农业，奖励将士；要打算把国家治好，必须有赏有罚。有赏有罚，朝廷有了威信，一切改革也就容易进行了。”秦孝公完全同意商鞅的主张。可是秦国的一些贵族和大臣却竭力反对。秦孝公一看反对的人这么多，自己刚刚即位，怕闹出乱子来，就把改革的事暂时搁了下来。过了两年，秦孝公的君位坐稳了想起了改革，下令改革制度的事全由时任左庶长的商鞅拿主意。商鞅起草了一个改革的法令，但是怕老百姓不信任他，不按照新法令去做。就先叫人在都城的南门竖了一根三丈高的木头，下命令说：“谁能把这根木头扛到北门去，就赏十两黄金。”

不一会儿，南门口围了一大堆人，大家议论纷纷。有的说：“这根木头谁都拿得动，哪儿用得着十两赏金？”有的说：“这大概是左庶长成心开玩笑吧。”大伙儿你瞧我，我瞧你，就是没有一个敢上去扛木头。商鞅知道老百姓还不相信他下的命令，就把赏金提到五十两。没有想到赏金越高，看热闹的人越觉得不近情理，仍旧没人敢去扛。正在大伙儿议论纷纷的时候，人群中有一个人跑出来，说：“我来试试。”他说着，真的把木头扛起来就走，一直搬到北门。商鞅立刻派人传出话来，赏给扛木头的人五十两黄金，一分也没少。这件事立即传开了，一下子轰动了秦国。老百姓说：“左庶长的命令不含糊。”

商鞅知道，他的命令已经起了作用，就把他起草的新法令公布了出去。新法令赏罚分明，规定官职的大小和爵位的高低以打仗立功为标准。

贵族没有军功的就没有爵位；多生产粮食和布帛的，免除官差；凡是为了做买卖和因为懒惰而贫穷的，连同妻子儿女都罚做官府的奴婢。秦国自从商鞅变法以后，农业生产增加了，秦国的国力也强大了起来。

在这个典故中，商鞅的目的非常简单，为了以后政令能够推行，就是让大家相信他言出必行。于是他就是利用了这个赏黄金的事，让老百姓在大脑中存入这样一组信息链：他言出必行，别人可以得黄金，我也可以得黄金。这就是相信。

我们的大脑每天都为自己做出成千上万的决定，支配着自己对这个世界的看法和体验。因为大脑同时有千百件事情在进行，我们需要进行选择、控制和调整，否则我们神经系统会因为杂乱无章而崩溃，根本无法正常运行，我们自己也会发疯。

我们的感官神经细胞负责将感知到的变化传输至各个分部，这些分部内有数十亿个神经细胞在夜以继日地工作，将我们监测到的“改变”加工成汇集处理部方便接收的一种信息模式。当几种信息模式同时出现汇集处理部时，我们是如何做出选择呢？答案可能是力量法则。

有时间大家可以多看看动物世界。非洲的狮王争夺战对于我们就有很大的启发意义。在狮群中的狮王从来没有继承的，所有的王位都是年轻雄狮凭实力打下来的，它们遵从的就是力量法则。小雄狮长到一定程度必须离开狮群，刚离群的小雄狮注定要流浪，可以想象，由于能力和经验的欠缺，流浪生活注定异常艰难，往往九死一生，只有少数非常强悍且足够幸运的流浪小雄狮才能活到壮年。长大以后为了取得交配权，雄狮必须通过武力占有一个狮群，赶走那里已经年迈体衰的原狮王。每一只成年雄狮都想成为狮王，所以争夺狮群的竞争异常激烈，而且这种竞争不会随着一个狮王的诞生而结束。因此在任狮王必须随时为捍卫自己的交配权而战斗，所以狮王一生都在暴力打斗中度过。所有的狮王最终都会被年轻体壮的下一代打败，因此决定谁当狮王的根本原因是力量，谁的力量大谁说了算，这就是力量法则。力量法则在生物界普遍得到验证。我们的神经系统在信息传递的过程中也有这种现象的发生，例如当两个信息同时传入时，生物电压高的肯定要比生物电压低的信息更容易被主意识关注。

相信是神经系统中选择活动的推动力量，当相信模式在汇集处理部战胜了其他模式时，我们主意识中的决定就产生了。从你决定今天吃什么、穿什么、给谁打电话，到你准备去哪里、是否回复电子邮件、什么时候离开等等，汇集处理部的每一个决定都是相信的产物。这种战胜模式也有力量法则的影子，在几股信息面临艰难选择的时候，谁的力量大，谁就有可能取得最终的胜利。

这种选择的功能在我们神经系统的运行过程中非常重要，没有它，我们的思维和行为都会变得毫无章法可言，有可能同时向四面八方进行输送信息。当我们的大脑因某种原因失去这种功能或者这种功能减弱时，我们的选择就会变得非常困难。这对于我们每一个人来说都是一件非常可怕的事情，因为没有选择的能力有可能把我们带入一个永远停滞不前的境地，这可不是我们所期望的事情。

跟年轻人谈几句相信的力量吧。现在有一种急功近利的心态在我们的年轻人中蔓延，在这些年轻人看来，应该的状态是工作高大上，无须任何付出就可以出则豪车，入则豪宅。目前的娱乐环境也在或多或少地起到推波助澜的作用。殊不知我们的工作和生活中，不可能事事一帆风顺，大多数情况下困难多于欢乐，面对困境，我们常常会有走投无路的感觉。如果现在你已经知道相信的内涵，那么你不应该气馁，应坚持下去，因为你可以在神经系统中存储这样一个信念：任何事情都是苦尽甘来，没有风雨怎能见彩虹？人生没有绝路，困境在前方，希望在拐角，只要我们有了正确的方向，每天进步一点点，坚持坚持再坚持，我们一定会等到收获的那一天！

其实很多时候，我们没有正确的方向都是因为我们自己给自己设了限制。如果我们不给自己设置限制，我们可以做很多事。因为人的思想是自由的，想到什么，只要去做，就一定会有希望。但是不做就永远没有希望，所以要相信自己。

如果我们能激发我们的潜能做出我们力所能及的事情，我们会为努力拼搏奋斗的自己大吃一惊。你要是能想得通这个道理，那么做任何事情都不会太难。其实任何一个行业都差不多，不会有太大的区别，长江后浪推前浪，来来去去，你不做别人也会做，你先去做了可以先试试，做错了也没有关系，大不了从头再来。但是不尝试你一定不会知道自己原来还有很多潜力没有开发。诚然，我们会被生活的各种事情打乱节奏，但请不要乱花渐欲迷人眼。记住自己的方向，自己的目标，想到做到，方向定了，每天走一小步，总会到达。怕的是不做，做了你会为你的决定而自豪。

不管是工作还是生活中，拥有一个坚定的信念对于我们每一个人来说都是非常重要的。好的信念就等于为自己建了一座巩固的灯塔，这是在我们的心中建立了一个积极的自我暗示。这种信念就是在我们自己的神经系统内存储了这样一组信息：我相信我可以，那么我就一定可以。为此，你努力地付出，努力地奋斗，当你付出了，总会在某个时候获得反馈。你需要有点耐心，也请相信自己，相信自己的选择。最后要相信，只要做了一定会有收获，无论这个收获大小都是一种成长。

我们可以对于自己将来的成功进行幻想，这是为了给自己加油打气。其实人在成功之前是看不到自己成功之后是什么样子的，但是我们可以规划，然后去行动，精诚所至、金石为开，只要去做了，或者是一种经历，或者是一种成长。同时我要告诉大家的是，成功最精彩的部分不在结果，而是奋斗的过程。你们现在可以回忆一下自己已经取得的小成绩，虽然在取得成绩的那一刻你会有一点激动，但是这种印象远不及你记住的为此奋斗的历程。所以我们都要确认这种信念，最美好的是为了有意义的目标进行努力奋斗的过程。只要是你决定了你要怎么做，没有什么可以阻挡你前进的步伐，你的世界都会为你开路，即使困难重重，你依旧可以选择用积极的态度面对眼前的挫折。

生活在这个世界上，我们都是同路人，大家都在努力拼搏奋斗，只是有些人选择不说而已。虽然我们自己独立奋斗、努力打拼的时光会很艰辛，有时会让人崩溃大哭，但一路走下来，更多的是一种充实和汗水，更多的是五彩斑斓的人生体验。因为我们在奋斗中成长；因为我们知道自己没有在虚度时光；因为我们知道自己每努力一步，都会离自己的目标更近一点。所以我们的人生是因为努力奋斗而精彩纷呈，绝非贪图享受。

在本书的最后，祝愿每一个走在奋斗路上的你，都能不负时光，手摘星辰！

结 语

现在我们很多人都在讨论跨界的问题，我想自己应该不算跨界。因为律师本质上就是社会的“医生”，其主要工作就是解决社会问题，在解决社会问题的过程中思考一些追本溯源的问题，想来应该勉强算作是干本行工作，顺带添附一些思想理论。

回顾起这本书的创作历程，我感触颇多，可以说是有苦有乐。我真诚地希望本书能为大家打开一扇思考之窗，提供一个思路，让更多的人可以重新审视我们的大脑，从而了解我们的神经系统的运行模式，最终为提高自己的各项能力而服务。

本书完成之际，时值我们的祖国成立70周年华诞，首先应该感恩祖国给我们提供了一个岁月静好的环境，更应该铭记那些为我们负重前行的人。因为要感谢的人太多，就不一一列明，一并表示衷心的感谢。